Xinxi Suyang Yu Chuangxin Siwei

信息素养与创新思维

彭国超　余厚强　余维杰
甘春梅　聂　卉　陈　涛 ◎著

中山大学出版社
·广州·

版权所有　翻印必究

图书在版编目（CIP）数据

信息素养与创新思维/彭国超等著． －－广州：中山大学出版社，2025.3
ISBN 978 - 7 - 306 - 08353 - 1

Ⅰ. G254.97

中国国家版本馆 CIP 数据核字第 2025BM5865 号

出　版　人：	王天琪
策划编辑：	李　文
责任编辑：	刘　丽
封面设计：	林绵华
责任校对：	林　峥
责任技编：	靳晓虹
出版发行：	中山大学出版社
电　　话：	编辑部 020 - 84110776，84113349，84111997，84110779，84110283
	发行部 020 - 84111998，84111981，84111160
地　　址：	广州市新港西路 135 号
邮　　编：	510275　传　真：020 - 84036565
网　　址：	http://www.zsup.com.cn　E-mail：zdcbs@mail.sysu.edu.cn
印　刷　者：	广州一龙印刷有限公司
规　　格：	787mm×1092mm　1/16　21 印张　350 千字
版次印次：	2025 年 3 月第 1 版　2025 年 3 月第 1 次印刷
定　　价：	70.00 元

如发现本书因印装质量影响阅读，请与出版社发行部联系调换

目　录

第1章　导论 ·· (1)
　1.1　信息时代与信息素养 ··· (1)
　1.2　信息素养的构成要素 ··· (10)
　1.3　信息素养与创新思维 ··· (19)

第2章　从海量资源发现所需信息 ·· (25)
　2.1　信息检索 ··· (25)
　2.2　检索技术 ··· (30)
　2.3　搜索引擎 ··· (58)

第3章　选择检索策略 ·· (74)
　3.1　思维与检索 ·· (74)
　3.2　信息源 ··· (74)
　3.3　信息检索的过程 ··· (86)
　3.4　学术信息检索策略 ·· (92)
　3.5　实用数据检索策略 ·· (119)

第4章　信息交流 ··· (130)
　4.1　信息交流的发展过程 ··· (130)
　4.2　科学信息交流 ·· (141)
　4.3　社会信息交流 ·· (150)
　4.4　个人信息交流 ·· (154)

第 5 章　数字世界伦理与政策 (160)
5.1　大数据时代的个人隐私 (160)
5.2　个人数据利用与数据权利 (166)
5.3　数字化生存的伦理空间 (180)

第 6 章　数据挖掘 (188)
6.1　数据挖掘概述 (188)
6.2　网络挖掘 (209)
6.3　信息抽取 (232)

第 7 章　数据可视化 (250)
7.1　数据可视化基本概念 (250)
7.2　数据可视化应用实例 (264)
7.3　数据可视化基础 (270)
7.4　Web 数据可视化 (292)

第 8 章　数智技术 (298)
8.1　数智技术的基本特征与创新应用 (298)
8.2　数智技术赋能交通与医疗创新 (309)
8.3　数智技术赋能电商及营销创新 (319)
8.4　数智时代的行业转型创新与人才需求 (327)

第1章 导　　论

1.1　信息时代与信息素养

1.1.1　信息时代的特征与挑战

30多年前，美国著名未来学家阿尔文·托夫勒在其代表作《第三次浪潮》中将人类社会的发展划分为三个阶段：农业时代、工业时代和信息时代[①]。他预言，第三次浪潮将是一场信息革命，信息技术和知识经济的崛起将引发全球社会、经济和文化的深刻变革，人们将更加依赖信息和知识来创造价值和塑造未来。正如其言，随着信息技术的飞速发展和知识经济的兴起，信息化成为推动经济社会发展的新引擎，人类社会已经全面进入信息时代。信息时代以其鲜明的特征和快速变化的发展趋势，深刻改变了我们的生活方式、社会结构和经济模式。

1.1.1.1　信息爆炸

信息时代的最显著特征之一是信息的爆炸性增长。信息爆炸的本质在于信息的大规模生产和快速传播。随着互联网的普及和数字技术的迅猛发展，我们每个人都可以成为信息的生产者。每时每刻都有海量的数据被上传至互联网，构成了庞大的信息流。大规模的信息生产使得信息以前所未有的速度被创造、分享和传播，使世界充满了多样的观点、见解和知识。与此同时，信息来源的多样性也是信息爆炸的一个鲜明特点。从传统媒体到社交媒体，从新闻网站到学术论文数据库，我们可以从各种不同的渠道获取信息。这种多样性为我们提供了更广阔的信息视野，使我们可以了解到不同领域、不同文化和不同立场的观点和知识。

信息爆炸也带来了一系列挑战。首先是信息过载的问题。在海量的信

---

① 阿尔文·托夫勒：《第三次浪潮》，中信出版社2006年版。

息面前,由于信息质量和真实性参差不齐,人们往往难以有效地筛选和获取所需的信息,因此容易导致信息焦虑和信息疲劳。其次,信息爆炸加剧了信息的碎片化,短文本、图像和视频成为主要的信息表达形式。随着大量碎片化信息同时涌入,人们可能缺乏足够的时间和精力进行深入研究和思考,只是浏览表面。这种碎片化的信息传播方式可能会阻碍人们构建完整的知识体系,对于人们深度思考和创造性思维的培养提出了挑战。如何在海量信息中筛选出有价值的内容,如何保障信息的真实性和可靠性,如何在碎片化的信息传播中保持深度思考,都是需要我们思考和解决的问题。

1.1.1.2 网络化

随着互联网和通信技术的高速发展,网络已经渗透到经济社会的各个领域,其作用和影响力日益扩大。网络化成了信息时代的一个重要特征。过去,人们获取信息需要依赖传统媒体,信息的传播受到时空限制。随着互联网的普及,人们可以随时随地通过网络获取信息、交流互动、开展业务。社交媒体、在线教育、电子商务等的兴起,改变了人们的社交方式、学习方式和消费习惯。互联网消除了时空障碍,将世界各地联结在一起,推动了跨国交流与合作。

然而,全球互联网的普及也引发了一系列问题。首先,信息真实性和可信度成了一个亟待解决的难题。虚假信息、谣言和误导性内容在互联网上迅速传播,导致人们难以分辨真假,可能影响其判断和决策。其次,数据隐私和网络安全问题也引起了广泛关注。个人信息在互联网上的传输和存储,可能受到黑客、恶意软件等的安全威胁,导致个人隐私的泄露。社交媒体平台的大规模数据收集和分析也引发了人们对个人数据隐私的担忧。

1.1.1.3 数字化

数字化是当前经济社会发展的重要趋势。近年来,云计算、大数据、人工智能等数字技术加速创新,日益融入经济社会发展各领域全过程,促使各行各业实现了从传统模式到数字化模式的转变。企业和组织利用数字技术，将业务流程、数据和服务数字化，从而提高效率、降低成本，并创造新的商业模式。共享经济、平台经济等新型商业模式的涌现，都得益于数字化的推动。数字化也改变了消费者行为，电子商务、移动支付等成为人们日常生活的一部分，市场格局得以重塑。数字化转型不仅发生在商业领域，也深刻影响着政府、教育、医疗等各个领域。数字政府可以提供更高效的公共服务和更科学的决策支持，数字教育可以让学习更加自主、灵活和多样化，数字医疗可以实现个性化的健康管理。例如，2020年以来，面对突如其来的新冠疫情，我国以"健康码"为代表的数字抗疫让一个拥有14亿人口的大国实现了疫情的精准防控。

在全球数字化进程中，不同国家地区、社会阶层、年龄群体之间在数字技术和信息获取、利用、参与等方面可能存在差距，形成所谓的"数字鸿沟"，导致某些群体无法充分享受数字化带来的红利，进而加剧社会不平等。数字鸿沟是经济和社会发展矛盾在信息时代的集中反映，如何弥合数字鸿沟、促进数字公平，已经成为数字化发展中的重要议题。

1.1.1.4 智能化

人工智能作为当前最受瞩目的革命性技术，正引领着社会、经济和科技的智能化变革。通过机器学习、深度学习和自然语言处理等技术，人工智能赋予计算机模仿人类思维和决策的能力。人工智能技术的飞速发展得益于数据量的爆炸性增长和计算能力的提升。大数据的积累为人工智能的训练提供了充足的样本，而更快、更强大的计算机硬件使得复杂的智能算法得以高效运行。数据、算法和算力三大因素相互促进，使得人工智能取得了令人瞩目的突破，从语音助手到聊天机器人，从自动驾驶到智慧医疗，人工智能已经在多个领域展现出巨大的潜力和价值。

人工智能的发展将带来工作模式的变革，一些传统劳动岗位可能被自动化和智能化的机器人取代，但同时新的就业机会和创业空间将被创造。随着人工智能技术的不断进步，机器的智能逐渐逼近甚至超越人类，这引发了一系列关于人工智能伦理、人权、社会影响等问题的讨论。人工智能的发展需要在技术、法律和伦理等多个层面进行平衡，以确保其对人类社会的积极影响。

1.1.1.5 融合与创新

信息时代推动了不同领域之间的融合与创新。传统的界限在科技、产业、文化等领域变得模糊,不同领域之间的交叉与融合产生了全新的产业和创新模式。例如,信息技术与医疗健康领域的融合,促使出现了远程医疗、医疗大数据分析等应用;智能技术与交通领域的结合,推动了自动驾驶技术的发展。这种跨界融合不仅创造了新的商业机会,也为问题的解决提供了更多可能性。跨界融合不仅是科技创新层面的现象,也体现在文化、艺术等领域。数字技术为文化创意产业带来了新的机遇,数字艺术、虚拟现实等形式的兴起为人们提供了全新的审美体验。同时,跨界融合也推动了传统文化的传承与创新,让传统与现代相得益彰。

正如上文所述,信息时代的全面到来深刻改变了人类的生存方式、经济模式、文化传播和社会关系,同时也带来了诸如信息过载、数字鸿沟、隐私安全等一系列问题和挑战。那我们应该如何更好地适应信息社会,融入信息时代的浪潮呢?答案是需要提升我们每个人的信息素养!简单而言,信息素养是一种适应信息社会的基本素质和综合能力,已经成为信息时代每个社会成员生存与发展的必备素养。拥有良好的信息素养能帮助个人更好地应对信息泛滥、虚假信息、个人隐私保护等挑战,同时也有助于培养批判性思维和创新能力,提升学习、工作和生活的效率和质量,以适应瞬息万变的信息时代。

1.1.2 信息素养概念的提出与发展

"信息素养"的概念最早由美国信息产业协会主席保罗·泽考斯基(Paul Zurkowshi)于1974年提出。他在一份名为《信息服务环境:关系与优势》的报告中首次使用"信息素养"一词,认为信息素养即是"通过训练,掌握信息工具,获取相关信息,解决实际问题的能力"[1]。1987年,美国图书馆协会(ALA)成立了信息素养主席委员会,这标志着信息

---

[1] Paul G Zurkowski, "The information service environment relationships and priorities", (Poper presented at the National Commission on Libraries and Information Science, Washington, DC, November, 1974.)

素养开始受到专业机构的关注和重视。1989年，该委员会在总结报告中将信息素养明确定义为"个人能认识到何时需要信息，并能够在信息源中定位、评估和有效使用信息，以满足特定的信息需求"。此后，上述定义得以广泛传播，对信息素养概念的发展和推广具有深远意义①。

进入21世纪，信息素养逐渐成为个人和社会发展的关键因素，引起各国政府和国际组织的高度重视。2003年，联合国教科文组织（UNESCO）和美国图书情报学委员会（NCLIS）发布了题为"走向具有信息素养的社会"的《布拉格宣言》(*The Prague Declaration*: *Towards an Information Literate Society*)②。《布拉格宣言》认为，信息素养是一种适应社会的基本能力，包括对个人信息需求的了解，以及识别、定位、评估、组织和有效地创建、使用和交流信息，以解决面临的问题。信息素养是人们有效参与信息社会的一个先决条件，也是终身学习基本权利的一部分。2005年，联合国教科文组织（UNESCO）、国际图书馆协会联合会（IFLA）和美国全国信息素养论坛（NFIL）发布了关于"信息社会在行动：信息素养与终身学习"的《亚历山大宣言》(*Beacons of the Information Society*: *The Alexandria Proclamation on Information Literacy and Lifelong Learning*)③。《亚历山大宣言》指出，信息素养位于终身学习的核心，它使各行各业的人们能够寻求、评估、使用和有效创建信息，以实现其个人、社会、职业和教育目标。2016年，世界教育创新峰会（WISE）和中国教育创新研究院联合发布研究报告《面向未来：21世纪核心素养教育的全球

---

① The Association of College and Research Libraries, "Framework for Information Literacy for Higher Education", accessed August 30, 2023. http://www.ala.org/acrl/sites/ala.org.acrl/files/content/issues/infolit/Framework_ILHE.pdf.

② Information Literacy Meeting of Experts, "The Prague declaration: Towards an information literate society", National Commission on Library and Information Science, National Forum on Information Literacy paper presented at the and UNESCO, Washington DC, 2003.

③ United Nations Educational, Scientific and Cultural Organization, international Federation of Library Associations, and Institutions, National Forum on information Literacy. "Beacons of the information society: The Alexandria proclamation on information literacy and lifelong Learning". (poper presented at the) High-Level International Colloquium on Information Literacy and Lifelong Learning, 2005.

经验》，显示信息素养已经成为最受重视的七大核心素养之一①。

伴随着媒体、通信、数字技术的飞速发展，信息素养的内涵不断丰富，同时也出现了许多与信息素养相关的概念和趋势，如ICT（信息与通信技术）素养、媒介素养、数据素养、数字素养等。

（1）ICT素养。ICT素养源于计算机科学领域，侧重于使用数字设备、软件和设施的能力。ICT素养与信息素养的区别在于前者以技术技能为核心，必须通过ICT工具才能培养②。

（2）媒介素养。被广泛认同的媒介素养定义是：以各种形式获取、分析、评估和传播媒介信息的能力③。2014年，联合国教科文组织发布了《媒体与信息素养策略与战略指南》（Media and Informational Literacy Policy and Strategy Guidelines），将媒介素养与信息素养概念合二为一，称为"媒介与信息素养"，并将其定义为：媒介与信息素养是一整套的能力，它赋权于公民，使其能够以批判、道德与有效的方式，运用多样化工具去存取、检索、理解、评价、使用乃至创造、分享各种形式的信息与媒介内容，以便于参与和从事个人的、职业的、社会的活动④。

（3）数据素养。数据素养目前尚无统一的定义。部分学者将数据素养看作是大数据时代信息素养的一种扩展或一种形态，也有学者认为数据素养是信息素养的子集。在结构组成方面，一般认为数据素养应该包括数据意识、数据能力和数据伦理等基本要素。与信息素养相比，数据素养更强调数据的收集、分析、解读和呈现。

（4）数字素养。2021年10月，我国中央网络安全和信息化委员会印发《提升全民数字素养与技能行动纲要》，将数字素养界定为"数字社会公民学习工作生活应具备的数字获取、制作、使用、评价、交互、分享、

---

① 刘坚、魏锐、刘晟，等：《〈面向未来：21世纪核心素养教育的全球经验〉研究设计》，载《华东师范大学学报（教育科学版）》2016年第3期，第17-21、113页。

② 时燕妮、石映辉、吴砥：《面向未来教育的新能力发展：ICT素养内涵、演化及其启示》，载《比较教育研究》，2018年第3期，第3-11页。

③ Mcnica Bulger, Patrick Davison, "The promises, challenges, and futures of media literacy", Data and Society 40, no3 (2018): 5-11.

④ United Nations Educational, Scientific and Cultural Organization. "Media and information literacy: policy and strategy guidelines", accessed August 30, 2023. https://unesdoc.unesco.org/ark:/48223/pf0000225606_eng.

创新、安全保障、伦理道德等一系列素质与能力的集合"①。国际上具有影响力的数字素养与技能框架则大多融合了多种素养，重视个人凭借数字素养与技能建立与数字世界的联结②。

1.1.3 信息素养标准与框架

信息素养标准与框架是一种能力指标体系，其分层分类地描述了信息素养的具体指标条目，全面直观地揭示了信息素养的内涵与培育目标，为信息素养教育提供理论支撑和实践指导。近年来，信息素养标准与框架日渐得到各国政府部门和国际组织的高度重视。

1.1.3.1 美国信息素养标准与框架

2000年，美国大学与研究图书馆协会（ACRL）审议通过了《高等教育信息素养能力标准》（Information Literacy Competency Standards for Higher Education），包含5项标准（一级指标）、22项表现指标（二级指标）和87项成果指标（三级指标），比较全面地概括了学生提高信息素养水平应该具备的技能和成效。5项标准分别是：①确定所需信息的性质和范围；②有效地获取所需信息；③评估信息，把所挑选的信息融合到自身知识库和价值体系中；④有效地利用信息实现特定目的；⑤熟悉与信息有关的经济、法律和社会问题，并能合理合法地获取信息③。

2015年，美国大学与研究图书馆协会对上述标准进行更新，发布了《高等教育信息素养框架》（Framework for Information Literacy for Higher Education）。该框架围绕6个主题构建了新的信息素养体系：①权威是建构的并与情境有关；②信息创建是一种过程；③信息拥有价值；④研究即探

---

① 中共中央网络安全和信息化委员会办公室：《提升全民数字素养与技能行动纲要》，访问日期：2023年8月30日。http://www.cac.gov.cn/2021-11/05/c_1637708867754305.htm.

② 黄如花、冯婕：《国际数字素养与技能框架的内容分析》，载《图书与情报》2022年第3期，第73-83页。

③ The Association of College and Research Libraries, "Information Literacy Competency Standards for Higher Education", accessed August 30, 2023. https://alair.ala.org/bitstream/handle/11213/7668/ACRL%20Information%20Literacy%20Competency%20Standards%20for%20Higher%20Education.pdf?sequence=1&isAllowed=y.

究过程；⑤学术即交流过程；⑥检索即策略式探索①。

1.1.3.2　英国信息素养模型

1999年，英国高校与国家图书馆学会（SCONUL）发布了《高等教育信息技能立场书》(*Information Skills in Higher Education*: *A SCONUL Position Paper*)，并于2011年更新为《信息素养的七支柱：高等教育核心模型》(*The SCONUL Seven Pillars of Information Literacy*: *Core Model for Higher Education*)，提出信息素养的七支柱模型。该模型的七支柱分别是：①识别。能识别个人信息需求。②审查。能评价现有知识，并发现差距。③规划。能构建定位信息和数据的策略。④搜集。能够定位和获取所需信息和数据。⑤评价。能对研究过程进行评价，对信息和数据进行对比和评价。⑥管理。能以专业化和符合道德的方式组织信息。⑦发布。能应用所获得的知识，发表其研究成果，整合新旧信息和数据创造新知识，并以各种方式传播出去。②

1.1.3.3　澳大利亚与新西兰信息素养框架

2001年，澳大利亚和新西兰高校信息素养研究所与澳大利亚图书馆和信息协会（ALIA）联合发布了《澳大利亚与新西兰信息素养框架：原则、标准及实践》(*Australian and New Zealand Information Literacy Framework*: *Principles, Standards and Practice*)，并于2004年修订为第二版。该框架提出信息素养的6项标准，分别是：①意识到信息需求并确定信息需求的特点和内容；②有效、高效地找到所需信息；③批判性地评价信息及其查找过程；④管理所收集或生成的信息；⑤应用新旧信息建构新概念或创造新的理解；⑥理解并认识到信息使用所涉及的文化、伦理、经济、法律和社

---

① The Association of College and Research Libraries, "Framework for Information Literacy for Higher Education", accessed August 30, 2023. http://www.ala.org/acrl/sites/ala.org.acrl/files/content/issues/infolit/Framework_ILHE.pdf.

② The Society of College, National and University Libraries, "The SCONUL Seven Pillars of Information Literacy: Core Model for Higher Education", accessed August 30, 2023. https://www.sconul.ac.uk/sites/default/files/documents/coremodel.pdf.

会问题。①

1.1.3.4 日本信息素养标准

2014年,日本国立大学图书馆协会和教育学习支援检讨特别委员会发布了日本的《高等教育信息素养标准》。该标准将信息素养水平的发展划分为6个阶段:第一阶段,认识信息需求和所面临的课题;第二阶段,计划对所需要的信息进行合适的、有效的探索;第三阶段,准确、有效地获取信息;第四阶段,对所收集的信息进行评价、分析、整理和组织;第五阶段,知识体系的重新构建;第六阶段,对所获取的信息进行创造性的运用和发布。②

1.1.3.5 我国信息素养标准与框架

目前,我国尚未建立统一的信息素养标准与框架。针对大学生信息素养,2005年北京地区高校图书馆工作委员会发布了《北京地区高校信息素质能力指标体系》。在此基础上,2008年高校图书馆工作委员会信息素质教育工作组提出了《高校大学生信息素质指标体系(讨论稿)》,包括6项一级指标和17项二级指标。6项一级指标分别是:①能够了解信息以及信息素质能力在现代社会中的作用;②能够确定所需信息的性质与范围;③能够有效地获取所需要的信息;④能够正确地评价信息及其信息源,并能够有效利用;⑤能够有效地管理、组织与交流信息;⑥能够独立或是合作完成一项具体的信息检索和利用任务。③

2021年,教育部发布了《高等学校数字校园建设规范(试行)》,将信息素养界定为"个体恰当利用信息技术来获取、整合、管理和评价信息,理解、建构和创造新知识,发现、分析和解决问题的意识、能力、思

---

① Australian and New Zealand Institute for Information Literacy, "Australian and New Zealand Information Literacy Framework", accessed August 30, 2023. http://www.caul.edu.au/content/upload/files/info-literacy/InfoLiteracyFramework.pdf.
② 梁正华、张国臣:《日本高等教育信息素养标准及启示》,载《情报理论与实践》2015年第8期,第141-144页。
③ 谢穗芬、艾雾:《对"高校大学生信息素质指标体系"的评价分析》,载《大学图书馆学报》2009年第4期,第78-81页。

维及修养",且规定信息素养组成要素包括信息意识、信息知识、信息应用能力和信息伦理与安全,并将每项要素分解为若干个子指标。①

针对高中学生,2020年教育部制定了《普通高中信息技术课程标准(2017年版2020年修订)》,明确指出"全面提升学生的信息素养是普通高中信息技术课程的根本任务,学科核心素养是信息素养的具体表现,由信息意识、计算思维、数字化学习与创新、信息社会责任四个核心要素组成"②。

1.2 信息素养的构成要素

虽然不同国家和机构的信息素养标准与框架对信息素养内容要素的强调和侧重点有所不同,但它们共同反映了信息素养的综合性和多维性。学界一般认为,信息素养的构成要素包括信息意识、信息知识、信息能力和信息伦理维度。这4个维度共同构成了信息素养的基本框架,其中信息意识是先导,信息知识是基础,信息能力是核心,信息伦理则是保证。③

1.2.1 信息意识

信息意识是人们产生信息需求、形成信息动机的前提和基础,对信息行为有直接影响。简单而言,信息意识是指个体对信息的敏感度、洞察力和对信息价值的判断力。具备信息意识的个体,能充分认识信息及信息素养在现代社会中的作用与价值,根据需要主动采取恰当的方式获取、处理与分析信息,以有效的方法判断信息的可靠性、真实性、准确性和相关性,自觉利用信息解决生活、工作和学习中的实际问题,善于与他人合

---

① 中华人民共和国教育部:《高等学校数字校园建设规范(试行)》,访问日期:2023年8月30日。http://www. moe. gov. cn/srcsite/A16/s3342/202103/t20210322_521675. html.

② 钱冬明、周雨萌、廖白舸,等:《大学生信息素养评价标准研究——以上海市为例》,载《中国高教研究》2022年第9期,第53-59页。

③ 钟志贤:《面向终身学习:信息素养的内涵、演进与标准》,载《中国远程教育》2013年第8期,第21-29、95页;肖新祥:《信息素养的理论缘起、内涵及构成要素略论——兼论信息素养教育国际经验》,载《电化教育研究》2021年第8期,第116-121、128页。

作、共享信息，实现信息的最大价值。根据意识目的指向的不同，信息意识主要包括信息获取意识、信息价值意识、信息判断意识、信息安全意识和信息应用意识等要素。

1.2.1.1 信息获取意识

信息获取意识是指意识到信息是可以获取的，能够自觉、主动地寻求恰当方式获取信息，以满足特定的信息需求和解决特定问题。随着信息推送技术的不断发展，人们的信息获取意识从"主动搜寻"转变为"被动接收"的现象愈发明显。然而，被动接收的信息可能带有偏见、误导性或不准确性，因此人们需要培养批判性思维和信息评价能力，对所获取的信息进行评估和筛选，以确保获取到准确、可靠和有价值的内容。

1.2.1.2 信息价值意识

信息价值意识是指信息主体对信息的作用、功能及其在社会中的应用价值有充分的认识，能够理解信息对决策、创新和业务发展的关键作用。这种意识驱使人们对信息质量、可靠性以及潜在用途加以关注，鼓励对信息的有效管理、保护和共享，以最大程度地实现信息资源的价值。

1.2.1.3 信息判断意识

信息判断意识是指在面对不同信息来源、信息内容和信息形式时，具备严谨、审慎和批判性的思维方式，以辨别信息的真实性、可靠性、准确性和相关性。信息判断意识有助于人们在信息过载和虚假信息泛滥的环境中，避免受到误导，以更好地理解和应用信息。

1.2.1.4 信息安全意识

信息安全意识是指对保护信息资产免受各种威胁、风险和攻击的认识和警觉性。从国家层面来看，信息安全关系到国家安全。没有网络安全就没有国家安全。对组织机构而言，信息安全是组织正常运作和管理的保证。对个人而言，信息安全是保护个人隐私的必然要求。因此，无论在国家、组织还是个人层面，保证信息资产的安全性都非常重要。

1.2.1.5 信息应用意识

信息应用意识是指将所获取的信息有效运用于解决实际问题的意识。这种意识强调将获取的信息与具体问题、目标或决策相连接，以及如何有效地将其转化为实际行动、决策或创新的过程，从而能够在实际情境中运用信息以达成预期的结果。

案例：警惕"AI诈骗"

"好友"突然打来视频，10分钟被骗走430万元。

据"平安包头"微信公众号消息，近日，内蒙古自治区包头市公安局电信网络犯罪侦查局发布一起使用智能AI技术进行电信诈骗的案件，案件受害者福州市某科技公司法人代表郭先生在10分钟内被骗430万元。

2023年4月20日中午，郭先生的好友突然通过微信视频联系他，称自己的朋友在外地竞标，需要430万元保证金，且需要公对公账户过账，想要借郭先生公司的账户走账。基于对好友的信任，加上已经视频聊天核实了身份，郭先生当时并没有核实钱款是否到账，就分两笔把430万元转到了好友朋友的银行卡上。过后郭先生拨打好友电话，才知道被骗。骗子通过智能AI换脸和拟声技术，佯装好友对他实施了诈骗。

"从头到尾都没有和我提借钱的事情，就说会先把钱给我打过来，再让我给他朋友账户转过去，而且当时是给我打了视频的，我在视频中也确认了面孔和声音，所以才放松了戒备。"郭先生说。

幸运的是，接到报警后，福州、包头两地警银迅速启动止付机制，成功止付拦截336.84万元，但仍有93.16万元被转移，目前正在全力追缴中①。

1.2.2 信息知识

信息知识就是有关信息的基本知识，包括信息相关概念、信息相关理

---

① 腾讯网：《"AI诈骗正在全国爆发"，警方紧急提醒！》，https://new.qq.com/rain/a/20230528A05T0M00，访问日期：2023年8月30日。

论、信息相关方法、信息相关技术等，共同构建了信息素养的知识基础。信息知识帮助我们更好地理解信息的本质，更深刻地洞察信息的价值和影响。

1.2.2.1 信息相关概念

信息相关概念涵盖了对信息本质和特征的理解，包括信息的定义、信息的特点（如依附性、价值性、时效性、共享性和传递性等），以及信息的类型（如原始信息和加工信息）等。这些概念构建了我们对信息的基础认知，有助于我们更好地理解信息的本质。

1.2.2.2 信息相关理论

信息相关理论涉及信息的产生、传播、处理和应用的原理和规律，如香农的信息论、信息传播理论、信息行为理论等。这些理论不仅有助于我们更深入地理解信息的运作机制，还为信息的管理、传播和应用提供了理论指导。

1.2.2.3 信息相关方法

信息相关方法包括一系列用于获取、处理、分析和利用信息的技巧和策略，例如信息检索方法、信息组织方法、信息分析方法和信息可视化方法等。通过掌握这些方法，我们能够更加高效地处理和利用信息，提高信息素养水平。

1.2.2.4 信息相关技术

信息相关技术包括计算机科学、信息系统、数据库管理和信息安全等领域的知识和技能。这些技术是信息时代的基石，了解信息相关技术可以帮助我们更好地应用信息工具和技能，对于提高信息素养至关重要。

1.2.3 信息能力

作为信息素养的核心要素，信息能力是开展信息相关活动所必需的一系列技能，一般涵盖信息发现、获取、组织、分析、评价、利用、交流、共享、传播、创新等多个方面。其中，我们认为最为核心的能力包括信息获取能力、信息组织能力、信息分析能力、信息评价能力和信息交流能力。

1.2.3.1 信息获取能力

信息获取能力是指通过使用有效的方法和工具从大量的信息源中检索并获得所需信息的能力。过去，人们主要通过有限的媒体途径获得信息，如图书、报纸、广播和电视。随着互联网的兴起，信息获取的方式发生了根本性的变化。互联网的普及使得获取信息变得更加广泛和迅速。在这一演变过程中，信息获取与检索能力成了必不可少的技能。

在信息爆炸的时代，人们面临着海量的信息资源。如何有效地利用这些资源，迅速地找到自己需要的信息，成了信息获取与检索的关键。搜索引擎是最常见的信息检索工具，如百度、谷歌等，已经成为我们解决问题、寻找答案的重要途径。通过输入关键词，我们可以在瞬间获得与问题相关的大量信息。此外，专业数据库和在线资源也扮演着重要角色。针对特定领域的研究和需求，我们可以利用学术数据库、数字图书馆等资源，从中检索出高质量、可信赖的信息。有效地使用以上这些资源，不仅可以提高信息获取的效率，还可以减少虚假信息的影响。

信息获取与检索技巧和工具在不断演变。新的搜索引擎功能、数据库资源和搜索算法不断涌现。因此，持续学习和适应新技术和资源是保持信息获取与检索能力的关键。

1.2.3.2 信息组织能力

信息组织能力是指对信息进行收集、加工、整合、存储使之有序化、系统化的能力。信息组织的目的是检索信息、利用信息。信息组织在不同领域和场景中都发挥着关键作用。例如，在图书情报领域，信息组织专家建立分类系统、制定标准，为图书、期刊和其他资源进行分类和编目，使读者能够方便地查找所需的资料。在学术研究中，研究者需要整理和管理大量的文献、数据和研究成果，信息组织能力帮助他们将这些信息分类、整理和存储，以支持研究进程、提高研究效率。在职业领域，项目管理、数据分析和决策制定同样受益于信息整理和结构化，以提高工作效率和决策准确性。在个人生活中，信息组织能力也扮演着重要的角色，通过有效地整理和管理个人文件、照片、日程安排和笔记，我们可以更好地规划生活，提高时间管理能力和生产力。

1.2.3.3　信息分析能力

信息分析是根据用户需求，对信息进行选择、分析、综合、预测，为用户提供系统、准确、及时、大流量的知识与信息的智能活动。信息分析方法主要包括比较、分析、综合、推理等定性分析方法，德尔菲法、交叉影响分析法、层次分析法、内容分析法等半定量分析方法，以及多元分析法、时间序列分析法、文献计量学方法等定量分析方法，在科学、技术、市场、专利等领域有着广泛应用。①数字时代，计算机辅助信息分析成为当前信息分析发展的重要趋势。伴随着人工智能、数据挖掘和知识发现等技术的不断进步，信息分析日趋智能化和数据化，能够从海量数据中提炼出有价值的信息并转化为知识加以运用，为各领域的决策、创新和预测提供关键支持。

1.2.3.4　信息评价能力

信息评价能力是指能够有效地分析、判断和评估信息的可信度、准确性、重要性和相关性的能力。随着数字时代的到来，信息的获取变得更加便利，但同时也伴随着信息的泛滥和混杂，因此信息评价能力变得至关重要，它有助于我们从大量信息中筛选出有价值、可信和适用的信息，避免被虚假信息误导。

信息评价通常可以从两方面入手：一是对信息源的评价，二是对信息本身的评价。对信息源的评价可以考虑三个方面的问题：①可靠性。评价信息源的可靠性首先可以根据该信息源过去的记录确定。如果这个信息源过去提供的信息是可靠的，那么我们可以合理地推测它在具例子里提供的信息也是准确的，反之亦然。比如《人民日报》《光明日报》等报纸报道

---

①　卢小宾：《信息分析导论》，武汉大学出版社2020年版。

的准确度都比较高，而常刊花边消息的小报则不可靠。②接近性。如果信息源是事件的直接观察者或参与者，他们的接近性就高，提供的信息的可靠性也就相对较高。反之，如果信息源不是事件的直接观察者或参与者，那么其接近性就相对较低。③适当性。适当性是指信息源的权威性，即信息源是否是有关问题的专家？是否是掌握有关信息的人或机构？如果回答是肯定的，则该信息源具有适当性，否则就没有。

对信息本身的评价也可以从3个方面考虑：①似真性。似真性是指信息的真实性是否由条件限制，是在任何条件下都真实还是只在一定条件下真实。在任何条件下都真实的信息可靠性较高，在一定条件下真实的信息需要根据具体条件来判断。②逻辑性。对信息内容进行逻辑分析，检查是否存在逻辑漏洞、自相矛盾或不合常理之处。例如，你收到一封电子邮件，声称你赢得了一个国际彩票大奖，需要提供个人信息和支付一笔手续费才能领取奖金。通过逻辑分析可以发现明显的漏洞：你从未购买过该彩票，而且合法的彩票不会要求支付手续费才能领奖。③支持性。该信息是否有其他证据支持，可能是不同信息源的同一条信息，也可能是能导致得出同一结论的不同信息。多样而独立的信息源可以进一步提高信息的可信度。①

1.2.3.5　信息交流能力

对于信息交流的含义，萧伯纳有过这样一段生动的描述："你有一个苹果，我有一个苹果，我们彼此交换，每人还是一个苹果；你有一种思想，我有一种思想，我们彼此交换，每人可拥有两种思想。"信息和物质、能量的根本区别在于信息能够共享，它不会因为被别人占有而自己就失去。② 信息交流是人类得以进步和发展的基础，信息交流能力是当今社会不可或缺的重要技能。随着科技的进步和社会的数字化转型，数字沟通技能，如电子邮件、即时通信、社交媒体等工具的应用已经成为现代信息交

---

① 曾忠禄：《21世纪商业情报分析：理论、方法与案例》，中国经济出版社2018年版。

② 庄善洁、朱翃、迟秀丽：《泛在知识环境下的大学生信息素养教育》，知识产权出版社2012年版。

流的基础。同时，清晰、准确、有组织的信息表达对于有效的信息交流至关重要。随着多媒体技术的发展，借助图片、音频、视频等多媒体形式，信息能够更生动地传达，有利于受众的参与和理解。信息交流不仅涉及向受众传递信息，还包括与他人共享信息并进行协作。在团队合作中，合理运用协作工具和沟通平台能够促进信息的流动和项目的进展。此外，保护信息隐私和安全也不容忽视，在信息交流过程中确保信息不被泄露或滥用显得尤为重要。

1.2.4 信息伦理

信息伦理又被称为信息道德，是指在信息获取、处理、利用和传播过程中应遵循的道德准则和行为规范。早在1986年，美国管理信息科学专家梅森就曾提出信息技术所带来的4个主要的伦理议题：信息隐私权（privacy）、信息准确性（accuracy）、信息产权（property）和信息资源存取权（accessibility），通常被称为 PAPA 议题。当前，以互联网、大数据、人工智能为代表的新一代信息技术蓬勃发展，深刻影响着人们的思维方式、价值观念和道德行为，同时也引发了一系列新的信息伦理议题，诸如：数字鸿沟、信息茧房、算法偏见与歧视、数字记忆与被遗忘权、大数据伦理和人工智能伦理等。从整体上看，应对信息化深入发展导致的伦理风险应当遵循的道德原则包括服务人类原则、安全可靠原则、以人为本原则和公开透明原则。①

以人工智能为例，作为最具代表性的颠覆性技术，在给人类社会带来巨大发展红利的同时，其不确定性、不透明性和难解释性可能带来诸多伦理风险。近年来，为有效应对人工智能带来的伦理挑战，国内外先后出台了一系列伦理治理指南和规划。例如，2017年，在美国加利福尼亚州阿西洛马举行的 Beneficial AI 会议上，特斯拉 CEO 埃隆·马斯克、DeepMind 创始人戴米斯·哈萨比斯以及近千名人工智能和机器人领域的专家，联合签署了《阿西洛马人工智能原则》(*Asilomar AI Principles*)。该原则倡导的

---

① 曾建平：《应对信息时代伦理风险的道德原则》，http://opinion.people.com.cn/GB/n1/2019/0712/c1003-31229151.html，访问日期：2023年8月30日。

伦理和价值观念包括安全性、故障透明、审判透明、责任、与人类价值观相一致、保护隐私、尊重自由、共享利益、共同繁荣、人类控制、非颠覆、避免人工智能军备竞赛等。2021年，我国国家新一代人工智能治理专业委员会发布了《新一代人工智能伦理规范》，旨在将伦理道德融入人工智能全生命周期，促进公平、公正、和谐、安全，避免偏见、歧视、隐私和信息泄露等问题，提出了增进人类福祉、促进公平公正、保护隐私安全、确保可控可信、强化责任担当、提升伦理素养6项基本伦理要求。①

案例：自动驾驶汽车首次撞死行人，道德伦理问题再遭热议

2018年3月20日，Uber公司在美国亚利桑那州坦佩市进行无人驾驶车辆测试。但在测试过程中却发生了意外，自动驾驶车辆撞到了一位女行人。伤者送往医院救治后，因伤势过重不幸身亡。这是全球第一起自动驾驶车辆造成行人死亡案件。事故发生时，车辆处在自动驾驶状态，车上有一名操作员。Uber已经停止所有类似测试，表示会配合事故调查。

此次意外的发生引起了广泛的关注，自动驾驶技术一直饱受争议。即便是大势所趋的项目，但许多人在此时此刻还未能对其接受，其中一个重要原因则是道德及法律问题。当事故发生时，该追究谁的责任。很不幸，当这方面的法律还未完善时，意外就发生了。这一事件势必对无人驾驶行业带来影响。

本次事故热议的另一个重点在于，一般而言，自动驾驶车辆在紧急情况发生时，会由自动驾驶模式改为由人类安全驾驶员进行操作。而在这台涉事车辆中也配有操作员。但在这样的情况下依然不能避免事故的发生。自动驾驶技术原本被寄希望于要比人类司机更安全，但按照目前的情况看，要实现这一点，无人驾驶技术的路还相当长。②

---

① 国家新一代人工智能治理专业委员会：《新一代人工智能伦理规范》，https://www.most.gov.cn/kjbgz/202109/t20210926_177063.html，访问日期：2023年8月30日。

② 《自动驾驶汽车首次撞死行人，道德伦理问题再遭热议》，https://www.pcauto.com.cn/hj/article/94513.html，访问日期：2023年8月30日。

1.3 信息素养与创新思维

1.3.1 创新思维的基础知识

创新思维是指以新颖独特的视角和方法，对现实问题进行思考并提出有价值的创新想法和解决方案的思维过程。它强调了从传统思维模式中解放出来，敢于突破常规和创造新价值的能力。

创新思维包括多种不同的方法和技巧，下面介绍一些常用的创新思维方式。

1.3.1.1 逆向思维

逆向思维是一种以与常规相反的方式思考问题的方法。它要求我们从不同的角度看待问题，寻找不同于传统思维的解决方案。通过问自己"如果假设相反会怎样？"或者"如何实现完全相反的结果？"等问题，可以打破思维定式，激发创新的灵感。

拼多多是中国知名的社交电商平台，其创新的商业模式展现了逆向思维的应用。传统的电商模式通常是通过品牌宣传和广告投放来吸引用户，然后引导用户进行购买。而拼多多采用了相反的策略，利用社交和团购的力量来促进用户的参与和购买行为，鼓励用户通过朋友圈等社交媒体平台推荐商品给朋友，形成裂变式的传播效应。用户可以组团购买商品，享受更低的价格，并且还可以通过邀请好友参与拼团来获取更多的优惠。这种逆向的模式打破了传统的商业模式，通过社交的力量带动了销售和用户增长。

1.3.1.2 联想思维

联想思维是指从一种事物想到另一种事物的心理活动，其本质是发现原来认为没有联系的两个事物（或现象）之间的联系。通过联想思维，可以将不同领域的概念和思想进行结合，产生新的创意。

一个著名的案例是史蒂夫·乔布斯（Steie Jobs）在创造 iPhone 时的联想思维。他将移动电话与苹果公司已有的 iPod 音乐播放器进行联想，创造了一款集音乐播放、电话通信和互联网浏览等功能于一体的革命性产品。正如乔布斯所言："创造力就是把事物联系在一起。当你问富有创造力的人他们都做了些什么的时候，他们会感到些许惭愧，因为实际上他们什么都没有做，他们只是看到了事物之间的联系。"iPhone 的成功不仅在于技术的创新，更在于乔布斯的联想思维，他将不同领域的概念和功能进行结合，创造出了一个全新的移动设备，引领了智能手机的发展趋势。这个案例充分展示了联想思维在创新中的重要作用。

1.3.1.3 发散思维与收敛思维

发散思维是指对同一问题从不同角度、不同层次、不同方向进行探索，从而诞生新思路、新发现、新的解决方案的过程。发散思维的目标是创造性地扩展问题的解决空间，不拘泥于传统思维模式，从而激发创意的产生。

收敛思维是指在发散思维的基础上，将获得的若干信息或思路加以重组，使之指向一个最优的解决方案。收敛思维的目标是从众多的创意中挑选出最佳的解决方案，并确保这些方案在实际应用中能够产生积极的效果。

谷歌的"20% 时间规则"是一个发散思维和收敛思维的典型案例。在这一规则下，谷歌员工可以利用 20% 的工作时间来研究个人项目或者其他感兴趣的领域。这鼓励了发散思维，激发了员工在各个领域探索新创意，突破了传统边界，从而产生了多样化的想法。在经历发散思维阶段之后，员工需要进入收敛思维的阶段。在这一阶段，他们需要选择创意、评估可行性、深化规划，确保最有潜力的创意能够得到实施。通过在发散和收敛阶段之间平衡，谷歌创造了一个富有活力的创新生态，推动了许多重要的创新项目的诞生，如谷歌邮件（Gmail）、谷歌新闻（Google News）、谷歌地图（Google Map）上的交通信息等都是"20% 时间规则"的产物。

需要说明的是，上述这些创新思维方式可以单独使用，也可以结合在一起，根据问题的性质和要求灵活应用。创新思维有助于打破固有的思维模式，激发创意，促进创新，从而在不同领域和情境中找到新的机会和解决方案。

1.3.2 信息素养与创新思维的关系

1.3.2.1 信息素养为创新思维提供基础和支持

信息素养和创新思维是紧密相连的。首先，信息素养涵盖了获取、处理和应用信息等关键技能，这些技能为个体提供了丰富的信息资源和知识基础。创新思维需要多样化的信息和知识作为创意和解决问题的原材料，而具备信息素养的个体能够广泛获取和利用不同领域的信息和知识，从而促进联想和连接，进而产生新的创意和想法。其次，信息素养涉及信息的有效管理和组织。信息管理是创新思维过程中的关键一环，因为创新需要对信息进行组织、分析和综合，以形成新的见解和解决方案。信息素养的培养使个体能够更好地管理大量的信息资源，从而为创新提供了支持。此外，信息素养强调批判性思维和问题解决能力，这是创新思维的核心。创新的过程通常需要重新审视问题，并对现有解决方案进行改进或寻找新的方案，而具备良好信息素养的个体不仅能够获取信息，还能质疑信息的可靠性和准确性、挑战传统思维和现有偏见，并提出新的、更有效的解决方案，从而为创新提供了坚实的基础。

1.3.2.2 创新思维是信息素养的实际应用和体现

信息素养为创新思维提供基础，但并不等同于创新思维。创新思维是在信息素养的指导下，将信息转化为创新解决方案的过程。因此，创新思维不仅需要获取和理解信息，更是将信息应用于解决问题、创造价值以及应对变革的过程。创新思维强调在掌握基本信息技能、合理合法获取信息的同时，灵活应用各种技能，发现新知识、创造新方法、解决新问题。这意味着创新思维是信息素养的自然延伸，体现了基于信息素养的思维方式变革和创新，鼓励超越传统思维模式，发现新的联系和关联，尝试新的方法和解决方案。这种创新思维方式与信息素养的理念相契合，因为信息素养不仅仅是一系列信息技能，更是一种终身学习和适应不断变化的信息社会的态度和能力。

综上所述，信息素养和创新思维相互关联且相互促进。信息素养为创新思维提供了基础和支持，而创新思维则是信息素养的实际应用和体现。

通过不断提高信息素养水平，并将其与创新思维相结合，我们可以更好地应对未来的挑战，进而推动信息社会的进步和创新。

1.3.3 基于信息素养的创新思维

1.3.3.1 信息层面——多源、多维度信息交叉和互补，客观查找与主动收集相结合

信息素养强调信息获取、处理和应用的基本技能。然而，在面对复杂问题时，单一来源和维度的信息可能无法提供足够的支持。创新思维在信息层面要求从多个源头获取信息，并在不同维度上进行交叉和互补，从而建立更全面、更准确的问题认知。例如，将文字和图片检索的结果进行交叉，从而形成更加立体、丰富的信息画面。文字可以提供详细的描述和分析，而图片则能够直观地展现事物的形态和特点。将两者相结合，有助于我们更全面地认知问题，从而产生更具创意的思考。此外，客观的信息查找和主动的信息收集相结合，可以防止信息的偏见和局限性，同时能够让我们更深入地了解问题的各个维度，为创新性解决方案的提出提供更加丰富的素材。例如，在研究社会科学问题时，不仅仅从学术文献中获取信息，还可以通过实地调研、访谈等方式主动收集更丰富、更真实的数据，从而为问题的全面分析和解决提供更多的支持。

1.3.3.2 方法层面——不同查询和分析方法的综合运用

信息素养的培养让我们能够运用各种信息检索和分析工具，但单一的工具和方法往往难以解决复杂问题。创新思维在方法层面强调将不同的查询和分析方法进行综合应用，包括定量分析和定性分析相结合、理论分析和实证分析相结合等，以发现更深层次的信息和联系，从而为创新性解决方案提供更全面的支持。例如对某个 App 影响力的分析，我们可以采用多种方法来获取全面的信息。首先，我们可以采用传统方法，如调查问卷和网络用户评论，以获得用户对该 App 的使用满意度、功能评价以及改进建议。其次，为了获得更加全面的分析，我们可以引入新方法和工具，比如结合百度指数等数据分析工具，探究该 App 在网络搜索中的热度和关注程度。此外，我们还可以通过社交媒体分析工具，监测该 App 在不同平台上

的互动情况，如点赞、评论、分享等，这有助于衡量 App 在社交网络中的影响力和受众互动程度。通过综合应用不同查询和分析方法，我们可以获得多维度的、全面的 App 影响力评估结果。

1.3.3.3 应用层面——面向任务的信息（源）评估与选择，信息比较与分析

在应用层面，信息素养与创新思维的融合体现在面向实际任务的信息评估与选择，以及信息比较与分析。信息素养强调信息的可靠性和有效性；而创新思维进一步要求我们根据任务的背景和需求，对不同信息源进行评估和选择，从众多信息源中筛选出那些与任务最相关且有助于创新的信息。此外，还需要进行信息的比较与分析，以发现它们之间的关联和差异。举一个简单的例子，当涉及到查询不同国家的地理信息时，考虑到地理、文化和政治等因素，选择适合的信息平台是至关重要的。百度地图在国内地理信息查询方面具有很强的优势，因为它在中国拥有丰富的地理数据和用户反馈，能够提供准确、实时的本地化信息。然而，当涉及查询美国地理信息时，使用美国公司开发的平台可能更为合适。这些平台可能会更深入地了解美国地理数据，提供更准确、全面的信息，而且更了解当地的文化和需求。

1.3.3.4 时代层面——与时俱进，积极关注人工智能、大数据等新信息技术发展，不断提升自身信息能力

信息素养的核心之一是时刻保持学习和适应新技术的能力，这一要素在创新思维视角下显得尤为重要。这就要求我们与时俱进，积极关注人工智能、大数据等新兴信息技术的发展，了解其应用前景，以及如何将其融入问题解决中。通过不断提升自身信息能力，我们可以更好地运用新技术，为解决问题提供更具创新性的方案。例如，在市场营销领域，生成式人工智能已经展现出令人瞩目的应用。营销人员可以利用生成式人工智能来自动生成创意广告文案、社交媒体帖子甚至视频内容，使其符合特定品牌的风格和口吻。这使得营销团队能够更快速地响应市场变化，推出创新广告，提高品牌在消费者心中的印象。需要说明的是，虽然人工智能在某

些领域展现出强大的能力,但它并不能完全替代人类的创意和创新。相反,人工智能可以作为创新思维的助力,为人类提供更多创新的素材和数据。

第 2 章 从海量资源发现所需信息

在社会高速发展的 21 世纪,各类信息纷至沓来,我们的一举一动不仅在传递信息,同时也在产生信息。在信息化的时代,人们的日常生活离不开信息检索,因此,学会分析信息需求、选择可信的信息来源、使用工具搜索并解决问题至关重要。在本章中我们将了解信息检索的基本内容,学习基础的检索技术,掌握搜索引擎的工作原理和使用方法。

2.1 信息检索

国家新闻出版署要求,为防止未成年人沉迷网络游戏,所有网络游戏用户必须接入网络游戏防沉迷实名验证系统。[①] 面对海量用户提交的百万条身份证信息,需要对身份证号进行排查,找出未成年人,对游戏用户身份进行识别,达到限制未满 18 岁的用户游戏时长的目的。

上文中搜寻符合条件的身份证号信息的需求,本质上就是一个信息检索的问题。本节将围绕该案例,对信息检索的概念、信息检索的类型和信息检索的过程进行介绍。

2.1.1 信息检索的概念

信息检索(information retrieval)这一概念是指从任何信息集合中识别信息并找出所需信息的过程。这一概念涉及到两个集合,包括已经对信息项进行组织的信息集合和用户所需信息的需求集合。检索的本质就是根据用户的需求,在信息集合和需求集合之间进行匹配,按照一定的标准找出

---

① 国家新闻出版署:《国家新闻出版署关于进一步严格管理切实防止未成年人沉迷网络游戏的通知》,https://www.gov.cn/zhengce/zhengceku/2021 - 09/01/content_5634661.htm,访问日期:2023 年 8 月 30 日。

所需信息。①

在 2.1 信息检索提到的例子中，信息集合是所有用户上传的身份证信息库，需求集合是所有未成年人的身份证信息，在用户身份证库中寻找未成年人身份证号的过程，就是一个信息检索的过程。

2.1.2 信息检索的类型

在游戏防沉迷系统中，若想对身份信息进行排查，可以将所有身份证信息导出为纸质版，人工逐一进行身份证号出生年月的核对，筛选出未满 18 岁的未成年人身份证号，也可以直接使用计算机系统进行检索。根据检索手段的不同，信息检索可以划分为手工检索和机器检索。

手工检索又称人工检索，即以手工翻检的方式检索信息的一种检索手段。在计算机出现之前，手工检索是信息检索的主流，手工检索的重要特点是采用印刷型检索工具进行检索，如图书目录卡片。手工检索的方法比较简单、灵活，容易掌握，但其缺陷也十分明显，手工检索效率低下，需要耗费大量的人力与物力，容易造成误检和漏检。

机器检索又称计算机检索，是指人们在计算机上，使用特定检索指令，从数据库中查找所需信息的方法，其技术发展经历了脱机检索、联机检索和网络检索三个阶段。计算机检索的效率更高、效果更好，但计算机只能针对数字化的信息进行检索。随着第四次工业革命的提出，数字化浪潮席卷全球，世界上许多机构都在推进文献数字化的进程，以实现馆藏资源的电子化组织检索、网络化传输利用，满足用户共享资源与存取资料的需求。

例如，敦煌研究院率先在国内文博界开展文物数字化工作，将敦煌 10 个朝代的 30 个洞窟壁画的高清数字图像都在"数字敦煌"项目中进行展示②。若想浏览北魏时代的洞窟，可以在数字敦煌中输入"北魏"进行搜索，检索结果如图 2-1 所示，用户可以找到所有北魏时代的敦煌洞窟的具体信息。

---

① 潘燕桃：《信息检索通用教程》，高等教育出版社 2009 年版。
② 参见 https://www.e-dunhuang.com/index.htm，访问日期：2023 年 8 月 30 日。

北魏

莫高窟第249窟
来自数字敦煌 - 洞窟

莫高窟第254窟
来自数字敦煌 - 洞窟

相关搜索
南向面
第057窟
第二层
数字化
平棋顶
第023窟
南立面
榆林窟
第023窟
第103窟
井心

历史搜索
北魏
五代

图2-1 "数字敦煌"项目的检索功能

从利用角度而言,数字化的核心是"可检索",而数字化资源是检索的前提条件。在敦煌壁画实现数字化后,不仅满足人们通过互联网足不出户游览、欣赏敦煌瑰宝的需求,还提供计算机检索,方便数字资源进行网络传输,帮助人们快速准确地查找文物信息,进行研究工作。

2.2.3 信息检索的过程

在游戏防沉迷系统对身份证号进行排查的例子中,由于人工逐一进行身份证号出生年月的核对耗时长、准确率低,因此,可以将身份信息导出到 Excel 表格中,使用计算机系统进行检索。在 Excel 表格中,又该如何快速寻找身份信息呢?

使用 Excel 函数可以批量找到所有符合条件的未成年人身份证号,在缺乏 Excel 函数知识的情况下,为了找到解决问题的函数,我们可以构造检索式,在搜索引擎中寻找相应的公式和应用方法,这是一个利用信息检索解决问题的过程，如图2-2所示。

信息检索的一般过程可分为如下五个步骤。

图2-2　检索Excel函数

（1）分析检索问题。信息用户为了检索并获取所需的信息，首先需要对检索问题进行分析，明确信息需求。在寻找身份证号的例子中，最后需要检索的信息，就是在Excel中通过身份证号码判断未成年人的函数。

（2）选择检索工具与方法。为解决检索问题，需要选择相应的检索工具、检索方法或者检索手段，用于查找信息。针对不同的问题，需要选择不同的检索工具与方法。在解决日常生活中的问题，例如查找筛选身份证号的Excel函数时，可以使用百度搜索引擎进行检索[①]。但是，搜索引擎并非解决问题的唯一选择，如果需要解决学术类的问题，例如进行学位论文的查找，则可以在专业文献数据库中查找资源。

（3）实施检索过程。用户利用检索系统，将分析出的检索问题构造为

---

① 参见https://www.baidu.com，访问日期：2023年8月30日。

检索式，查找并得到所需的信息，输出检索结果。在搜索引擎系统中实施检索的过程，其实就是在搜索框里编写检索式的过程。在寻找身份证号的例子中，可以在搜索框中输入"Excel 身份证号码 未成年判断"等关键词进行搜索。

（4）调整检索策略。由于输出的检索结果可能并不理想，必要时还需要根据结果对检索策略进行调整，重复进行检索，直至检索出满意的结果为止。例如，当直接输入关键词"Excel 身份证号码 未成年判断"进行检索时，百度得到的结果来自各个网站，包含各种函数、广告和其他的结果，效果并不理想。此时可以对标题进行限制，只查看百度经验的网页内容。百度中的 intitle 指令可以返回页面标题中包含关键词的页面，在搜索框中输入"Excel 身份证号码 未成年判断 intitle：百度经验"，最终查到的所有内容都为百度经验中的知识，结果更准确。

（5）评价检索结果。针对最终得到的检索结果，需要进行相应的评价与反馈，确保最终得到的检索结果符合预期且可用。在搜索引擎中，人们根据结果网页的相关性对检索结果进行评价，评价结果主观性较强；如果想要得到客观的检索结果评价，则采用查全率和查准率等量化指标进行检索结果的评价。

查全率（recall）又称召回率，指检出的相关文献量与检索系统中相关文献总量的百分比，可以衡量信息检索系统检出相关文献的能力。查准率（precision），指检出的相关文献在检出文献总量中的百分比，可以衡量信息检索系统检出文献精确度的能力。[1] 假设某一用户提问，检索系统中有 20 篇与提问相关的文献，用户实际上检索得到了 30 篇文献，其中与问题相关文献为 15 篇，则本次检索的查全率为 75%，查准率为 50%。查全率和查准率往往存在着反比关系，互相制约，要想查全率提升，势必会对检索范围进行放宽，结果会检出更多不相关的文献，影响查准率。

在搜索引擎中寻找识别未成年人身份证号的 Excel 函数的过程中，从确定检索目标，使用百度作为检索工具，编写检索式在百度中进行检索，再到修改检索式重新检索，直至找到最后的结果进行评价，这是信息检索

---

[1] 苏新宁：《信息检索理论与技术》，科学技术文献出版社 2004 年版。

的一般过程（图 2-3）。

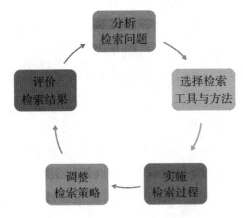

图 2-3　信息检索的一般过程

当进行检索时，如果在多次调整检索式后，仍然无法得到想要的检索结果，可能是检索策略制定存在问题。此时，可以重新分析检索问题，尝试新的检索方法；也可以改变检索工具或策略，在谷歌、必应等搜索引擎中进行检索，重新实施整个检索过程。可见，信息检索是一个可循环调整的过程。

2.2　检索技术

中山大学有一名学生需要完成信息素养课程的大作业，对大学生信息素养的研究现状进行调研，这一过程往往需要查阅大量的相关文献和网页内容，才能做到言之有物。由于计算机信息检索的实质是"匹配运算"，想要获得最好的检索效果，需要将检索问题拆分成多个能概括检索内容的关键词汇，通过不同的信息检索技术进行组配，构建计算机能识别的检索表达式。

在构建检索式的过程中，可能会用到布尔逻辑检索、模糊检索、限制检索、截词检索、自然语言检索等信息检索技术，本小节将对这些检索技术进行具体介绍。

2.2.1 布尔逻辑检索

在进行信息检索时,如果想检索与大学生信息素养研究现状有关的文献,将涉及到多个主题和概念,包括"大学生""信息素养""研究现状"等。若想正确表达多个概念之间的逻辑关系,实现用户的检索需求,则需要用到布尔逻辑检索。

布尔逻辑检索是指通过布尔逻辑运算符来表达检索词之间逻辑关系的检索技术,绝大部分现代检索系统都支持布尔逻辑检索。利用布尔逻辑运算符连接各个检索词,由计算机进行相应逻辑运算,可以将检索问题转化成逻辑表达式。基本的布尔逻辑运算符包含"与""或""非"以及"异或"。[①]

2.2.1.1 布尔逻辑算符

2.2.1.1.1 逻辑"与"

如果想在中国知网中查阅大学生信息素养的相关文献,找到篇名既包含"大学生",又包含"信息素养"的文章,应该怎么实现呢?此时,需要用到逻辑"与"的概念。

逻辑"与"一般用符号"AND"或"*"表示,中文还可以写作"与""并且""并含"等,部分检索系统使用空格表示逻辑"与"的关系。如果将 A 集合视为所有包含检索词 A 的文献的集合,B 集合视为所有包含检索词 B 的文献的集合,A AND B 则表示集合 A 和集合 B 的交集,其韦恩图参见图 2-4。进行检索时,检索词 A 与检索词 B 使用"AND"相连,检索式写作"A AND B"或"A * B",表示检索命中结果必须同时含有检索词 A 和检索词 B。

为了找到篇名中同时包含"大学生"和"信息素养"的文章,需要使用逻辑"与"对检索词"大学生"和"信息素养"进行连接,在中国知网中进行检索。中国知网的主页如图 2-5 所示,当涉及到多个检索词时,一般在中国知网的高级检索模式中使用检索技术进行检索。

---

① 龚沛曾、杨志强:《大学计算机基础简明教程》,高等教育出版社 2015 年版。

图2-4 逻辑"与"的韦恩图

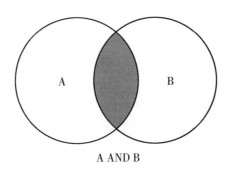

图2-5 中国知网（CNKI）主页

在选择高级检索模式后，需要将"大学生"和"信息素养"分别填入篇名字段中，用 AND 进行连接，检索得到的结果如图2-6所示，文献篇名中都包含"大学生"和"信息素养"这两个关键词。逻辑"与"运算不要求检索词连接在一起出现，只要篇名中包含这两个检索词的文章就会被检出，如文献"基于信息素养视角的大学生知识获取行为影响因素研究"。

在搜索引擎中，还可以用空格来表示逻辑"与"的关系。例如，要想在课程之外对信息素养有进一步的了解，可以在百度中检索信息素养的有关慕课。在百度中，site 命令可以对网站的来源进行限制。若要信息素养的相关内容来自中国慕课网，检索式可表示为："信息素养 site：icourse163.org"，检索结果如图2-7所示。逻辑"与"对两个检索条件进行连接，对网站的来源进行约束。搜索引擎得到的检索结果包含多个学校的信息素养慕课。

基于以上例子可以看出，逻辑"与"常用于检索词之间的组配，可以提高检索的专指性，缩小检索范围，提高查准率。

第2章 寻幽探胜：从海量资源发现所需信息

图2-6 中国知网"大学生 AND 信息素养"检索结果

2.2.1.1.2 逻辑"或"

数字素养是信息素养的延续和深化，如果想对信息素养的相关内容进行更加全面的了解，需要阅读篇名中包含"信息素养"或者"数字素养"的文章。如果想同时搜索到这些文章，需要用到什么检索技术呢？逻辑"或"可以解决这个问题。

逻辑"或"一般用符号"OR"或"+"或"｜"表示，中文还可以写作"或者""或含"。如果将 A 集合视为所有包含检索词 A 的文献的集合，B 集合视为所有包含检索词 B 的文献的集合，则 A OR B 表示集合 A 和集合 B 的并集，其韦恩图参见图2-8。进行检索时，检索词 A 与检索词 B 使用"OR"相连，检索式写作"A OR B"或"A｜B"，表示含有检索词 A 与 B 中任意一个或包含两个检索词的结果都将被命中。

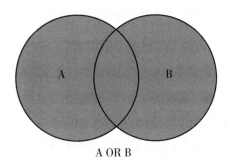

图2-7 在百度中搜索"信息素养 site：icourse163.org"

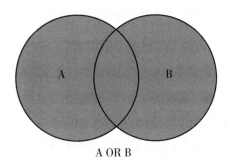

A OR B

图2-8 逻辑"或"的韦恩图

我们可以使用逻辑"或"在中国知网中检索篇名包含"信息素养"或"数字素养"的文献。在高级检索模式中，将"信息素养"和"数字素养"分别填入篇名字段中，用OR进行连接，检索结果如图2-9所示。检索得到的文献篇名中部分包含"信息素养"，部分包含"数字素养"，还有一部分同时包含两个关键词，如"从全民信息素养到数字素养的重大飞跃"这篇文献。

第2章 寻幽探胜：从海量资源发现所需信息

图 2-9 中国知网"信息素养 OR 数字素养"检索结果

再如，中山大学资讯管理学院在 2020 年更名为信息管理学院，若想同时查到学院更名前后的所有相关信息，需要用到逻辑"或"的检索技术。以百度为例，百度中的逻辑"或"使用"｜"表示，将中山大学信息管理学院和中山大学资讯管理学院使用"或"进行连接，可以同时查到两个检索词的相关内容，因此检索式为："中山大学信息管理学院｜中山大学资讯管理学院"。最终得到的检索结果如图 2-10 所示，结果同时包含学院更名前后的信息内容。

基于以上例子可以看出，逻辑"或"常用于扩大检索范围，增加检索命中的结果，提高查全率。

2.2.1.1.3 逻辑"非"

在进行文献检索时，有时得到的结果会包含用户不想要的内容，使用

图2-10 在百度中搜索"中山大学信息管理学院｜中山大学资讯管理学院"

逻辑"非"可以排除这些用户不需要的内容。

逻辑"非"一般用符号"NOT"或"-"表示。如果将 A 集合视为所有包含检索词 A 的文献的集合，B 集合视为所有包含检索词 B 的文献的集合，则 A NOT B 表示在集合 A 和集合 B 并集的基础上，取集合 B 的补集，也是集合 A 减去集合 B 所得的结果，其韦恩图参见图2-11。进行检索时，检索词 A 与检索词 B 使用"NOT"相连，检索式写作"A NOT B"或"A-B"，表示检索命中结果必须含有检索词 A，但不能含有检索词 B。

例如，在中国知网中检索篇名包含"信息检索"的内容，但不希望结果中包含综述，在高级检索模式中，将"信息检索"和"综述"分别填入篇名字段中，用 NOT 进行连接，最终得到的结果如图2-12所示，篇名中包含"综述"字样的文章被排除。

百度搜索中存在诸多广告，若想在百度中检索信息系统项目管理师的内容，但又不想浏览广告和推广的信息，此时就可以用逻辑"非"构造检索式。在百度中，使用"-"表示逻辑非，检索式可表示为："信息系统

第2章 寻幽探胜：从海量资源发现所需信息

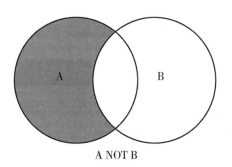

A NOT B

图2-11 逻辑"非"的韦恩图

图2-12 中国知网"信息检索 NOT 综述"检索结果

项目管理师-广告-推广"。检索得到的结果如图2-13所示，广告和推广的相关检索结果将被筛出，检索质量有所提高。

基于以上例子可以看出，逻辑"非"主要用于排除不需要的检索结果或干扰项，缩小检索范围，提高查准率。

图2-13 在百度中搜索"信息系统项目管理师-广告-推广"

2.2.1.1.4 逻辑"异或"

若想检索篇名仅包含"信息素养"或"数字素养"的文献，排除篇名同时包含两个关键词的文献，此时，仅逻辑"与""或""非"都无法单独完成检索，需要使用逻辑"异或"进行检索。

逻辑"异或"一般用符号"XOR"或"⊕"表示。如果将 A 集合视为所有包含检索词 A 的文献的集合，B 集合视为所有包含检索词 B 的文献的集合，A XOR B 表示在集合 A 和集合 B 并集的基础上，去除集合 A 与集合 B 的交集所得的结果，其韦恩图参见图 2-14。进行检索时，检索词 A 与检索词 B 使用"XOR"相连，检索式写作"A XOR B"或"A ⊕ B"，表示检索命中结果只含有检索词 A 或只含有检索词 B，同时含有检索词 A 和 B 的文献不能被命中。

许多检索系统并不直接支持异或运算。因此，在信息检索中，XOR 的运算也可以通过其他三种运算符实现，即 A XOR B =（A OR B）NOT（A AND B）。

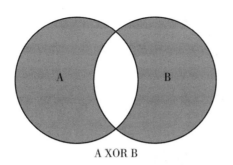

图 2-14 逻辑"异或"的韦恩图

我们可以在中国知网进行异或运算,检索得到想要的文献。在上面提到的例子中,在高级检索中,将"信息素养 + 数字素养"和"信息素养 * 数字素养"分别填入篇名字段中,用 NOT 进行连接,可以达到异或运算的目的;其中"+"表示"或"运算,"*"表示"与"运算。最终得到检索结果如图 2-15 所示,文献的篇名包含信息素养或数字素养,但篇名中同时包含信息素养和数字素养的文献将被排除在检索结果之外。

2.1.1.2 复合逻辑检索式

在较为复杂的信息检索的情景中,单一的布尔运算无法解决问题,为对复杂问题进行精确检索,通常需要同时运用多种不同的逻辑运算来连接多个不同的检索条件,最终形成一个复合的逻辑检索式。

使用复合逻辑检索式时,需要注意布尔检索的执行顺序。通常情况下,运算优先级别从高至低依次是 NOT、AND、OR,有时不同系统拥有不同的逻辑优先级。在构造检索式的过程中,如果有部分检索词有优先运算的需求,括号可以改变运算次序,在多层括号存在时,优先执行最内层括号。

例如,若想了解中山大学信息管理学院的潘燕桃教授发表的篇名或摘要包含"信息素养"的相关文献,可以在中国知网中进行检索,这一过程涉及多个检索逻辑。首先对检索条件进行分析,作者名称必须为潘燕桃,作者单位应为中山大学信息管理学院,而篇名和摘要字段中只要有一个包含"信息素养"即满足条件。因此,篇名和摘要字段应使用 OR 连接,并使用括号括起作为一个检索条件,其和作者姓名及作者单位之间是逻辑与的关系,应用 AND 进行连接。

信息素养与创新思维

图 2-15　中国知网中"异或"运算的检索结果

中国知网提供高级检索和专业检索两种模式，高级检索对字段进行预设，较为简单。检索时，将"信息素养"填入篇名字段，"信息素养"填入摘要字段，并用 OR 进行连接；将"潘燕桃"填入作者字段，使用 AND 连接；将"中山大学信息管理学院"填入单位字段，使用 AND 连接，检索结果如图 2-16 所示，得到《从全民信息素养到数字素养的重大飞跃》这篇文献。①

采用高级检索模式，只需用户对字段类型进行关系选择并组合即可，当

---

① 潘燕桃、班丽娜：《从全民信息素养到数字素养的重大飞跃》，载《图书馆杂志》2022 年第 10 期，第 4-9 页。

图2-16　高级检索模式中的复杂逻辑检索结果

限制条件较多时，还可以使用专业检索模式。专业检索需要用户构建完整检索式，需要一定的信息检索知识，检索式可表达为字段的缩写、等号及字段的检索词的连接。采用专业检索模式时，各字段的缩写如图2-17所示。

图2-17　专业检索字段名称

使用专业检索查找中山大学信息管理学院的潘燕桃教授发表的篇名或摘要包含"信息素养"的相关文献，则篇名或摘要为信息素养，即"TI＝信息素养 OR AB＝信息素养"；作者为潘燕桃，即"AU＝潘燕桃"；机构为中山大学信息管理学院，即"AF＝中山信息管理学院"。最终的检索式构建为："（TI＝信息素养 OR AB＝信息素养）AND AU＝潘燕桃 AND AF

=中山信息管理学院",检索结果如图2-18所示,得到1篇文献。

图2-18 专业检索模式中的复杂逻辑检索结果

2.2.2 模糊检索与精确检索

比较分析图2-16和图2-18可以看出,中国知网的高级检索功能和专业检索功能是一致的,都能检索出相同的结果。在高级检索模式中,检索框的最后可以选择"模糊"和"精确"两种模式,如图2-19所示,这涉及模糊检索与精确检索的概念。

图2-19 中国知网中的精确检索和模糊检索

如果想在中国知网中查询以中山大学为单位发表的所有论文，由于部分作者单位落款为学校，部分作者单位落款为学院，如中山大学信息管理学院，在这种情况下无法精准确定检索词。由于中山大学学院众多，如果在作者单位字段使用布尔逻辑"OR"连接中山大学和下属不同学院，其数量过于庞大且容易漏检，这时就需要用到模糊检索，扩大检索的范围。

模糊检索是与精确检索相对的概念。模糊检索即输入的检索词在检索结果中出现即可，检索词的字序、字间间隔可以产生变化。而精确检索就是指输入的检索词在检索结果字序、字间间隔完全一致，不能进行更改。

在刚刚提到的例子中，可以在中国知网的作者单位字段进行检索，作者单位字段支持模糊检索和精确检索。选择精确检索时，检索结果如图2-20所示，一共得到13283条结果，精确检索在这里表示"仅包含"的概念，检出文献的作者单位名称仅含有"中山大学"四个字，不存在其他内容，如《我国贸易收支的弹性分析：1981—1995》一文，作者单位为中山大学。选择模糊检索时，检索结果如图2-21所示，一共得到235090条结果，模糊检索在这里表示"包含"的概念，作者单位名称中凡是包含中山大学的文献都将被检出，如《股权集中度和股权制衡及其对公司经营绩效的影响》一文的第一单位就是中山大学管理学院，但还有其他单位名称存在。

图2-20 作者单位字段精确检索的结果

图 2-21　作者单位字段模糊检索的结果

再如，想在中国知网中查询信息检索技术的相关文章，在篇名字段中输入"信息检索技术"进行精确检索，得到的结果如图 2-22 所示，一共得到 384 条结果，文章篇名中完整包含"信息检索技术"一词，如《文本信息检索技术》一文；选择模糊检索时，检索结果如 2-23 所示，一共得到 737 条结果，系统可能对检索词进行拆分，文章篇名中包含"信息检索"和"技术"即被检出，如《中文信息检索引擎中的分词与检索技术》一文。

图 2-22　篇名字段精确检索的结果

图 2-23 篇名字段模糊检索的结果

在上述提到的例子中，同一数据库中不同字段之间模糊检索的意义也有所不同。作者单位字段中的精确检索必须"一字不多、一字不少"，模糊检索则是包含该检索词即可；篇名字段中的精确检索需要完整地包含检索式，模糊检索则可以对检索式进行拆分。

搜索引擎中也有模糊检索和精确检索的区别。在通常情况下，利用搜索引擎进行精确检索，当搜索引擎得到的检索结果太少时，则会对用户输入的检索词进行拆分，进入模糊检索。以百度为例，在搜索框中搜索"精确检索和模糊检索"，此时，若采用西文双引号将检索式括起，检索结果如图 2-24 所示，完整包含"精确检索和模糊检索"九个字，没有进行拆分。由此可见，西文双引号可以强制搜索引擎进行精确检索，得到的检索内容将完整包含整个检索语句。

根据不同的应用场景，可以有选择地使用模糊检索和精确检索。当确定检索词，需要检索结果精准相关时，可以采用精确检索，提高查准率。当检索词不确定或检索目标不明确时，可以采用模糊检索，扩大检索范围，提高查全率，避免漏检。①

2.2.3 限制检索

在进行检索时，如果不做任何限制，系统一般默认在所有文本中查找

---

① 黄如花：《信息检索（第三版）》，武汉大学出版社 2019 年版。

图 2-24 百度中的强制精确检索

相应的内容，这就导致检索的效率低下，检索精度也不尽如人意，此时可以使用限制检索技术，规定检索词出现的字段。限制检索，又称字段检索，是限定检索词出现在数据库记录中某一字段范围的一种检索技术。限制检索通过限制检索范围，达到优化检索结果的目的。

在检索系统中，检索字段可分为基本检索字段和辅助检索字段。基本检索字段反应文献的内容特征，如标题、摘要、关键词等；辅助检索字段反应文献的外部特征，如作者、作者单位、机构名称、出版年等。

不同的检索系统和检索机构提供的检索字段不尽相同。例如，中国知网和 Web of Science（简称"WOS"）中的检索字段如图 2-25 和图 2-26 所示。中国知网包含主题、篇关摘、标题等关键字段，WOS 中则提供主题、标题、作者标识符等检索字段；中国知网中的标题 IT 称为"题名"，WOS 中则称为"标题"；中国知网中主题的英文缩写为"SU"，WOS 则称作"TS"。由此可见，不同的检索系统提供的检索字段、检索字段的名称、英文缩写都有所不同。

不同文献类型的检索字段也有所不同。例如，在中国知网中，学术期刊和学位论文包含的字段如图 2-27 和图 2-28 所示。学术期刊的检索字段包含期刊名称、ISSN 号、CN 号、栏目信息等内容，学位论文的检索字

第2章　寻幽探胜：从海量资源发现所需信息

可检索字段：

SU%=主题,TKA=篇关摘,TI=题名,KY=关键词,AB=摘要,FT=全文,AU=作者,FI=第一责任人,RP=通讯作者,AF=机构,JN=文献来源,RF=参考文献,YE=年,FU=基金,CLC=分类号,SN=ISSN,CN=统一刊号,IB=ISBN,CF=被引频次

字段标识：

- TS=主题
- TI=标题
- AU=[作者]
- AI=作者标识符
- GP=[团体作者]
- ED=编者
- AB=摘要
- AK=作者关键词
- KP=Keyword Plus®
- SO=[出版物/来源出版物名称]
- DO=DOI
- DOP=出版日期
- PY=出版年
- AD=地址
- SU=研究方向
- IS=ISSN/ISBN
- PMID=PubMed ID

图2-25　中国知网提供的检索字段　　　图2-26　WOS提供的检索字段

图2-27　学术期刊提供的检索字段

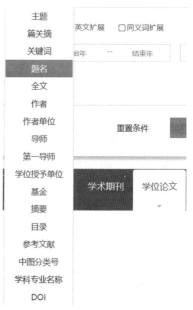

图2-28　学位论文提供的检索字段

段则包含导师、学位授予单位、学科专业名称等特色字段。

同样的检索词在不同的检索字段中进行限制时，得到的检索结果也不同。因此，在进行检索时，需对检索系统进行相应的了解，避免差错。例如，在中国知网中要查找钟南山教授所指导的博士学位论文，选择学位论文类型后，可通过导师字段进行检索，检索结果如图2-29所示。

信息素养与创新思维

[图片：导师字段为"钟南山"的检索结果界面]

图2-29 导师字段为"钟南山"的检索结果

若将"钟南山"写入篇名字段，在总库中进行查找，检索结果如图2-30所示，则会得到与钟南山有关的文献，所有标题中包含"钟南山"的文献将被检出。

图2-30 篇名字段为"钟南山"的检索结果

因此，在实施检索时，除了要明确检索词之外，还需通过检索要求构建检索式，将关键词限定于合适的字段中，提高查准率或查全率。

大多数网络检索工具都可以进行字段检索，在搜索引擎中进行限制检索时，用户可以通过构建检索式，将检索内容限定在特定的范围中，例如filetype（文件类型）、site（网站来源）、intitle（网页标题）、inurl（统一资源网址）等。①

【例】中山大学的应届毕业生小明想要寻找一份求职简历模板，为了方便进行格式和内容修改，小明想去除所有广告推广和其他格式文件，找到doc格式的简历文件。filetype可以限制检索结果的文件类型，因此，在百度中进行简历搜索时，检索式可构建为：

filetype：doc 简历 – 广告 – 推广

检索结果如图2-31所示，搜索结果中不含广告。使用百度的文件类型检索，可以提高检索效率，更精准地对所需结果进行查找。

图2-31　百度中"filetype：doc 简历–广告–推广"的搜索结果

---

① 黄如花：《网络信息的检索与利用》，武汉大学出版社2002年版。

【例】在进行信息检索的学习时，可以汲取他人的学习经验，知乎作为最大的中文知识社区，拥有许多高质量的回答。在不进行知乎网站注册的情况下，可以在百度中检索知乎网站内有关信息检索的内容。site 可以限制检索结果的网站来源，进行站内检索。其检索式可构建为：

信息检索 site：zhihu. com

站内检索得到的结果如图 2-32 所示。当在网站内检索得到的结果不佳时，可以尝试使用百度的站内检索功能，特别是对于没有站内检索的网站，百度可以对检索结果的网站来源进行限制，帮助用户进行站内检索。

图 2-32　百度中 "信息检索 site：zhihu. com" 的搜索结果

【例】标题可以更精准的反应网页的主要内容，如果想对信息检索的主要技术进行查找，进行页面搜索得到的内容相关性又不够强时，可以使用标题检索，得到相关性更强的页面。"intitle" 可以限制检索词在检索结果的网页标题中出现，提高检索结果的相关性和查全率。具体检索式可构建为：

intitle：信息检索技术

检索得到的结果如图2-33所示，检索词"信息检索技术"都出现在网页标题中，网页相关性也都较强。

图2-33　百度中"intitle：信息检索技术"的搜索结果

【例】中山大学的正式域名为"sysu.edu.cn"，因此，中山大学各大院系与部门的网址中都包含"sysu.edu.cn"这一域名。如果想查找所有与中山大学有关的网站，应该检索网址中包含有"sysu.edu.cn"的网页，即要求返回的这些网页的网址必须包含"sysu.edu.cn"。inurl可以限制检索词在指定的网址中出现，查找相应的网站。因此，检索式可构建为：

inurl：sysu.edu.cn

检索得到的结果如图2-34所示，结果中包含中山大学教务部、中山大学系统科学与工程学院、中山医学院等网页，所有网页的网址中都包含"sysu.edu.cn"这一域名。

由此可见，限制检索的应用范围十分广泛，限制检索通过对检索词所在字段进行限制，可以缩小检索范围，帮助人们更加精准地精确地搜索文献、资料及所需网站，提高查询效率。

图 2-34　百度中"inurl：sysu.edu.cn"的搜索结果

2.2.4　截词检索

在英文数据库中进行信息检索时，由于西文单词的构词特性，在检索中经常会遇到许多构词问题。同一名词的单复数形式不一致，如 factor 和 factors；同一个意思的词，英美拼法不一致，如 colour 和 color；词干加上不同性质的前缀和后缀就可以派生出许多意义相近的词，如 economy、economics、economical 等，这时就需要用到截词检索来提高查全率。

截词检索是一种典型的模糊检索技术。截词是指在检索词的合适位置进行截断，截词检索使用截断单词的部分词根作为检索词的一部分，使用截词符处理检索词中可变的部分，对包含该词根的所有内容进行检索。

截词符又被称为通配符，可以用来匹配不同的字符。一般情况下，截词符用"*"或"?"表示，其中"*"代表无限截断，即不说明具体截断字符的数量，一个"*"可以匹配多个字符；"?"代表有限截断，即说明具体截断字符的数量,每个"?"匹配 1 个字符。

根据截断在检索词中的具体位置,可以分为前截词、后截词和中间截词。

2.2.4.1 前截词

截词符在单词的开头,可以称为前截词,即单词前半部分的内容不影响检索结果,这是一种后方一致的检索。

Onelook dictionary 是一个支持截词检索技术的在线词典,包含 1800 多万个单词。① 例如,在 Onelook dictionary 中输入" * ology",检索结果如图 2 - 35 所示,可以检出 ecology、pathology、etiology 等所有以 ology 结尾的单词。

图 2 - 35　检索词为" * ology"

2.2.4.2 后截词

后截词是最常用的一种截词方法。截词符在单词的结尾,可以称为后截词,即单词后半部分可以有任意多的字符,其内容不影响检索结果,这

---

① "OneLook Dictionary",accessed August 30,2023,https://onelook.com.

是一种前方一致的检索。

例如，在 Onelook dictionary 中输入 "inform＊"，检索结果如图 2-36 所示，可检索出 information、inform、informal、informer 等以 inform 开头的词，单词长度不限。

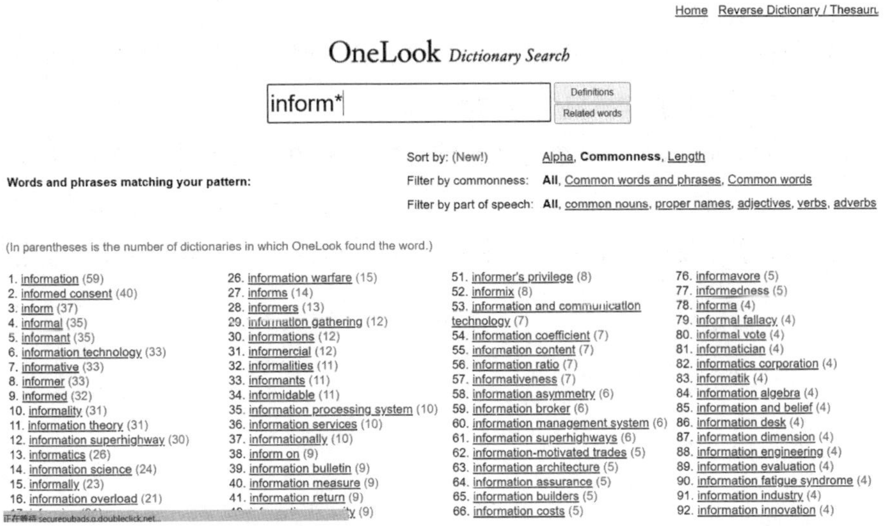

图 2-36 检索词为 "inform＊"

如果输入 "inform？？"，检索结果如图 2-37 所示，则只能检索出 informal、informer、informit、informel 等单词长度为 8 个字母的词。

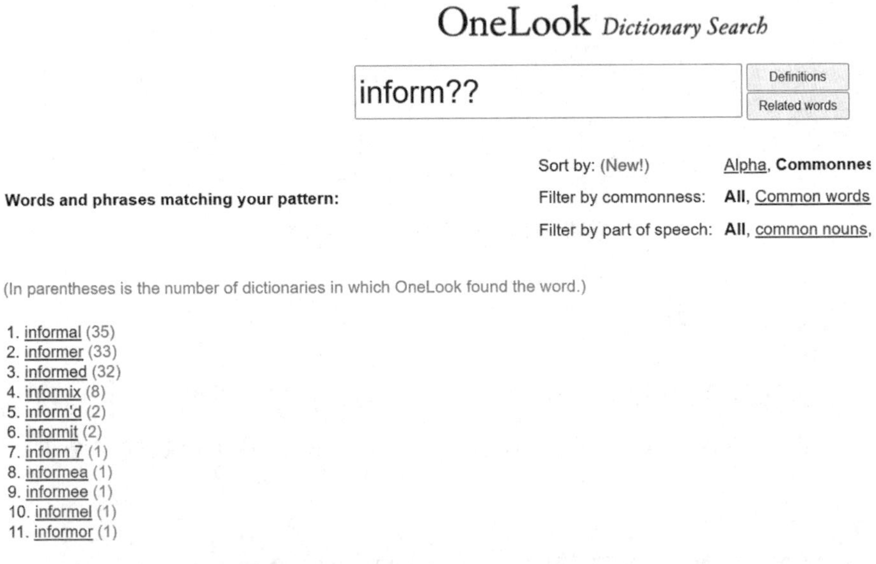

图 2-37 检索词为 "infrom？？"

2.2.4.3 中间截词

中间截词将截词符放在单词的中间,限定了单词的开头与结尾,一般情况下,中间截词仅使用有限截断。

例如,在 Onelook dictionary 中输入"m?n",检索结果如图 2-38 所示,可以检索出 man、men、min 等词,长度为 8 个字母。

图 2-38 检索词为"m?n"

2.2.4.4 前后截词

前后截词是前截词与后截词共同使用,即在单词前后分别加上通配符,只对单词中间部分的内容进行限制,可以检出包含关键词根的单词,提升检索效率。

例如,在 Onelook dictionary 中输入"?act?",检索结果如图 2-39 所示,可以检出 character、action、contract、bacteria 等包含词根 act 的词,单词前后字母长度不限。

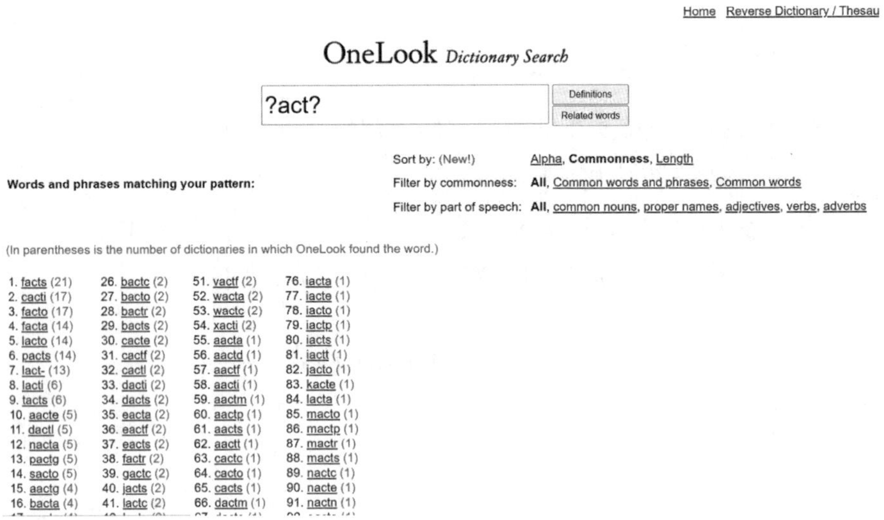

图 2-39 检索词为"？act？"

在不同的检索系统中，使用的通配符也可能不同。例如，WOS 外文检索系统也提供截词检索技术，使用"*"来匹配任何字符组，包括空字符；使用"？"表示任意一个字符；使用"$"表示 0 或 1 个字符。在 WOS 中以"标题=colo$r"进行检索，检索结果如图 2-40 所示，可以同时匹配英式、美式两种写法，检出包含 color 或 colour 的文献，防止漏检。

截词检索在各类检索系统中被广泛应用，利用截词检索可以提升检索效率。大部分西文系统支持截词检索，而中文检索系统很少支持截词检索，这是由于英文的构词和中文的构词方式不同。不同检索工具的截词规则也有所不同，需要使用者进行了解。截词符可以出现在单词的任意位置，通过调整截词符，用户可以扩大检索范围，大幅提高查准率和查全率，获得更精准的检索结果。

第2章 寻幽探胜：从海量资源发现所需信息

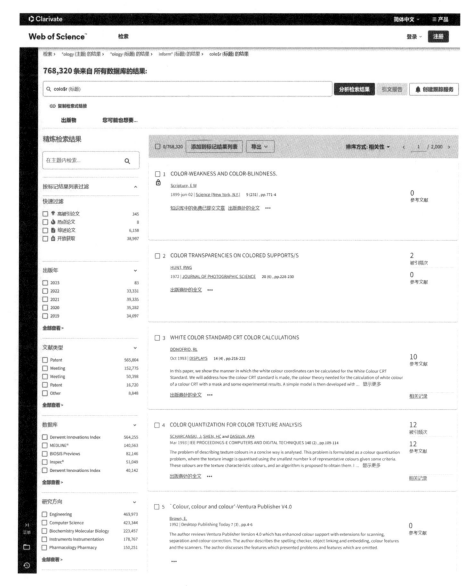

图 2-40 检索词为 "colo＄r"

2.2.5 自然语言检索

高中各类大型英语调研考试和真题的试音部分通常会包括"衬衫的价格为9镑15便士"这句话，因此，如果想找到高中模拟考卷和高考真题，可以直接在搜索引擎中搜索这句话。

在搜索引擎中，这种直接采用自然语言中的字或句进行检索的方法叫作自然语言检索。这种检索方式通常在用户需要以某句话为线索,对搜索结果进行精确匹配时使用。

若要检索包含"衬衫的价格为9镑15便士"这句话的PDF格式的考卷,达到搜索高中大型调研考试模拟题和真题的目的,相应的检索式可构建为:"衬衫的价格为9镑15便士"filetype:pdf

检索结果如图2-41所示,检索得到的结果都为各地的高考英语试卷和模拟卷,且文件格式为PDF。

图2-41 百度中的自然语言检索

自然语言检索未经任何规范化处理,符合人们的日常语言使用习惯,适用于用户对搜索引擎使用不熟悉的情况。同时,自然语言检索也可以通过专指语句实现全文检索,不会使检索概念和用户表达不一致,用户可以使用自然语言检索准确地得到想要的内容。

2.3 搜索引擎

在数据爆炸式增长的今天,如果想获取整个网络中某方面的信息,挨个对网站进行查找是不现实的。如何在海量信息中以最快的速度获得更多、更有价值的信息？搜索引擎就可以很好地解决这一问题，搜索引擎可以在互联网上检索到大量有价值的信息资源，帮助人们解决问题。本节将对搜索引擎的概念和功能、搜索引擎的工作原理和搜索引擎的发展趋势进行介绍。

2.3.1 搜索引擎的概念及功能

搜索引擎可以在各类网站中主动搜索信息并对其进行自动索引，搜索引擎网站的主要资源是其庞大的索引数据库，对全球数以万计的网站网页信息进行记录和查询，其主要目的是收集、整理和组织信息并为用户提供查询服务。[①]

百度是全球最大的中文搜索引擎。在搜索服务的过程中，布尔逻辑检索、限制检索等基本的信息检索技术都可以通过搜索引擎进行实现，帮助人们提高搜索效率。以百度为例，信息检索技术在搜索引擎中的具体实现如表 2-1 所示。

表 2-1 搜索引擎中的信息检索技术

检索技术	具体功能	符号	举例
布尔逻辑检索	逻辑"与"	空格	信息检索 信息素养
	逻辑"或"	|	信息检索|信息素养
	逻辑"非"	-	信息检索-信息素养
限制检索	限制文件类型	filetype	filetype: doc
	限制网站	site	site: www.zhihu.com
	限制标题	intitle	intitle: 信息检索
	限制网址	inurl	inurl: sysu.edu.cn
精确检索	强制进行精确检索	双引号	"信息检索与信息素养"

百度还支持高级搜索功能，百度支持的所有基本检索技术都可以在该界面中等价实现，高级检索页面如图 2-42 所示。在该页面中，搜索结果与布尔逻辑检索中的与、或、非运算等价，文档格式、关键词位置和站内

[①] 张洋、张磊：《网络信息资源评价研究综述》，载《中国图书馆学报》2010 年第 5 期，第 75-89 页。

搜索与限制检索字段等价。在高级检索中，百度还支持对时间条件进行限制，可以对检索结果的时效性进行筛选。通过百度支持的高级检索页面，可以对网页进行更高效地检索。

图 2-42　百度高级检索模式

学会应用百度搜索引擎的高级搜索技术，可以帮助人们更加准确地进行信息收集，更快地找到想要的答案。

2.3.2　搜索引擎的工作原理

搜索引擎充分利用各种网络自动搜索技术，对互联网信息资源提供强有力的索引。搜索引擎由信息采集、信息索引与信息排序三个功能模块构成。[①]

2.3.2.1　信息采集

搜索引擎要解决的第一个问题，是如何更全面地抓取网页。面对浩如烟海的信息，只有尽可能多地对网页进行抓取，才能获得尽可能多的信息，通过对更全面的网页进行检索才能得到更全面的结果。搜索引擎需要自动下载尽可能多的网页，在互联网上对信息保持持续地更新，以此保证搜索引擎的查全率。

搜索引擎在互联网中发现和搜索信息，建立网络可访问的数据库，并

---

① 卢亮、张博文：《搜索引擎原理、实践与应用》，电子工业出版社 2007 年版。

将相关信息存入数据库。面对数量动态变化的网页，搜索引擎需要按照一定的规则，自动抓取万维网信息，为信息索引提供广泛的数据来源。

互联网中不同的网页通过超链接进行连接，当搜索引擎对页面信息进行采集时，一个网页可以视作一个节点，超链接则可视作节点与节点之间的边，整个互联网被抽象为一张图。搜索引擎对所有页面进行访问的信息采集过程可视作图的遍历过程，即从图的一个节点出发，然后通过不同的边来自动地访问图里的每一个节点。

搜索引擎使用网络爬虫软件跟踪页面的 URL 进行扩展的抓取，达到爬取并保存互联网上所有网页的目的。搜索引擎采用图遍历的算法确定网站的采集策略，其目的是遍历所有的网站。在进行网站采集时，可以将网站之间连接的链接视作边，网站视作点，进行遍历的过程就是从图中某一顶点出发访遍图中其余顶点，且使每一个顶点仅被访问一次的过程，具体策略包括深度优先遍历和广度优先遍历。

深度优先遍历（depth first search）指的是爬虫从某个网站开始，沿着该网站的某一链接一直向前搜索，并对已经访问过的页面进行标记，直到前面再也没有其他链接。随后爬虫返回第一个页面，跳过已访问的页面，沿着另一个链接再一直往前搜索。在深度优先策略中，爬虫将一直爬取网页直到无法再向前继续访问，才会返回爬取另一条线上的网页。广度优先遍历（breath first search）是指爬虫在一个页面上发现多个链接时，不是顺着一个链接一直向前搜索，而是先将该页面上所有第一层链接都访问一遍，再沿着这一层链接进行下一层网页的访问，直至所有网页访问完毕。广度优先遍历同样需要爬虫对已经访问过的页面进行标记，并且爬虫会尽可能广泛地进行访问。

在爬虫进行实际爬取的过程中，需要解决两个具体的问题：

（1）爬虫下载网页需要时间。由于万亿计的网页处在动态更新之中，在爬虫进行网页爬取时，超链接随时可能失效。搜索引擎通常需要通过多台服务器同时工作、并行处理，达到显著缩短爬虫时间的目的，提高爬虫软件的下载效率。

（2）在有限的时间内尽可能多地进行图的遍历。从理论上说，无论是深度优先还是广度优先，只要给爬虫足够的时间，深度优先和广度优先都可以对所有网站节点进行访问。然而爬虫的资源和时间是有限的,不可能爬完所有页面。因此,为尽可能下载重要的网页,爬虫会以广度优先遍历为主,结合深度优先遍历,既能照顾到尽量多的网站,又能下载部分网站的内页。①

2.3.2.2 信息索引

搜索引擎要解决的第二个问题,是如何更快速地找到相应信息。当今世界属于信息爆炸的阶段,互联网上的网站信息达到万亿级别,面对如此海量的信息,搜索引擎需要在极短的时间内检索出相关的结果。例如,现在需要检索包含"信息"和"检索",但不包含"技术"的网页,以搜索引擎通过前期的信息采集找到5个相关网页为例,其序号与网页内容如表2-2所示。如果检索时将检索词和网页中的所有信息逐一匹配,几万个网页逐一匹配,即使计算机速度再快也无法满足需求,找出所有包含检索词的网页的速度会很慢。

表2-2 搜索引擎采集的网页

网页序号	网页内容
1	文献检索技术与应用
2	海量信息获取与处理
3	信息检索与利用
4	人工智能技术前沿
5	信息检索关键技术

为了在短时间内找出相关的结果,提升搜索效率,则需要建立索引。为了更好地理解索引这一概念,可以以我们熟悉的教材为例。某一教材最后的附录如图2-43所示,索引记录了本书中出现的关键概念及概念出处的具体页码。通过索引,读者可以快速定位关键概念的有关内容,例如activity index这一概念的解释出现在该书的第91页,biometrics这一概念则出现在第149页。

在搜索引擎中,又是如何建立索引的呢?搜索引擎通过理解前期收集

---

① 吴军:《数学之美》(第三版),人民邮电出版社2020年版。

A

accumulated frames summation (AFS) 81
active appearance model (AAM) 357
active-region macroblocks 135
activity index (AI) 91
admission control 23
anchor shot identification 271
anchorperson detection 257
annotation assistant 187
appearance-based face recognition 353
appearance-based method 351
augmented memory 33
authoring 184
automatic summarization 348

B

bin-to-bin difference (BTB). 242
biometrics 149
bit rate 105
block-motion tracking method 224
block-to-storage-node assignment 18
bottom-up feature-based methods 349
broadcast servers 12
bunch graph 356

图 2-43 教材中的关键词索引

到的信息，对网页进行标记，对信息进行提取和组织，提取网页的索引项，记录每一个词出现在哪一个网页，生成相应的索引库，将网页表示成方便检索的形式。在刚刚提到的例子中，搜索引擎生成了一个关键词"信息""检索"和"技术"与网页之间的索引，如表 2-3 所示。

表 2-3 搜索引擎的索引

	网页 1	网页 2	网页 3	网页 4	网页 5	…
信息		√	√		√	…
检索	√		√		√	…
技术	√			√	√	…
…	…	…	…	…	…	…

在建立索引后，只要在表中定位了关键词，就可以马上知道关键词出现在哪些网页中，并快速进行匹配，找到满足结果的网页。例如，若想检索包含"信息"的所有网页，通过查阅表 2-3 可以快速得到信息一词出现在网页 2、网页 3 和网页 5 中，检索结果应为网页 2、3、5。若要检索

包含"信息"和"检索",但不包含技术的网页,最终检索得到的结果应为网页 3。

在生成索引库后,搜索引擎不用在每个网页做匹配,只需要通过检索索引项,可以达到短时间内实现海量信息检索的目的,提高搜索效率。

2.3.2.3 信息排序

搜索引擎要解决的第三个问题,是如何更准确地对网页进行相关度排序。互联网中存在数以亿计的网页,哪些网页与检索问题相关,哪些网页更重要呢?搜索引擎需要对检索得到的结果进行排序,将更相关、更权威的页面展示在最前面,提高查准率,为用户提供有效信息。

搜索引擎遵循一定的信息检索模型,从索引数据库中快速查找相匹配的网页。面对检索得到的上百万条相关结果,用户无法全部浏览,因此需要将最重要的内容排在页面最前端呈现给用户。

(1) TF-IDF 算法。在搜索引擎对检索结果进行排序时,常使用 TF-IDF(term frequency-inverse document frequency)算法衡量检索内容和查询结果之间的相关性。其中,词频(TF)指的是网页中某个词语出现的频率,逆文档频率(IDF)是文档频率的倒数,可以理解为关键词的权重[①]。

只依靠相关性排序,会导致关键词重复出现的网页排列在检索结果的前面,而无法保证该网页的质量。因此,对检索结果的排序不能只考虑相关性,还需考虑网页的质量。

(2) PageRank 算法。PageRank,又称网页排名,是由 Google 的创始人拉里·佩奇和谢尔盖·布林发明的技术。PageRank 由网页之间相互的超链接来计算网页排名。PageRank 可以对网页的重要性做出客观的评价,使搜索引擎成为公正客观的可信信息来源。

PageRank 是一种通过评估指向网页的链接的数量和质量来确定网页质量的方法。从数量角度看,指向一个页面的链接数量越多,说明这个网页受普遍承认,网页的 PageRank 值更大。从质量角度看,指向一个页面的

---

① Gerard Salton, Christgoher Buckley, "Term-weighting approaches in automatic text retrieval", Information Processing and Management, 1988, 24 (5): 513-523.

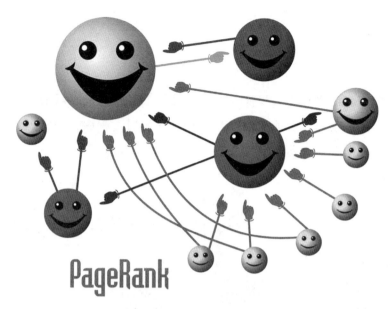

图 2-44 PageRank 算法

多个链接质量不同，质量高的页面会通过链接向其他页面传递更多的权重，越是质量高的页面指向该页，则该页的质量也更高，PageRank 值更大。①

PageRank 算法的优点十分明显，它通过网页之间的链接来决定网页的重要性，一定程度消除了对人为排名结果的影响。同时，PageRank 算法通过网站链接的数量和质量综合考虑网站的权威性，搜索引擎在考虑页面相关性的同时可以兼顾网页重要性，返回更准确的搜索结果。

与此同时，PageRank 算法也存在一些问题。PageRank 算法没有对网站的链接进行筛选，网页的站内链接、广告链接或分享链接价值较低，却都会被算法计算在内。同时，PageRank 算法中旧页面的等级会比新页面高，即使一个新网页的内容质量很高，因为指向它的链接较少，PangRank 值不高，在搜索中新网页很难获得高的排名。

虽然 PageRank 算法存在一些缺点，但作为网页排名中的经典算法之一，其核心思想依然在各大搜索引擎中沿用至今。各大搜索引擎为了改进搜索效率，还提出了很多新的网页排名算法，在此由于篇幅受限，不再逐

---

① Segery Brin, Lawrence Page, "AGE L. The anatomy of a large-scale hypertextual web search engine", Computer networks and ISDN systems, 1998, 30 (7): 107-117.

一介绍。

2.3.3 搜索引擎的发展趋势

随着移动互联网技术和智能手机的普及,搜索引擎领域的发展日新月异,呈现出移动化、智能化的发展趋势。在发展过程中,搜索引擎具有如下特点,如图2-45所示。

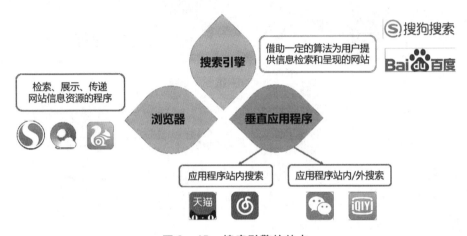

图2-45 搜索引擎的特点

2.3.3.1 搜索入口多样化

越来越多的搜索活动转移到移动设备上进行,搜索情景日趋丰富。移动设备中的搜索包括浏览器搜索,可以搜索、展示和传递网站信息资源,如搜狗浏览器、QQ浏览器、UC浏览器。一些专业App内也提供内置搜索功能,例如天猫、网易云音乐。移动端的搜索引擎App也可以进行搜索,例如百度搜索、搜狗搜索等软件。

除了传统搜索引擎,各种移动客户端也支持进行软件内的垂直搜索。垂直搜索引擎可以根据特定用户的特定搜索请求,对网站库中对某类信息进行整合,针对特定领域、特定人群或特定需求提供信息。例如,在微信中搜索中山大学,搜索结果如图2-46所示,可以得到视频号、公众号、文章、朋友圈等特色信息。

第2章 寻幽探胜：从海量资源发现所需信息

图 2-46 微信中的垂直搜索

2.3.3.2 搜索方式和手段多元化

除了传统的文字搜索，各类搜索引擎也支持图像检索、音乐检索、表情检索等多种功能，可以帮助用户获取多种信息，用户体验更丰富。

【例】当你在街头听到一首好听的歌曲，或在刷视频时碰到喜欢的音乐时，不知道歌曲名字怎么办？使用网易云音乐内置的听歌识曲功能，可以找到周围正在播放的歌曲，搜索过程如图 2-47 所示。

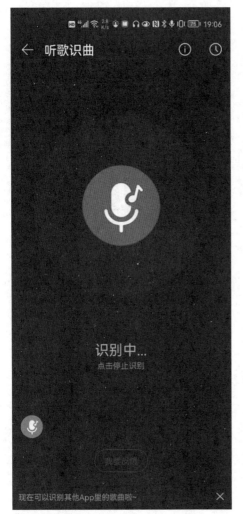

图 2-47 音乐搜索

【例】当你碰到一道难解的高数课后题,在百度中又搜索不到答案时,可以使用夸克大学通的功能,快速找到不同版本的高数课后习题,搜索过程如图 2-48 所示。

第2章 寻幽探胜:从海量资源发现所需信息

图2-48 习题搜索

【例】当你在教学楼里发现一种好看的花,又不知道它的名字时,可以打开百度识万物功能,拍张照片,快速找到这种花的名字、花期和相关信息,搜索结果如图2-49所示。

【例】当你和朋友闲聊,又找不到合适的表情图片时,可以使用微信的表情搜索功能,搜索现有的表情图片,或直接根据文字合成新的表情,尽情畅聊,搜索结果如图2-50所示。

图 2-49 图片搜索

图 2-50　表情搜索

2.3.3.3　搜索结果个性化

在移动搜索环境下，用户需求呈现碎片化的特征，为用户提供个性化、定制化的需求在一定程度上影响着用户的体验感。移动 App 通过对用户进行个性化特征调研，进行相应的搜索推荐，进而增加用户的忠诚度和满意度。

例如，在无边音海里捕捉到能与灵魂共鸣的音乐并不容易，而网易云音乐的每日推荐功能可以根据用户的听歌喜好进行个性化推荐，帮助用户更快捕捉到相见恨晚的旋律。同样的一天，因为不同用户平时听歌的口味不同，每日推荐的歌曲内容也是不同的，推荐内容如图 2-51 所示。

图 2-51　音乐软件的个性化推荐

又如，为了让用户产生消费行为，外卖软件会根据用户的兴趣和浏览轨迹，为不同用户推荐不同的商品，帮助消费者更快选择到自己合意的商品，外卖首页如图 2-52 所示。地址同样选择在中山大学至善园公寓的不同同学，周围的外卖店家和他们的距离是相同的，但因为平时订购的外卖种类不同，首页会被推送不同的店铺。

第2章 寻幽探胜：从海量资源发现所需信息

图2-52 外卖软件的个性化推荐

第 3 章 选择检索策略

3.1 思维与检索

检索能力不仅仅表现在使用工具这一个方面，同时也反映在检索者在检索文献、利用信息的过程中善于探析谋划、选优择佳的心理品质。也就是说，检索文献实际上是一个综合性的过程。在这个过程中，既要"动手"也要"动脑"。"动手"是指检索过程中需要使用工具；而"动脑"则更多是指检索过程中需要不断地去思考怎么样去检索、如何去检索，从而更高效地达到检索目的。这意味着，检索过程实际上需要检索者不断地进行活跃的思维活动。例如，分析、综合、联想、推断、比较以及选择等不同的思维过程在信息检索过程中均有体现。

具体来说，信息检索实际上需要遵循一定的步骤，采用一定的检索策略。而检索策略是指在执行一个课题的检索时，需要有过程、分步骤地完成。

3.2 信息源

3.2.1 信息源的类型

信息源是指个人为了满足信息需求而获取信息的来源。任何能够产生、生产、存贮、加工、传递信息的源泉都可被视为信息源。

信息源涵盖的范围非常广泛，因此信息源也有不同的分类标准。按出版类型进行划分，通常认为信息源主要包括图书、杂志、报纸、会议文献、学位论文、专利文献、科技报告、标准文献、政府出版物和科技档案。

3.2.1.1 图书

图书是以文字、图片或其他形式的信息载体形式。图书是按照一定的出版规律,将众多独立成册的知识产品统一汇集成具有一定规模(一般超过49页)、配有相应的封面和封底、由出版社统一发行、有定价并可获得版权保护的一种出版物。图书拥有特定的书名、著者名和国际标准书号。

图书经过筛选、校对、鉴别、提炼和加工而形成,因此它的内容比较完整、成熟和系统,出版形式相对固定。但与其他信息源比较,图书的出版周期较长,知识传播速度慢。按其内容性质和作用,图书可分为专著、教科书、丛书(图3-1),以及工具书(字典、百科全书、年鉴、手册等,图3-2)。

图3-1 专著、教科书、丛书示例

图3-2 工具书(字典、百科全书、年鉴、手册)

图3-1为专著、教材和丛书的示例。其中,专著是针对某一特定研

究主题的著作，通常具有较高的学术价值和专业性。专著的作者通常是该领域的专家或学者，通过对某个主题的深入研究，提出一定的见解和观点；而专著封面的作者后面往往会有一个"著"字。教科书是按课程要求编写的教学用书，通常由教育专家和学者编写，旨在提供系统、全面和准确的知识。教科书通常按照学科进行划分；在教科书的作者前面或后面会出现"主编或副总编"的字样。而丛书则是由多本相关主题的著作组成的出版物，通常由同一作者或编者撰写或编辑。丛书的目的是提供系统性、深入性和完整性的知识或信息，通常围绕一个特定的主题或领域展开。丛书的出版形式可以是一次性出版，也可以是分期出版。丛书会在封面上的某个地方印上"丛书"二字。

就图书而言，每本图书都有一个固定且唯一的 ISBN 编号，即国际标准书号。ISBN（International Standards Node）是书目数据中的唯一具有标识性的国际通用代码，包括国别地域号、出版社号、流水号（书名及版次号）等。以《信息资源管理》（第四版）为例（图 3-3），它的 ISBN 编号由一串数字及横线组成，但数字所代表的意义不同，包括地区号、出版者号、书序号、校验号。

图 3-3 《信息资源管理》（第四版）的 ISBN 编号

考虑到图书的特性，当需要掌握较为系统的知识或了解概要时，往往要借助图书进行检索。例如，想要系统了解信息资源管理的相关知识，这时需考虑检索相关的图书资料。如图 3-3 所示的《信息资源管理》这本书即可作为参考书目。

3.2.1.2 连续出版物

连续出版物主要包括期刊和报纸两类。

（1）期刊。期刊是一种有固定刊名，以期、卷、号或年、月为序，由依法设立的期刊出版单位定期或不定期连续出版的刊物，例如《中国图书馆学报》《图书情报工作》和《南开管理评论》（图3-4）。

图3-4 《南开管理评论》期刊示例

期刊包括学术期刊和非学术期刊，二者的区别如表3-1所示。学术期刊一般是由领域专家所写的原创研究、综述文章或书评等，通常运用学科专业术语，具有较强的学术性。而非学术期刊一般由编辑人员或自由撰稿人所写，具有一定的大众性和普及性。此外，学术期刊的论文在发表前通常需要经过同行评审以保证一定的创新性，且以脚注或参考文献的形式标注其参考来源；而非学术期刊通常无同行评审的过程，且通常无脚注或参考文献。

表3-1 学术期刊与非学术期刊

项目	学术期刊	非学术期刊
特性	学术性，运用学科专业术语	大众性和普及性，无须学科专业知识，往往使用大量的图解
刊发文献	原创研究、综述文章或书评等为主	文件、报道、讲话、体会等为主
著者	由领域专家所写	一般由编辑人员或自由撰稿人所写
评价过程	经过同行评审	无同行评审
参考文献	以脚注或参考文献的形式引用其来源	有时会引用来源，但通常无脚注或参考文献

期刊的特点是出版数量大、周期短、内容新颖且原创性高，能迅速反

映国内外各种学科专业的最新学术思想和动向。期刊的出版周期各有不同，有月刊、双月刊、季刊、半年刊和年刊等。对期刊而言，其具备唯一的 ISSN 号，即国际标准连续出版物号；而国内期刊则还拥有一个 CN 号（图 3-5）。这些编号都是判断期刊是否合法的重要依据。

图 3-5　国内期刊 ISSN 号和 CN 号示例

对期刊论文而言，近年来通常附带一个 DOI 号（图 3-6），也即数字对象唯一标识符。在学术数据库如 CNKI 等搜索到某篇论文时，便可以查阅到该论文的 DOI 号，依据 DOI 号可快速查找并下载该资源。

图 3-6　期刊论文 DOI 号示例

在进行学术研究时，需要了解某一特定研究领域的发展状况以及跟踪学术动态等，这些情况通常需要检索期刊。例如，若要了解国内信息素养的相关研究进展，可通过 CNKI 等学术数据库检索与"信息素养"相关的期刊论文。

（2）报纸。报纸是一种定期向公众发行的印刷或电子出版物，主要刊登新闻和时事评论，如《人民日报》《光明日报》（图3-7）。

图3-7　报纸示例

报纸出版周期短、发行量大，可分为综合类报纸和专业类报纸。综合类报纸的内容非常丰富，涵盖政治、经济、军事、科技、文化艺术等各个方面，以消息性信息为主。而专业类报纸则更加专注于报道某一领域的消息性信息和知识性信息。作为大众传播的一个重要载体，报纸对社会舆论起着反映和引导作用。报纸通常采用散页印刷，不装订，没有封面，但有固定的名称，定期连续地向公众发行。每天出版一期的报纸，称为日报；每周出版一期的报纸，称为周报。

报纸具有以下优点：随时阅读，可信度高，保存性强，互相传阅，信息丰富多样。随着互联网的兴起，网上版报纸比传统印刷版拥有更大的信息量、更快的传播速度和更广泛的受众。与此同时，传统报业公司也纷纷建立自己的在线报纸门户网站。

3.2.1.3 特种文献

特种文献是在出版、发行和获取途径上具有一定特殊性的科技文献，一般包括会议文献、学位论文、专利文献、科技报告、标准文献、政府出版物和科技报告七类。

（1）会议文献。会议文献是指在各种综合性、行业性或专业性会议上发表的论文和报告（图3-8）。会议文献具有较强的学术性和专业性，通常反映学科的最新研究成果或行业发展动态；它是获取最新学术信息的重要来源。

图3-8 会议论文集示例

（2）学位论文。学位论文是指高等院校或科研院所的毕业生为了获得学位而写的学术论文，涵盖学士学位论文、硕士学位论文和博士学位论文[①]（图3-9）。其中，研究生（特别是博士）学位论文更具独创性，内容更具针对性和深度，对科研等具有一定的参考价值。

分类号　_____　　　　密　级　_____

UDC　_____　　　　编　号　10486

武 汉 大 学
博 士 学 位 论 文

网络信息资源利用研究
——基于 TAM 与 TTF 的整合分析

研 究 生 姓 名：×××
指导教师姓名、职称：××× 教授
学 科 、专 业 名 称：管理科学与工程
研 究 方 向：信息资源规划与信息系统

二〇一〇年九月

图3-9　学位论文示例

[①] 王冲：《大学生信息检索素养教程》，清华大学出版社2017年版。

(3) 专利文献。专利文献是指记载专利申请、审查和批准过程中产生的各种相关文件的文件资料（图 3－10）。而狭义的专利文献是指由各国（地区）专利部门出版的专利说明书或发明说明书。专利文献通常具有较高的机密性、专业性和实用性，是研发人员和技术决策者重要的参考资料。作为专利文献的核心部分，专利说明书具有统一编号、数量庞大、内容丰富、实用性强、可靠度高、新颖原创以及报道迅速等特点。专利文献有专门的数据库进行存储和检索，一般可划分为国家发明专利、外观设计专利和实用新型三种。

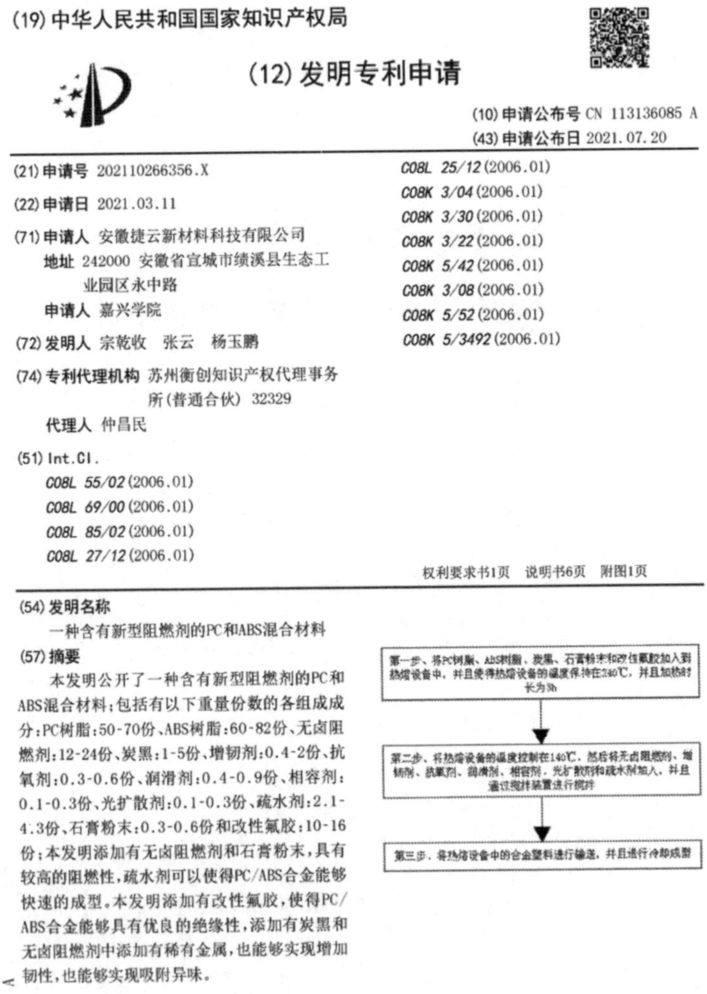

(19) 中华人民共和国国家知识产权局

(12) 发明专利申请

(10) 申请公布号 CN 113136085 A
(43) 申请公布日 2021.07.20

(21) 申请号 202110266356.X
(22) 申请日 2021.03.11
(71) 申请人 安徽捷云新材料科技有限公司
地址 242000 安徽省宣城市绩溪县生态工业园区永中路
申请人 嘉兴学院
(72) 发明人 宗乾收　张云　杨玉鹏
(74) 专利代理机构 苏州衡创知识产权代理事务所(普通合伙) 32329
代理人 仲昌民
(51) Int.Cl.
C08L 55/02 (2006.01)
C08L 69/00 (2006.01)
C08L 85/02 (2006.01)
C08L 27/12 (2006.01)
C08L 25/12 (2006.01)
C08K 3/04 (2006.01)
C08K 3/30 (2006.01)
C08K 3/22 (2006.01)
C08K 5/42 (2006.01)
C08K 3/08 (2006.01)
C08K 5/52 (2006.01)
C08K 5/3492 (2006.01)

权利要求书1页　说明书6页　附图1页

(54) 发明名称
一种含有新型阻燃剂的PC和ABS混合材料

(57) 摘要
本发明公开了一种含有新型阻燃剂的PC和ABS混合材料；包括有以下重量份数的各组成成分：PC树脂：50-70份、ABS树脂：60-82份、无卤阻燃剂：12-24份、炭黑：1-5份、增韧剂：0.4-2份、抗氧剂：0.3-0.6份、润滑剂：0.4-0.9份、相容剂：0.1-0.3份、光扩散剂：0.1-0.3份、疏水剂：2.1-4.3份、石膏粉末：0.3-0.6份和改性氟胶：10-16份；本发明添加有无卤阻燃剂和石膏粉末，具有较高的阻燃性，疏水剂可以使得PC/ABS合金能够快速的成型。本发明添加有改性氟胶，使得PC/ABS合金能够具有优良的绝缘性，添加有炭黑和无卤阻燃剂中添加有稀有金属，也能够实现增加韧性，也能够实现吸附异味。

第一步、将PC树脂、ABS树脂、炭黑、石膏粉末和改性氟胶加入到热熔设备中，并且使得热熔设备的温度保持在240℃，并且加热时长为3h

第二步、将热熔设备的温度控制在140℃，然后将无卤阻燃剂、增韧剂、抗氧剂、润滑剂、相容剂、光扩散剂和疏水剂加入，并且通过搅拌装置进行搅拌

第三步、将热熔设备中的合金塑料进行输送，并且进行冷却成型

图 3－10　专利文献示例

（4）科技报告。科技报告是指科技人员按照一定的规定和格式对某一科学研究工作的结果、进展情况等所进行的真实记载，它能真实完整地反映所从事科研活动的技术内容和经验（图3－11）。科技报告内容较为专深、新颖，数据可靠，但通常具有较高的保密性。相当一部分科技报告资料不公开发布，不易获得。

海底飞行节点地震数据采集与预处理研究年度报告
OBFN seismic data acquisition and preprocessing --- Annual report

所属项目课题相关成果

公开范围：公开

编制时间：2019年11月12日

报告类型：年度报告

报告作者：[1]张鹏(中海油田服务股份有限公司物探事业部)

中文摘要：为了有针对性地设计出靶区需要的震源，对空气枪震源的相关内容进行了比较全面的分析与研究。主要的研究内容包括：1）空气枪震源主要参数介绍 2）空气枪震源子波的研究 3）沉放深度对子波特性的影响 4）子阵间距对子波特性的影响 5）震源容量对子波特性的影响分析

英文摘要：In order to design an airgun suitalbe for the target, the following studies are carried out: 1) airgun key parameter introduction 2) airgun wavelet analysis 3) airgun depth influence on characteristics of wavelet 4) sub-array distance influence on characteristics of wavelet 5) airgun volumn influence on characteristics of wavelet

中文关键词：采集；处理；飞行节点

英文关键词：acquisition; processing; OBFN

全文页数：29，图0，表0

图3－11　科技报告示例

（5）标准文献。标准文献是指按规定程序制定，经公认权威机构（主管机关）批准的一整套在特定范围（领域）内必须执行的规范性文献（图3－12）。它是一种具有一定法律约束力的规章性信息资源。

ICS 01.140.20
A 14

GB

中华人民共和国国家标准

GB/T 7714—2005
代替 GB/T 7714—1987

文后参考文献著录规则

Rules for content, form and structure of bibliographic references

(ISO 690:1987, Documentation—Bibliographic references—Content, form and structure; ISO 690-2:1997, Information and documentation—Bibliographic references—Part 2: Electronic documents or parts thereof, NEQ)

图3－12　标准文献示例

（6）政府出版物。政府出版物是政府及其所属机构出版的、由政府发表的文献（图3-13），反映了各国政府及其部门的观点、方针、政策、制度、工作内容和活动情况等。它主要包括行政文献（国家法令、政府公报、统计、行政报告、政府会议录、行政调查材料等）和科技文献（政府所属各部门的科学技术研究报告、技术政策与规章制度等）。①

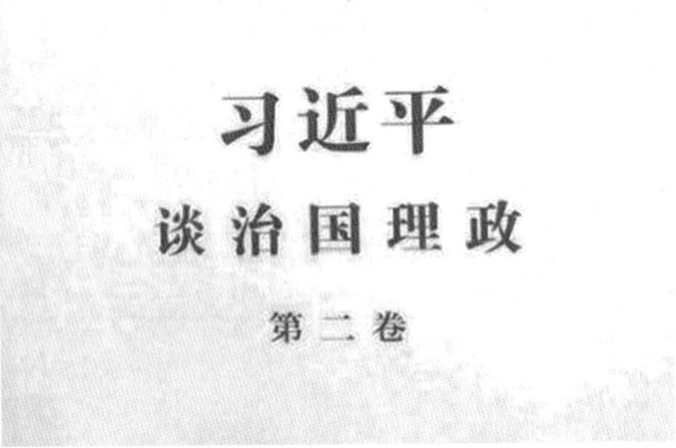

图3-13 政府出版物示例

（7）科技档案。科技档案是科学技术档案的简称，是指在科学技术研究、开发和应用过程中所产生的文件材料和数据以及与科技活动相关的知识产权文件等。科技档案包括但不限于实验记录、研究报告、技术文档、专利申请、科技成果鉴定材料、技术合同等。由于科技档案具有明显的保密性和内部控制使用的特点，因此通常不公开发布。

3.2.2 文献标识

各种类型的信息源都有固定的文献标识符（表3-2）。例如，M代表专著，J代表期刊论文，C代表会议论文，D代表学位论文，R代表科技报告，P代表专利，S代表标准文献，N代表报纸，EB/OL代表网页信息。这些标识符按照出版类型进行划分，便于用户更加方便地识别和检索相关信息。

---

① 马国泉、张品兴、高聚成，等：《新时期新名词大辞典》，中国广播电视出版社1992年版。

表3-2 文献标识及其示例

文献标识	文献类型	示例
J (journal)	期刊	马费成. 图书情报学与元宇宙：共识 共创 共进 [J]. 中国图书馆学报，2022，48 (6)：4-5.
M (monograph)	专著	赖茂生. 科技文献检索 [M]. 2版. 北京：北京大学出版社，1994.
C (collected papers)	会议论文集	MALTE S. Information for a Better World: Shaping the Global Future – 17th International Conference, iConference 2022, Virtual Event, February 28 – March 4, 2022, Proceedings, Part I [C]. Cham: Springer, 2022
R (report)	科技报告	World Health Organization. World Health Statistics 2022 [R]. Geneva: WHO, 2022.
D (dissertation)	学位论文	黄锋. 博弈系统动力学与学习理论研究 [D]. 北京：北京大学，2022.
S (standardization)	标准	全国信息技术标准化技术委员会（SAC/TC 28）. 人工智能 面向机器学习的数据标注规程：GB/T 42755-2023 [S]. 北京：中国标准出版社，2023.
P (patent)	专利	Zadeh L A. System and method for analyzing ambiguities in language for natural language processing: US, 14201974 [P]. 2014-07-03. https://patentscope2.wipo.int/search/en/detail.jsf?docId=US105573995&_cid=JP1-LKR0QP-37092-1
N (newspaper article)	报纸	薛惠. 不断提升青少年网络素养 [N]. 光明日报，2023-07-28 (11).
Z	其他未说明的文献类型	—

3.2.3 不同类型的信息源使用不同的检索工具

不同的信息源类型需要使用不同的检索工具，表3-3描述了不同的文献类型及其对应的检索工具。

信息素养与创新思维

表3-3 文献类型及其对应检索工具

文献类型	检索工具
图书	国内：图书馆馆藏目录、联合目录和出版目录、电子图书数据库（超星数字图书馆、读秀等）等； 国外：电子图书数据库（CADAL、World Library、ebrary、OCLC FirstSearch）等
期刊	国内：期刊目录、CNKI、维普中文等； 国外：Web of Science、IEL、EBSCO、Wiley 等
报纸	国内：全国报刊索引数据库、方正当代报纸库、人大复印报刊资料、百链学术搜索、人民数据等； 国外：Gale Scholar、Japan Chronicle Online、San Francisco Chronicle 等
会议文献	国内：中国学术会议文献数据库、CNKI中国重要会议论文全文数据库等； 国外：World Meetings、Conference Papers Index、Index to Scientific & Technical Proceedings 等
学位论文	国内：中国学术论文数据库、CNKI中国优秀博硕士学位论文数据库等； 国外：ProQuest Digital Dissertations 等
专利文献	国内：SooPAT、国知局专利检索与分析系统、中国专利信息中心专利之星检索系统、万方中外专利数据库、Patent Cloud（专利云检索网）、CNKI中国专利/海外专利全文数据库等； 国外：Derwent Innovations Index（DII）、Espacenet、USPTO Patent Full-Text and Image Database、PATENTSCOPE、LexisNexis 等
科技报告	国内：国家科技成果网、万方中文科技报告数据库、国务院发展研究中心报告（国研报告）、中国商业报告数据库等； 国外：PB报告、AD报告、NASA报告、DE报告等
标准文献	国内：万方标准检索系统、CNKI标准检索系统等； 国外：ASTM标准全文数据库、HS总目录、BSI检索系统等
政府出版物	—
科技档案	—

3.3 信息检索的过程

信息检索通常是指在特定时间和条件下，从各种信息集合中查找特定用户所需信息的方法和过程。一般来说，信息检索的过程涉及以下六个步骤：①分析检索课题，明确信息需求；②选择检索工具，了解检索系统；③确定检索途径，选定检索方法；④实施检索策略，浏览初步结果；⑤调整检索策略，获取所需信息；⑥评价检索结果。

3.3.1 分析检索课题，明确信息需求

课题分析是信息检索过程中至关重要的一环。能否正确地进行课题分析将直接影响检索的质量和效果。课题分析需要明确以下几个问题：检索需求类型、主题概念分析、检索目的、文献类型、结果形式、检索年限、语种和检索结果数量等。

3.3.1.1 检索需求类型

确定检索需求类型的目的在于划定检索工具范围。不同检索工具的收集侧重点不同。如果不根据检索需求类型选定检索工具，就会使检索达不到最佳效果。

检索需求的类型可分为特征型知识和关联型知识。检索需求为特征型知识通常是指检索某一概念的定义、背景知识或某些事物的量化指标等。例如，什么是信息检索？谁最先提出信息熵这一概念？而检索需求为关联型知识的课题通常是指检索某一学科的一般知识、最新进展或相关文献等。例如，了解有关机器学习技术的研究综述。对于特征型知识的检索，通常需要检索事实型、数值型数据库和搜索引擎；而针对关联型知识的检索，则需要检索文献数据库。

3.3.1.2 主题概念分析

主题概念分析要深入分析检索课题的本质，而非停留在课题的字面含义。与此同时，还需挖掘隐性的主题概念，并将抽象的主题概念具体化。在此基础上，确定核心概念，排除无关概念和重复概念。最后，明确概念间的逻辑关系。需要注意的是，主题概念并非越多越好。在分析检索课题时，应围绕主题中的核心概念，选取最能表达课题内容且具实际检索意义的关键词，并要排除检索意义不大且宽泛的概念。

在确定核心概念后，同时需注意它们的通用表达，并考虑是否包括同义词、近义词或者上位词与下位词。其中，上位词指概念上外延更广的主题词；下位词则指概念上内涵更窄的主题词。例如，短视频属于社交媒体的一种，那么社交媒体是短视频的一个上位词；而短视频又是一个统称，它的下位词则包括抖音、快手等具体的短视频。

3.3.1.3 课题分析需要明确的其他问题

一般来说，检索目的可分为科研攻关、课题普查和研究探索这三种。科研攻关侧重于解决研究中的技术难题，对查准率的要求较高。而课题普查则是尽可能全面、系统地收集某一课题的资料，对查全率的要求较高。研究探索则是了解某一课题的最新科研进展与成果，对信息的及时性等要求较高。

与此同时，还需进一步确定文献类型的范围，这是因为不同文献的类型将影响信息源的选择。而分析文献的类型通常要从课题性质出发。以社会科学为例，其研究可分为理论研究、应用研究和政策研究。理论研究主要解决社会现象和社会问题的本质、原因、规律和趋势等问题，所需的文献类型包括经典专著、学术期刊、会议论文等；应用研究则主要解决实际社会问题和现实挑战，所需的文献类型侧重于论文、科技报告、专利文献、标准文献等；而政策研究主要解决政策制定和实施过程中的问题，所需的文献类型通常侧重于论文、政府出版物、报纸等。

此外，还需确定结果形式，如所需的检索结果形式是全文、摘要、题录、数值或事实等；同时并确定检索年限、语种和结果数量等。例如，检索近三年有关微信研究的外文资料；检索近五年有关人工智能相关的中文资料。

3.3.2 选择检索工具，了解检索系统

检索工具的选择通常需要考虑以下问题：与检索主题相关的检索工具有哪些？与检索需求相关的文献类型的检索工具有哪些？检索工具是否能够满足对语种、年限与结果形式等的要求？通常来说，检索工具的选择通常有以下方法：①根据文献类型和语种要求选择。例如，想检索微信研究

的外文摘要,则考虑选择 WOS;想检索微信研究的中文期刊论文,则考虑选择 CNKI。②根据使用便利度与熟练度等选择。通常情况下,有许多相似的数据库可供选择,但最终选择哪个数据库,更多地需要根据自身的实际情况来决定。例如,有些单位可能只购买了 CNKI 的部分子库和万方的部分子库,在这种情形下,数据库的便利度就成为需要考虑的问题之一。③根据结果数量和时间范围的要求选择。例如,想查找信息素养相关研究的过刊资料,则需考虑 JSTOR(Journal Storage)。

选择了检索工具后,需进一步了解该检索系统(数据库)。首先,需要了解它的国际国内学术影响力与地位、涵盖的学科或主题以及所包含的文献类型、收录年限和对象、数据量、语种以及更新频率等。其次,需要了解它的功能和具体操作,此时可利用其提供的检索指南或通过图书馆、百度等搜索引擎来查找具体的操作指南。

3.3.3 确定检索途径,选定检索方法

在确定好检索工具与了解检索系统后,需进一步明确检索途径。常用的检索途径包括代表内容特征的途径,如篇名、主题、摘要、关键词等;也包括代表外表特征的途径,如作者、作者单位、文献来源等(图 3-14)。

图 3-14 CNKI 检索途径示例

检索方法包括以下三种。

（1）直接法。直接法是一种利用检索工具（系统）检索文献信息的方法。它又分为以下三种：①顺查法。顺查法是指按时间顺序，由远及近地使用检索工具检索文献。该方法适用于主题复杂、研究范围较大的课题，以及起始年代不太长的年轻学科的相关课题。②倒查法。与顺查法相反，倒查法按逆向时间的顺序，由近及远地使用检索工具检索文献。该方法适用于新兴的且侧重于快和准的课题，以及起始年代较早或无从考察的课题。③抽查法。抽查法是一种根据实际检索要求，从特定时期内抽取信息进行检索的方法。针对学科发展变化的特点，该方法能够抓住某一学科发展的高峰时期来进行重点检索，从而节省时间，提高检索效率。

（2）追溯法。追溯法也叫引文法。追溯法是一种不依赖检索系统，通过查阅文献后面的参考文献，逐个追踪原始文献（被引用文献），并从这些原始文献后的参考文献目录中逐层扩大信息范围，形成环环相扣的追踪方法。

（3）循环法。循环法又称分段法或综合法。循环法是一种综合运用顺查法和倒查法的方法，该方法兼具二者的优点，弥补各自的不足，能够查找到较为全面且准确的文献，获得更好的检索结果。因此，循环法在实际应用中被广泛采用。

3.3.4　实施检索策略，浏览初步结果

基于对课题检索需求的分析和对检索系统的了解，应用检索技术进行检索。在检索完成后，需要对结果进行初步判断。对检索结果的判断，往往要关注以下几点：①查看检索结果记录的标题和摘要是否符合课题检索需求；②基于信息来源评估信息价值；③关注结果数量（过多或过少都不合适）；④适当利用关联检索和类别检索，扩展检索领域和范围；⑤基于以上判断，调整检索策略。

3.3.5　调整检索策略，获取所需信息

一般来说，调整检索策略需要利用数据库提供的检索限制条件、模糊/精确匹配检索、二次检索等功能，进行多次修改与调整，直到检索结果满意为止。根据检索结果信息量的实际情况来调整检索策略。

（1）检索结果信息量过少时。导致检索结果不充分的原因通常包括：使用不规范的主题词；未充分考虑同义词、近义词、上位词、下位词或隐含概念；过多的位置运算符或过于严格的字段限制。这种情形下，需考虑扩大检索范围，提高查全率。可采取以下具体措施：①减少逻辑"与"运算，去除一些次要或过于专指的概念；②选取全同义词和相关词，并将它们进行"或"运算，增加网罗度；③去除或放宽某些检索限制，如位置运算符限制（或调整其位置，由严变松）、信息源约束等；④使用截词符"？"扩展主题词或关键词。

（2）检索结果信息量过多时。导致检索结果过多的原因通常包括：未限制检索词；主题概念过于宽泛或具有多义性；选取的检索词过于简短。这种情形下，需考虑缩小检索范围，提高查准率。可采取以下具体措施：①减少同义词与同族相关词；②提高检索词的专指度；③增加限制概念，使用逻辑"与"连接检索词；④使用逻辑"非"算符，排除无关概念；⑤改模糊检索为精确检索；⑥在结果中进行"二次检索"。

3.3.6　评价检索结果

3.3.6.1　信息检索效果的评价指标

检索效果是实施信息检索的有效程度。通常使用查全率和查准率来衡量信息检索质量（表3-4）。其中，查全率反映检索结果的全面性，而查准率则体现检索结果的准确性。

表3-4　检索效果评价指标

项目	查全率（R）	查准率（P）
含义	检出的相关文献数占系统中相关文献总数的百分比	检出的相关文献数占检出的全部文献的百分比
数学公式	查全率 = $\dfrac{\text{检出的相关文献数}}{\text{系统中相关文献总数}} \times 100\%$	查准率 = $\dfrac{\text{检出的相关文献数}}{\text{检出的文献总数}} \times 100\%$
作用	反映检索结果的全面性	体现检索结果的准确性

3.3.6.2　提高信息检索效果的措施

提高信息检索效果的主要措施。

（1）提高检索工具或检索系统的质量。检索系统的质量对于检索效率具有重要的影响。检索系统的存储功能和检索功能决定了系统性能的优劣程度。一般来说，系统性能越优越，收录的文献量越多、内容越新颖，检索语言和编排结构越易用，辅助检索功能越完整。

（2）提高用户利用检索系统的水平。提升检索者自身的检索水平，包括知识水平、业务能力和工作经验等。

（3）合理协调查全率和查准率。合理协调查全率和查准率也是提高检索效率的重要手段。例如，在申请专利、科技查新、开题、立项等情形下，检索结果对查全率的要求较高；而在检索新课题时，检索结果对查准率的要求则更高。

3.3.7 信息检索的准则

信息检索过程通常包括以上六个步骤，但这六个步骤并非完全线性的。在某些情况下，检索者可能需要跳过某个步骤，或者在某个步骤上花费较多的时间和精力。

在检索信息时，往往还需要遵循信息搜索的准则，这些准则与信息检索过程密切相关。主要体现在：①你得到什么检索结果，取决于你怎么提问。②去信息应该在的地方检索。③向你的检索结果提问——信息可能是真的，但内容仍然会有错。④检索是一个多步骤的、不断反复的过程。⑤检索结果必须符合需求。⑥咨询图书馆员。⑦信息本身是无意义的，只有人提问之后才有价值。

3.4 学术信息检索策略

电子图书与电子期刊是经常使用的两类信息源，这里重点介绍这两类学术信息源的检索策略。

3.4.1 电子图书

电子图书是指以数字形式存储在计算机或其他设备上的书籍，可通过互联网进行传播、购买和阅读。相比于传统的纸质书籍，电子图书具有便携性、可扩展性、可定制性和可搜索性等优点。

随着电子图书数量的不断增长,为了收集和利用图书资源,电子图书数据库应运而生。电子图书数据库是一个收集、存储和管理电子图书的虚拟图书馆,它允许用户通过互联网访问和搜索电子图书。电子图书数据库通常由图书馆、数据库供应商或学术机构等组织创建和维护。电子图书数据库的主要优点在于:它提供大规模的电子图书资源,用户可以在任何时间、任何地点进行访问和阅读。此外,电子图书数据库还具有检索、分类、收藏和推荐等功能,以帮助用户快速找到所需图书,提高阅读效率。

常见的电子图书数据库包括超星数字图书馆、读秀学术搜索、World Library 等。这些数据库往往收集大量的学术著作、专业书籍、期刊文章等资源,是学术研究和日常阅读的重要参考来源。

图 3-15 是中山大学图书馆已经购买的部分电子图书。

AIAA (美国航空航天学会) 全文数据库	爱如生数据库
Art &Architecture Source (艺术建筑全文数据库)	超星数字图书馆
ASTM (美国材料与试验协会) 电子图书数据库	雕龙古籍数据库
Beck-Online德文法律全文数据库	鼎秀古籍全文检索平台V1.0
Bentham Science电子图书	读秀学术搜索
BIOSIS Previews (BP生物学文摘)	二十五史全文检索系统
Blackwell Reference Online (BRO) 文科经典馆藏在线参考书库	高校古文献资源库读者检索系统
Brill出版社电子图书	古地图数据库
British Library: 19 Century Collection(大英图书馆19世纪典藏)	广州大典
Cairn法语数据库	哈佛大学出版社回溯电子图书
Cambridge电子教材	汉达文库
Cambridge University Press Ebook剑桥大学出版社电子图书	汉珍中文数据库系列——台湾文献汇刊
Cengage电子教材	瀚文民国书库
Churchill Archive丘吉尔档案馆数据库	京东读书专业版 (汇云书舍电子图书数据库)
ClinicalKey数据库	抗日战争与近代中日关系文献数据平台
CNKI中国知网——中国工具书网络出版总库	科学文库
Comprehensive Nuclear Materials (核材料大全)	明清妇女著作
CRC Press 电子教材	"平易近人:习近平的语言力量"系列微库
Dentistry & Oral Sciences Source(牙科与口腔医学全文数据库)	书同文古籍数据库
Ebook Central 电子图书	

图 3-15 中山大学图书馆已购买电子图书(部分)

3.4.1.1 超星数字图书馆

超星数字图书馆成立于 1993 年,由清华大学图书馆与超星公司合作开发,是国内专业的数字图书馆解决方案提供商和数字图书资源供应商。[①] 它被列入"国家 863 计划中国家数字图书馆示范工程"。超星电子书采用国家 863 数字图书馆示范工程的标准 PDG 格式,最大限度地保证图书的原文原貌。[②] 超星数字图书馆是目前最大的中文在线数字图书馆,资源涵盖中图法 22 个大类,总数达 150 万种,每年新增图书超过 15 万种。

超星数字图书馆提供普通检索、高级检索、分类检索、二次检索四种检索方式。

(1) 普通检索。普通检索提供在所有图书分类中按书名、作者、目录、全文检索任意一种途径进行检索。

例如,以"信息检索"为检索词,选择"书名",则检索结果为书名含"信息检索"的全部检中图书。在检索结果页面可进行"二次检索"和"高级检索"(图 3-16)。

图 3-16 超星数字图书馆普通检索

(2) 高级检索。高级检索通过书名、作者和主题词三种检索途径的逻辑组配,实现多条件检索。与此同时,高级检索还提供出版年代的范围选择、分类和中国分类号的选择,并可设定不同的搜索结果显示条数。该检

---

① 参见中山大学图书馆主页对超星数字图书馆数据库的介绍,https://library.sysu.edu.cn/eresource/410。

② 赵乃瑄:《实用信息检索方法与利用》(3 版),化学工业出版社 2017 年版。

索方式查出的结果更为准确。

例如，要检索武汉大学"马费成"教授在"信息管理"方面的著作，只需要在"书名"一栏中填入"信息管理"，在"作者"一栏里填上"马费成"，点击"检索"就能得到相应结果（图 3-17）。

图 3-17　超星数字图书馆高级检索

（3）分类检索。超星数字图书馆采用中国图书馆分类法（简称"中图法"）对图书进行分类。页面左侧将图书分为 22 大类，可直接单击图书类目，直至检索到满足需求的图书。

例如，想检索"管理学方法论"的相关图书，则可先单击"社会科学总论"，再单击其下的"管理学"类目，最后找到"管理学理论与方法论"（图 3-18）。

图 3-18　超星数字图书馆分类列表及检索示例

（4）二次检索。经过普通检索、分类检索后，出现如图 3-16 所示的检索界面。单击"二次检索"按钮表示以当前检索结果为检索范围进行二次检索。

例如，在如图 3-16 所示的普通检索后，以"张静"为检索词，选择"作者"，点击"二次检索"则检索结果为书名含"信息检索"且作者包含"张静"的全部检中图书（图 3-19）。

图 3-19　超星数字图书馆二次检索

使用超星数字图书馆阅读图书时，需要下载并安装专用的图书浏览器——超星阅览器 SSreader（图 3-20）。在下载并安装超星阅览器之后，可以点击每本书后面的"全文"链接来打开图书全文进行在线阅读；点击"借阅"链接，可下载该图书并进行离线阅读。

图 3-20　电子图书 SSreader 客户端下载

3.4.1.2　读秀学术搜索

读秀学术搜索由北京世纪读秀科技有限公司自主产权、自行研发，是全球最大的中文图书搜索及全文文献传递系统。该数据库以9亿页中文资料为基础，提供深入内容的章节和全文检索、部分文献试读、资源传递及参考咨询等多种功能。①读秀学术搜索提供300多万种中文图书搜索，120多万种中文图书全文检索与阅读，及期刊、报纸、学术论文、会议论文、标准、专利等资源联合检索；实现了馆藏纸质图书、电子图书、学术文章等各种异构资源在同一平台的统一检索。读秀学术搜索的界面如图3-21所示。

图3-21　读秀学术搜索界面

普通检索关键词可定位到全部字段、书名、作者、主题词、丛书名或目次中。若要查阅外文资源，可单击"外文搜索"按钮。

例如，以"信息检索"为关键词，定位到"全部字段"，单击"中文搜索"按钮，检索结果如图3-22所示。

图3-22　读秀学术普通搜索

---

① 参见中山大学图书馆主页对读秀学术搜索的介绍，https://library.sysu.edu.cn/eresource/411

（1）图书高级检索。简单检索的检索框右侧有"高级搜索"选项。读秀的高级搜索允许同时对9个条件进行限定，彼此之间执行逻辑"与"的运算规则。其中，"书名"可选择"包含"或"等于"，"分类"则依据"中图法"提供类目。在检索框输入图书的任一或多个检索项（如ISBN、主题词、作者、出版时间等），单击"高级搜索"按钮，即可得到相关结果。

例如，还是检索武汉大学"马费成"教授在"信息管理"方面的著作，在"书名"一栏中填入"包含""信息管理"，在"作者"一栏里填上"马费成"，点击"高级检索"就能得到相应结果（图3-23）。

图3-23 读秀学术高级搜索

（2）图书专业检索。高级检索的检索框上侧有"切换至专业检索"选项。读秀中文图书专业检索的专业标识符使用含义如下：T＝书名，A＝作者，K＝关键词，S＝摘要，Y＝年，BKs＝丛书名，BKc＝目录。检索规则如下（以下符号均为半角符号）①。

- 逻辑符号：* 代表并且，| 代表或者，- 代表不包含；
- 其他符号：() 括号内的逻辑优先运算，＝ 后面为字段所包含的值，> 代表大于，< 代表小于，>＝ 代表大于等于，<＝ 代表小于等于；
- 大于小于符号仅适用于年代 Y。如果只有单边范围，字段名称必须写前边，如 Y<2013，不允许写成 2013>Y。
- 年代不允许单独检索。

例如，要检索题名或关键词中含有"信息管理"，且出版年范围是 2015 至 2022 年（含边界），表达式则为：（T＝信息管理|K＝信息管理）*（2015<＝Y<＝2023）。检索结果如图 3-24 所示，共显示相关中文图书有 1339 种。

图 3-24　读秀学术图书专业搜索

---

① 参见读秀学术搜索的高级搜索主页，https://book.duxiu.com/expsearch.jsp

3.4.1.3 World Library

World Library (World eBook Library) 是由 World Library Foundation 创建的电子图书数据库产品,它是目前世界上收录电子图书和电子文档资源最多的数据库,其收录的资源最早可追溯至 11 世纪[①]。该数据库收录文献资源主要来自美洲、亚洲、非洲和欧洲等国家,语种以英语为主,涉及 100 余种语种的近 150 万册电子资源。该数据库中的学术类图书覆盖涉及各个学科,如教育、自然科学、社会学及科技领域。World Library 的界面如图 3-25 所示。

图 3-25 World Library 界面

World Library 提供快速检索和高级检索两种检索方式。

(1) 普通/快速检索。以"information management"为检索词,键入检索框,单击搜索图标,检索结果如图 3-26 所示;检索结果按照左侧的出版年份、语言、作者、出版商、合集、主题进行聚类,可快速定位所需文献。

(2) 高级检索。World Library 高级检索的字段有题名、作者、出版社、描述和出版年份。

例如,要检索 Springer 出版社出版的有关"information systems"的图书,只需要将字段一选定为"Title"并键入"information systems",将字段二选定为"Publisher"并键入"Springer",两字段进行"AND"逻辑运算,点击"检索"就能得到相应结果(图 3-27)。

[①] 参见中山大学图书馆主页对 World Library 数据库的介绍,https://library.sysu.edu.cn/eresource/2885

第3章 选择检索策略

图3-26 World Library 普通检索

图3-27 World Library 高级检索

3.4.2 电子期刊

电子期刊是一种通过数字媒体发行的期刊，往往以电子文档形式存在，通过互联网进行传播和阅读。期刊数据库既包括综合性的数据库，如中国知网期刊库、万方期刊和维普期刊；也包括具体领域的数据库，如人文社科（如EBSCOhost、JSTOR、Emerald）和自然科学（如Elsevier ScienceDirect、SpringerLink、ProQuest Research Library、Wiley）。

3.4.2.1 中国知网

中国知识基础设施工程（China National Knowledge Infrastructure，简称CNKI）是以实现全社会知识资源传播共享与增值利用为目标的大型信息化建设项目。"中国知网"（www.cnki.net）建于1999年，是CNKI各类知识信息内容的数字出版平台和知识服务平台，由中国学术期刊（光盘版）电子杂志社和同方知网（北京）技术有限公司共同主办的出版网站。中国知网深度集成整合了期刊、博硕士论文、会议论文、报纸、年鉴、工具书等各种文献资源，致力于提供高效共享的知识资源、有效的知识传播与数字化学习服务[①]。

CNKI的重点数据库有中国期刊全文数据库、中国博士学位论文全文数据库、中国重要报纸全文数据库、中国重要会议论文全文数据库等。其中，中国期刊全文数据库收录国内学术期刊8000余种，部分收录期刊回溯至创刊。CNKI界面如图3-28所示。

中国知网提供强大的检索功能，包括基本检索、高级检索、专业检索、作者发文检索、句子检索和出版物检索六种检索方式。而检索词匹配方式包括精确匹配和模糊匹配。

1）基本检索。基本检索直接在查询框中键入检索词。中国知网共提供16个检索字段（图3-29）。值得注意的是，查询框内的多个检索词默认为逻辑"与"运算，且每个检索词之间需插入一个空格。

---

① 参见中山大学图书馆主页对CNKI数据库的介绍，https://library.sysu.edu.cn/eresource/3617

图 3-28 CNKI 主页

图 3-29 CNKI 基本检索

2）高级检索。高级检索可设置构造检索策略/表达式以表达更复杂的检索需求，以精炼检索结果。高级检索方法具体有以下几种：

（1）选择文献分类（学科领域）。可在左侧（图 3-30）"文献分类"的 10 个类目中选择相应的类目并勾选，达到控制学科检索范围、提高检索准确率及检索速度的目的。系统默认为"全选"模式，单击"清除"，可一次性清除所选类目。

（2）选择检索字段，键入检索词。在组合式检索框的下拉菜单选择检索字段，并在检索框中输入关键词。另外，还可以使用检索文本框右侧的符号"＋""－"来增加/减少逻辑检索行。

(3) 选择检索词匹配方式。检索词与标引词之间的匹配程度是指在信息检索过程中,用户输入的检索词与检索系统中的标引词之间的相似程度。在 CNKI 中,检索词与标引词有模糊匹配和精确匹配两种匹配方式。模糊匹配允许检索词与标引词之间存在一定的差异或模糊性;而精确匹配则不允许任何差异或模糊性的存在,通常用于检索特定的概念或关键词,要求检索词和标引词完全一致。模糊匹配可以扩大检索范围(查全率),提高检索效率,但可能会降低检索精度。精确匹配可以提高检索精度(查准率),但可能会降低检索效率。

(4) 确定布尔逻辑运算或组配关系。各个字段检索框均按"AND"、"OR"和"NOT"三种逻辑关系组合检索。三种逻辑运算关系按先左后右、先上后下的顺序组配。

(5) 确定检索时间范围。通过"发表时间"检索框选择确切的时间范围;也可以使用"更新时间"下拉菜单选择最近一周、最近一月、最近半年、最近一年、今年迄今、上一年度。

(6) 其他检索控制条件。检索控制条件包括网络首发、增强出版、基金文献、中英文扩展检索、同义词扩展等。其中,中英文扩展检索控制条件是由所键入的中文检索词,自动扩展检索相应检索项中英文词汇的一项检索控制功能;仅在匹配模式为精准匹配时,"中英文扩展"功能才可使用。确定上述检索条件后,单击"检索"按钮,所有命中文献按篇名及题录信息列表显示。

例如,要检索武汉大学"马费成"教授撰写的有关"信息管理"的全部学术期刊论文。首先,选择"学术期刊";选择检索项"主题"和"作者",分别键入检索词"信息管理"和"马费成";设定检索控制项,"来源类别"设置为"全部期刊";最后单击"检索"按钮得到检索结果(图 3 - 30)。

3) 专业检索。专业检索需要根据系统的检索语法编制检索式进行检索。中国知网的专业标识符使用含义如下:SU% = 主题,TKA = 篇文摘,KY = 关键词,FT = 全文,AU = 作者,FI = 第一作者,RP = 通信作者,FU = 基金,AB = 摘要,CO = 小标题,RF = 参考文献,CLC = 分类号,LY = 文献来源,DOI = DOI,CF = 被引频次(图 3 - 31)。

第3章 选择检索策略

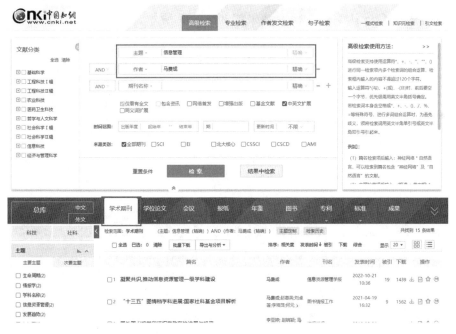

图3-30 CNKI高级检索

图3-31 CNKI专业检索

4)作者发文检索。作者发文检索是通过作者姓名、单位等信息,查找作者发表的文献及被引和下载情况①。例如，检索北京大学"赖茂生"教授发表的CSSCI期刊，检索结果如图3-32所示，共显示111条结果。

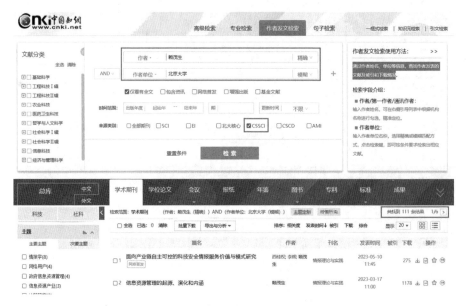

图3-32 CNKI作者发文检索

5）句子检索。通过输入的两个检索词，查找同时包含这两个词的句子，找到有关事实的问题答案②，如图3-33所示。

图3-33 CNKI句子检索

---

① 参见CNKI作者发文检索主页，https://kns.cnki.net/kns8/AdvSearch? dbprefix = CFLS&&crossDbcodes = CJFQ%2CCDMD%2CCIPD%2CCCND%2CCISD%2CSNAD%2CBDZK%2CCCJD%2CCCVD%2CCJFN

② 参见CNKI句子检索主页，https://kns.cnki.net/kns8/AdvSearch? dbprefix = CFLS&&crossDbcodes = CJFQ%2CCDMD%2CCIPD%2CCCND%2CCISD%2CSNAD%2CBDZK%2CCCJD%2CCCVD%2CCJFN

6）出版物检索。出版物检索分为出版来源导航、期刊导航、学术辑刊导航、学位授予单位导航、会议导航、报纸导航、年鉴导航和工具书导航 8 种导航体系（图 3 - 34），每个导航体系根据各产品独有的特色设置不同的导航系统。例如，出版来源导航既可按照学科进行导航，如图 3 - 35 所示，左侧提供了 10 个类目 168 个学科分类；又可依据来源名称、主办单位、出版者、ISSN、CN、ISBN 字段，键入关键词进行导航。

图 3 - 34　CNKI 出版物检索

图 3 - 35　CNKI 出版物来源导航

在检索结果显示页面可查阅记录的文摘和全文，对检索结果进行排序、导出与分析、浏览与下载等操作。

（1）排序。CNKI 检索结果的排序方式有相关度、发表时间、被引、下载和综合五种排序方式显示（图3-36），默认方式为按相关度排序，并提供文摘显示和全文首页预览切换功能。①相关度排序。按检索词在文献中出现的命中次数/频率、相关程度从高到低排序。②发表时间排序。按文献的发表时间排序，最新的文献排在最前。③被引排序。按文献的被引次数排序，被引次数从高到低排序。④下载排序。按文献的下载次数排序，下载次数从高到低排序。

图3-36　CNKI检索结果排序方式

（2）导出与分析。在检索结果列表页面可对已选文献或全部文献进行"导出文献"和"可视化分析"等操作（图3-37）。其中，"导出文献"包括GB/T 7714—2015、MLA、APA、EndNote等格式；"可视化分析"结果可查看检索结果的总体趋势和分布，并可进行比较分析（图3-38）。

图3-37　CNKI检索结果导出与分析

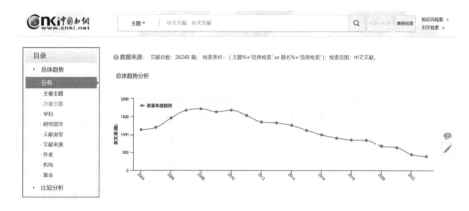

图 3-38 CNKI 检索结果的可视化分析结果

（3）浏览与下载。中国知网还提供文摘浏览与全文浏览和下载服务。CNKI 数据库以 CAJ 格式（部分为 PDF 格式）输出的文献全文。CAJ 格式是专为 CNKI 文献研发的数据交换格式，打开 CAJ 格式的文件需使用特定的阅读软件 CAJViewer。

3.4.2.2 EBSCOhost

EBSCOhost 系统是 EBSCO 公司的三大系统之一，用于数据库检索（其他两个系统是 EBSCO Online 和 EBSCOnet，分别用于电子期刊系统和期刊订购信息系统）[①]。目前，EBSCOhost 可提供 100 多个全文数据库和二次文献数据库，涵盖近万种全文期刊，涉及自然科学、社会科学、人文和艺术科学等多种学科领域。

EBSCO 主要包括以下数据库：Academic Source Complete（学术期刊全文数据库，ASC）、Business Source Complete（商业资源数据库，BSC）、Environment Complete、Library, Information Science & Technology Abstracts、Education Resource Information Center（教育资源信息中心，ERIC）、GreenFILE、OmniFile Full Text, Mega Edition 等。其中，最重要的两个数据库是 Academic Source Complete（ASC）和 Business Source Complete（BSC）。ASC 是目前世界上最大的多学科学术期刊全文数据库，专门为学术研究机构设

---

① 参见中山大学图书馆主页对 EBCOhost 数据库的介绍，https://library.sysu.edu.cn/eresource/215

计，几乎覆盖所有的学术研究领域。BSC 是目前世界上最大的全文商业数据库，专门为商学院和与商业有关的图书馆设计，收录近 9000 种期刊索引及摘要。

EBSCOhost 提供基本检索和高级检索两种检索方式。基本检索和高级检索均提供"检索选项"设定检索限制，辅助检索功能。不同数据库检索界面基本一致，但检索字段和辅助功能略有差异。

（1）基本检索。基本检索为 EBSCOhost 检索系统的默认检索方式，基本检索界面如图 3－39 所示。基本检索只需在输入框中可输入检索关键词或者词组。单击检索输入框下的"检索选项"，可对检索条件如检索模式和扩展条件、出版物类型、出版日期等进行限制，提高检索结果的准确率，如图 3－40 所示。

图 3－39　EBSCOhost 基本检索界面

图 3－40　EBSCOhost 检索选项设置

例如，要检索与信息技术相关的2023—2024年的学术期刊，检索选项设置及结果如图3-40和图3-41所示。

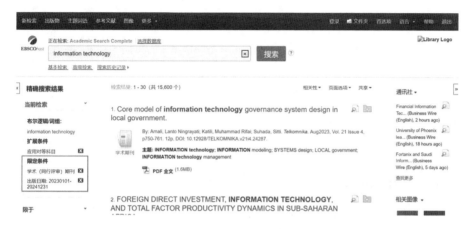

图3-41 EBSCOhost基本检索结果

（2）高级检索。高级检索可实现不同字段的布尔逻辑组配检索。EBSCOhost共提供8个检索字段，包括所有文本、作者、标题、主题词语、来源、摘要、ISSN和ISBN。EBSCOhost系统默认三个字段，根据实际需要单击检索输入框右下方的"＋"或"－"，可增加或减少检索字段（图3-42）。

图3-42 EBSCOhost高级检索界面

另外，EBSCOhost还提供"搜索历史记录/快讯"功能，帮助用户记录检索过程、方便表达式构建（图3-43）。

图3-43　EBSCOhost搜索历史记录/快讯

在只选择一个数据库的情况下，EBSCOhost还提供辅助检索功能，包括出版物检索、主题词检索、参考文献检索、图像检索和索引检索。

（1）出版物检索。在检索页面上方工具栏处单击"Publications"即可进入出版物检索页面，进入后可在搜索框上方单击"Choose Databases"切换不同数据库（图3-44）。出版物检索方式有按字母排序、按主题和说明、匹配任意关键词3种。出版物检索结果可单选可多选，单击出版物可查看详细信息，包括标题、ISSN、出版商信息、收录时间、是否同行评议等（图3-45）。

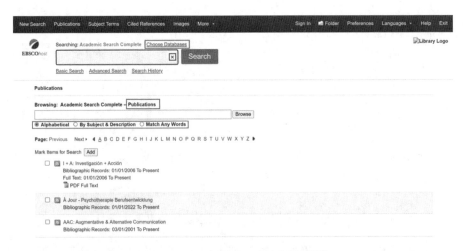

图3-44　EBSCOhost出版物检索

（2）主题词检索。在检索页面上方工具栏处单击"Subject Terms"即可进入主题词检索页面，进入后可在搜索框上方单击"Choose Databases"

```
Publication Details For "Information Technology & Libraries"
              Title: Information Technology & Libraries
               ISSN: 0730-9295
Publisher Information: American Library Association
                     50 East Huron Street
                     Chicago IL 60611
                     United States of America
Bibliographic Records: 09/01/1993 to present
           Full Text: 03/01/2004 to present
    Publication Type: Academic Journal
            Subjects: Library Technology; Library & Information Science; Information Technology
         Description: Articles related to all aspects of library and information technology, including automated bibliographic control,
                     communications technology, cable systems, data management, file organization, library networks and legal and
                     regulatory matters.
       Publisher URL: http://www.ala.org/
          Frequency: 4
       Peer Reviewed: Yes
```

图 3 – 45　EBSCOhost 出版物详细信息示例

切换不同数据库。输入检索词，单击"Browse"，查询以检索词为首或包含检索词、或与检索词相关的主题词；单击结果列表中的主题词，可以查看该主题词的上位词和下位词；点击"ADD"按钮，可再次按照过滤后的主题词重新检索（图 3 – 46）。

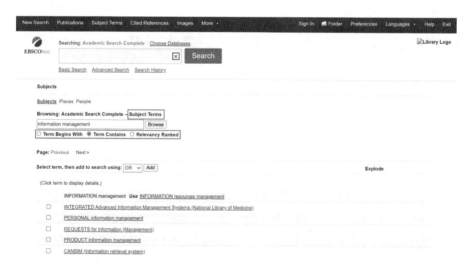

图 3 – 46　EBSCOhost 主题词检索

（3）参考文献检索。参考文献检索可以检索被引作者、被引提名、被引来源、被引年代或全部字段的参考文献。与此同时，在检索结果页面中，还可点击"View Cited References"查找引文文献。

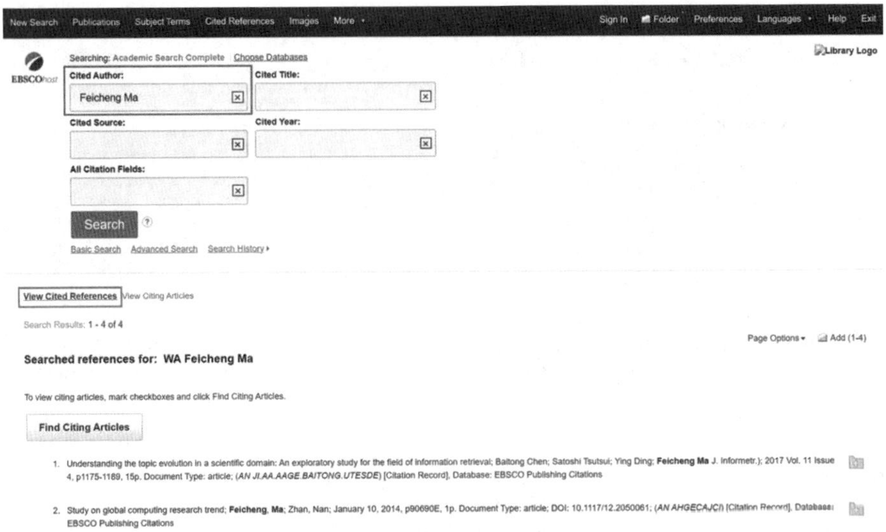

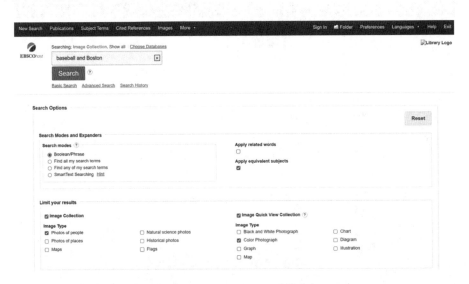

图3-47　EBSCOhost 参考文献检索

（4）图像检索。输入检索词，检索词间可使用逻辑算符组配。在检索框中输入图像描述词，然后选择检索模式和图像类型，最后单击检索按钮即可（图3-48）。其中，图像类型包括人物图片、自然科学图片、地点图片、历史图片、地图或标志等。

图3-48　EBSCOhost 图像检索

例如，检索关于"baseball and Boston"且为彩色的人物图片，图像检索结果如图3-49所示。

第3章 选择检索策略

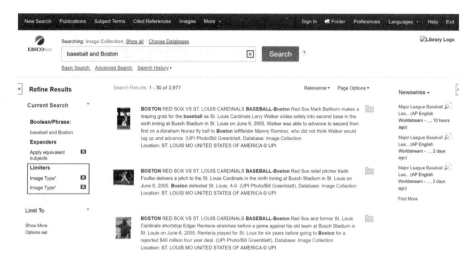

图3-49 EBSCOhost 图像检索结果

（5）索引检索。在导航栏中单击"More"下拉菜单进入索引检索"Indexes"。在"浏览索引"下拉框中选择字段，在"浏览"文本框中键入某一索引词的全部或部分，单击"浏览"即可检索到相关索引信息（图3-50）。在检索结果界面，点击"ADD"按钮，可添加索引词到检索式中，以进行再次检索。

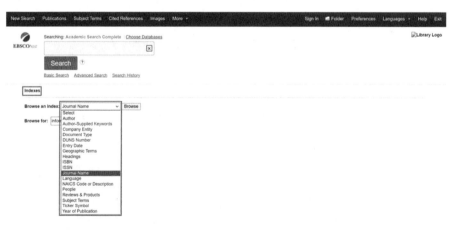

图3-50 EBSCOhost 索引检索

例如，检索有关"information research"的索引词，索引检索的结果如图3-51所示。

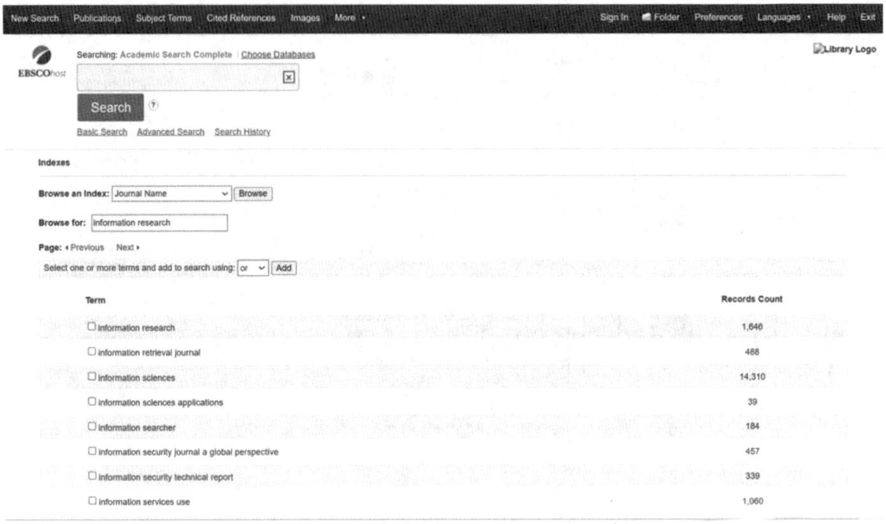

信息素养与创新思维

图 3-51　EBSCOhost 索引检索结果

3.4.2.3　Elsevier ScienceDirect

Elsevier ScienceDirect 数据库（简称 SD）是荷兰爱思唯尔出版集团创办的科学文献全文数据，自 1999 年开始向用户提供电子出版物全文的在线服务。SD 平台上的资源分为四大学科领域：自然科学与工程、生命科学、医学/健康科学、社会科学与人文科学，涵盖 24 个学科①。SD 的文献资源包括期刊和图书，具有资源浏览和检索两种功能。

1）资源浏览。既可通过 Elsevier 主页下方设置的"Browse by Publication Title"进入，也可以通过点击主页上方的"Journals & Books"进入资源浏览界面。资源浏览方式有按出版名的字母顺序（图 3-52 右侧）和学科主题（图 3-52 左侧）两种方式。

2）检索方式。Elsevier 的检索方式包括快速检索和高级检索两种。

（1）快速检索（Quick Search）。快速检索即系统默认的检索方式，点击进入主页即快速检索界面（图 3-53）。Elsevier 提供的快速检索字段有：Find articles with these terms、In this journal or book title 和 Author。

---

① 参见中山大学图书馆主页对 Elsevier ScienceDirect 数据库的介绍，https://library.sysu.edu.cn/eresource/3540

图 3－52　Elsevier Science Direct 资源浏览

图 3－53　Elsevier Science Direct 快速检索

（2）高级检索（Advanced Search）。高级检索即多字段逻辑组配检索，单击"Advanced search"即可进入高级检索界面。Elsevier 提供的高级检索字段有 12 个，如图 3－54 所示。

SD 系统默认进行字检索，若要检索一个词组或短语，则必须使用引号。例如，输入"information technology"，将检索包含这个词组的文献；若输入的是 information technology，则检索结果是将 information 和 technology 视为独立的两个字，且两个字之间是逻辑"与"的关系。另外，SD 系统默认的作者检索方式为前方一致原则，格式为"姓，名"。例如，"Smith，ED""Smith，E. G."和"Smith，E. Reed"等，忽略空格和逗号，若输入"Smith E"，检索结果将包含以上所有作者的文章。

SD 系统的检索结果显示如图 3－55 所示。左侧显示检索结果的数量，并可对结果进行再次筛选。右侧显示检索结果的题录信息，包括题名、刊

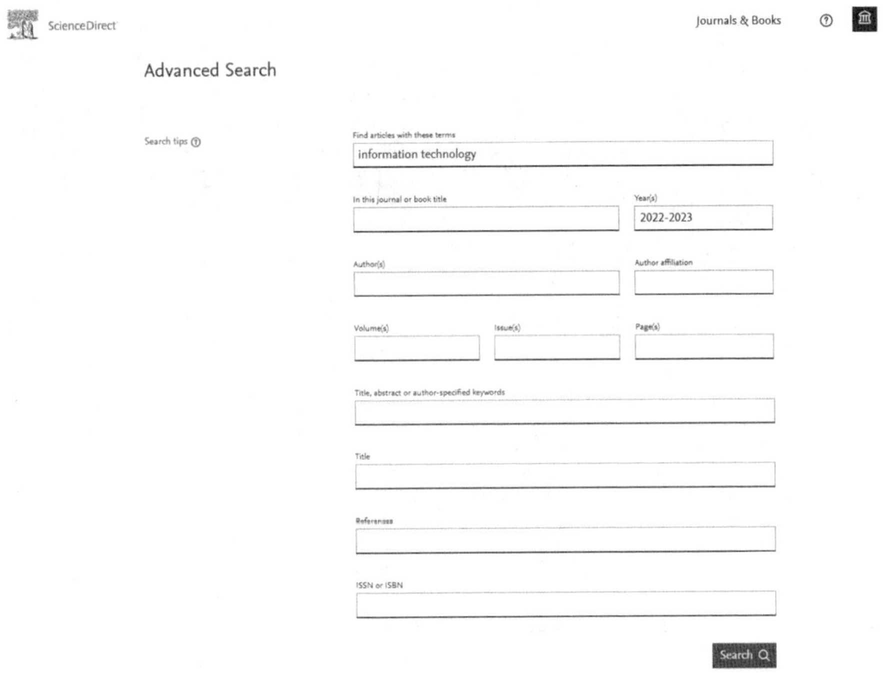

图 3-54　Elsevier Science Direct 高级检索

图 3-55　Elsevier Science Direct 检索结果

名、卷期、日期和作者。单击每条记录的题名，即可查看 HTML 格式的全文信息，以及该文献的引文信息、文章内容纲要信息、图表链接和相关论文推荐等，并可进行 PDF 格式全文下载。

勾选文献前的方框，利用检索结果上方的"Download selected articles"工具下载所选文章，或利用"Export"按钮设定导出格式，输出文章的题录信息。另外，还可以利用左侧检索结果的数量下的"Set search alert"按钮保存有价值的检索式，设置为定期提醒；如果有新的文献符合该检索式，系统可自动发送邮件提醒（此功能需先进行用户注册）。

3.5 实用数据检索策略

日常生活中，经常需要查找各类信息，如统计数据、影视数据、课程信息等。这种情形下，除了搜索引擎，也可考虑检索各种数据源。

3.5.1 统计数据

统计数据是指根据统计方法收集、整理和分析的数字、数值和相关信息，是用来描述和研究社会、经济、自然现象等的重要工具。统计数据通常来自普查、抽样调查、实验、登记、报告等数据收集方式，可以是总量、比重、增长率、变动率等指标，也可以是图表、表格等形式。统计数据在政府决策、企业经营、学术研究、社会监测等方面具有广泛的应用。

统计数据可以通过多种途径获取，包括但不限于以下几个方面。

（1）政府机构和官方统计部门。各国政府机构和官方统计部门都会定期发布各种统计数据，例如国家统计局、人口普查局、农业农村部、商务部等。这些数据通常都可以在官方网站上免费获取，例如中国国家统计局官网、美国普查局官网等。以国家统计局为例，国家统计局主要负责收集、整理和发布全国性的统计数据和信息，提供各种统计指标。这些指标涵盖多个领域，包括人口、经济、科技、文化、教育、卫生等。在使用这些数据时，可以根据需要选择不同时间段的数据，如月度、季度、年度数据，以及不同地区和部门的数据。此外，国家统计局还提供国际数据等，为研究者提供丰富的统计数据。

（2）调查报告和市场研究数据。各种市场研究机构和调查公司也会定期发布各种统计数据和报告，例如易观、艾瑞咨询、尼尔森等。

（3）学术期刊和论文。各种学术期刊和研究论文也会发布各种统计数据和研究结果，例如《中国统计》《经济学季刊》《社会学研究》等。这些数据可以通过学术搜索引擎（如谷歌学术、百度学术等）或学术数据库

（如 CNKI、WOS 等）免费或付费获取。

（4）新闻报道和公共信息。各种财经新闻、行业报告等也会提供一些统计数据，这些数据可以通过各种新闻媒体或公共信息平台获取，例如新浪财经、雪球财经、微信公众号等。

【例】假设要了解2022年普通高等学校招生数，可以考虑使用搜索引擎直接检索，也可以使用专业的统计数据网站，如国家统计局官网。进入国家统计局官网（http://www.stats.gov.cn/），在网站首页中下方找到"数据查询"板块并点击（图3-56），即可进入国家数据查询界面（图3-57）。在搜索框中键入"2022 普通高等学校 招生"，点击"搜索"，结果列表所示。第一条结果即为2022年通高等学校招生数，共计约1014万人。

图3-56 国家统计局首页数据查询板块

图3-57 国家统计局查数

单击第一条结果的"相关报表"按钮,可进一步查询到2022年各级各类学校招生数,包括普通高等学校、普通高中、初中等;另外,还可查询近5年、近10年或近20年的相关统计数据(图3-58)。单击指标左上4个按钮,可将数据报表调整为不同的可视化方式,有报表、柱线图、条形图和饼图4种(图3-59)。

图3-58 国家统计局查数结果

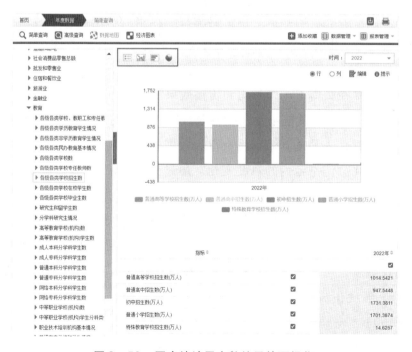

图3-59 国家统计局查数结果的可视化

3.5.2 社交数据

社交数据是指用户在社交媒体上发布的信息、互动和行为数据,如用户的状态更新、评论、点赞、分享、提及等。社交数据是社交媒体平台的重要资产,被广泛用于市场营销、社交媒体分析和研究。通过对社交数据的分析,可以了解用户的兴趣、偏好和行为,为企业提供有价值的信息和洞察。社交数据还可以用于评估社交媒体活动的效果、改善用户体验和优化社交媒体策略。

社交数据主要包括以下几种类型:①用户信息数据。包括用户的基本信息、注册信息、个人资料等。②发布数据。包括用户发布的状态更新、微博、帖子、文章等。③互动数据。包括用户之间的互动,如评论、点赞、分享、提及等。④行为数据。包括用户的行为数据,如访问记录、搜索记录、点击行为等。⑤情感数据。包括用户对特定主题或事件的情感倾向,如喜怒哀乐、情绪表达等。⑥地理位置数据。包括用户的地理位置信息,如用户所在的城市、国家等。

【例】以微博和微信为例。微博推出"微指数"指标来实时捕捉当前社会热点事件、热点话题等。微指数是对提及量、阅读量、互动量加权得出的综合指数,用于反映微博用户对特定话题或事件的关注度和讨论热度。微指数是由微博平台提供的一种数据分析工具,可以帮助用户了解特定话题或事件在微博上的影响力和传播效果。

而微信则推出"微信指数"指标来反映关键词在微信平台内的热度变化。微信指数是一种基于微信用户行为数据的分析工具,用于衡量特定关键词或话题在微信平台内的热度变化。通过分析微信用户转发、评论、点赞等行为数据,微信指数可以得出某个关键词或话题的受欢迎程度和影响力,以便企业和个人更好地了解市场趋势和用户需求。

假设要了解"考研"和"考公"两个关键词在微博上近一个月的关注度和讨论热度,可以使用"微指数",在"微指数"搜索框中键入关键词"考研",然后在结果页面点击"添加对比词"按钮,输入"考公"即可(图3-60)。

第3章 选择检索策略

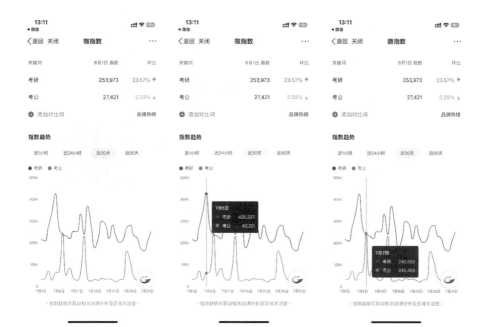

图3-60 微指数示例

假设要了解北京大学、清华大学和同济大学在微信社交网络中的影响力。首先进入"微信指数"小程序,直接搜索"北京大学",然后再在结果页面点击"添加对比词",依次输入"清华大学"和"同济大学",结果如图3-61所示。可以看出,清华大学和北京大学的热度远高于同济大学,且在7月上旬,北京大学的热度最高。

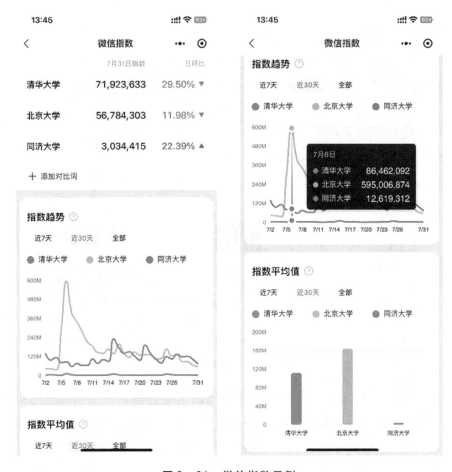

图 3-61 微信指数示例

3.5.3 影视数据

影视数据通常是指与电影或电视剧相关的各种数据，包括但不限于：①影片的基本信息。包括影片名称、导演、演员、上映日期、片长等。②影片的票房和收视率数据。这些数据反映了影片在市场上的表现，是评估影片成功与否的重要指标。③影片的评价和评分数据。这些数据通常来自观众和影评人的评价，可以反映影片的质量和受欢迎程度。④影片的相关新闻和报道。这些信息可以反映影片的制作过程、幕后故事以及影片对社会的影响等。

影视数据对于影视行业的从业者和研究人员来说具有重要的参考价

值,可以帮助他们了解市场趋势、评估影片的商业价值和艺术价值、制定营销策略等。

【例】假设想了解当下有哪些的热门电影,可以考虑使用猫眼票房分析获取票房的实时排行榜。点击进入猫眼票房分析（https://piaofang.maoyan.com/dashboard）,实时票房榜如图3-62所示。图左侧展示影片的名称、综合票房、票房占比、排片场次、排片占比、场均人次、上座率等信息;单击某一影片,还可查看该影片的今日详细信息和近日票房趋势等。

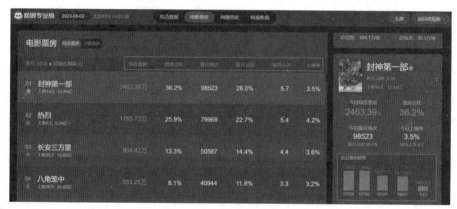

图3-62　猫眼票房分析

3.5.4　交通数据

交通数据是指与交通相关的各种数据,包括地图导航、火车时刻表、航班数据等静态交通数据,也包括交通流量、路段拥堵程度、交通事故等动态数据。交通数据可以通过各种传感器、监控设备和交通管理系统收集,用于交通管理和规划、交通安全研究和交通信息服务等方面。

交通数据的应用范围非常广泛。例如,交通管理部门可以通过分析交通数据,优化交通信号配时、路线规划等,提高交通流畅度和安全性;交通信息服务提供商可以通过分析交通数据,为驾驶员提供实时路况信息、避堵路线等,提高驾驶体验和安全性;研究人员可以通过分析交通数据,探究交通拥堵的形成机制、交通政策的效果等,为交通管理和规划提供决策依据。

【例】假设想利用腾讯位置大数据（https://heat.qq.com/bigdata/index.html）查询北京首都国际机场近1小时内的拥堵状况。可点击导航栏上的

"区域热力图"查看。选择省份为"北京市",区域为"首都国际机场",粒度为"60分钟",结果如图3-63所示。可以看出,近1小时内北京首都国际机场的人流量不大。假设还想查询北京首都国际机场近1小时内的人流量趋势,则可点击导航栏上的"位置流量趋势"查看,如图3-64所示。

图3-63　腾讯位置大数据区域热力

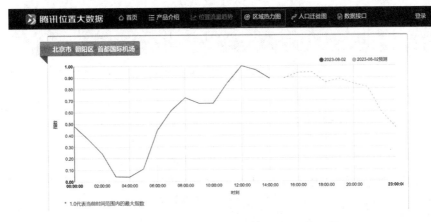

图3-64　腾讯位置大数据位置流量趋势

3.5.5　课程数据

课程数据是指与课程相关的各种数据,包括课程内容、教学方法、学习资源、学生表现、教学评估等方面的数据。这些数据可以用于改进教学质量、优化课程设计、提高学生学习效果等方面。

【例】中国大学MOOC（慕课）。中国大学MOOC是指由中国大学提供的在线课程,旨在为学生提供高质量的远程学习资源（图3-65）。这些课程涵盖了各个学科领域,包括计算机科学、数学、物理、化学、生物学、医学、经济学、管理学等。学生可以通过这些课程,获取来自中国顶尖大学的学习资源,提高自己的专业知识水平。

图 3-65 中国大学 MOOC 首页

中国大学 MOOC 的特点是免费、开放、在线。免费意味着学生可以免费获取这些课程的学习资源,不需要支付任何费用。开放意味着课程对所有学生开放,不论他们所在的学校、所在地区或国家。在线意味着学生可以在任何地方、任何时间通过互联网学习这些课程。

假设想找有关信息检索的相关课程,则直接在搜索框输入"信息检索",点击搜索按钮即可(图 3-66)。

图 3-66 中国大学 MOOC "信息检索"相关课程

【例】网易公开课。网易公开课是指由网易推出的在线课程平台，致力于为公众提供高质量的知识内容（图3-67）。该平台汇聚了来自世界各地的知名高校、机构和专家，涵盖了多个学科领域，如计算机科学、心理学、经济学、文学等。用户可以在这个平台上免费观看这些课程，从而获取丰富的知识资源。

图3-67 网易公开课

【例】Coursera。Coursera是一个大型公开在线课程项目，提供全球顶尖大学和机构的在线课程。它涵盖多个领域，包括计算机科学、数据科学、商业、人文学科、生命科学等。

Coursera的主界面如图3-68所示。

图3-68 Coursera

3.5.6 谣言识别

社交媒体的普及使网络谣言的传播速度和范围得到了极大的提升。谣言通常具有较强的迷惑性，难以有效地识别和验证其真实性；为了应对这种情况，可以通过获取信息来进行识别和验证。辟谣的平台或网站有网易新闻辟谣平台、腾讯新闻辟谣平台、谣言过滤器、科学传播网、中国食品辟谣网、谣言粉碎机和科普中国等。

【例】以"棉花肉松"为例，中国食品辟谣网发布了"肉松能燃烧，因为是棉花做的吗？"一文，否定了肉松是用棉花冒充的谣言（图3-69）。

图3-69　中国食品辟谣网

第4章 信息交流

创新必须建立在坚实的基础之上，天马行空的想法可能激发灵感，却离创新相去甚远。创新必须建立在广泛的基础之上，否则绞尽脑汁做出的"创新"可能只是闭门造车。开展广泛和深入的信息交流，有利于凝聚集体智慧，碰撞思维火花，从而提升创新能力。因此，开展信息交流是提升创新能力的基石。在历史的长河中，人类不断发展信息交流的技术和能力，形成了卓有成效的信息交流体系。其中，科学信息交流体系的进步，极大地提高了科学研究的效率，在客观上加速了科技发展的进程。

信息交流是若干学科共同研究的对象。通信学科关注信息的物理交流。从通信科学角度上看，技术进步主要体现在信息传递过程和信息交流媒介，它们都经历了深刻的变化。新闻传播学关注信息的人际交流，着重从人的角度揭示信息交流的本质。信息管理学在此基础上，更加关注信息交流体系，尤其是科学信息交流体系，其将信息资源作为一种重要的生产要素加以管理和利用。

本章共分为四节。第一节介绍信息交流的基本要素、基本过程、演变阶段和典型模式，从宏观上把握信息交流的基本特点；第二节以科学信息为核心，介绍科学信息交流，包括科学信息交流的重要意义、变革过程、经济模式和数字化进程；第三节以社群信息为核心，介绍社会信息交流，包括社会信息交流的基本分类、意见领袖的形成与识别；第四节以个人信息为核心，介绍个人信息交流，包括信息茧房、知识共享和社会网络。

4.1 信息交流的发展过程

4.1.1 信息交流的定义和要素

信息交流的本质是"共享一些符号"，这些符号代表信息并且双方都能理解。如图4-1所示，小孩的涂鸦是随机创作的，不代表特定信息，我们无法用它进行信息交流。如图4-2所示，美索不达米亚的楔形文字，它代表着一定的信息，但是如果交流的双方都不懂楔形文字，也无法利用它来传递信息。所以说，只有通过共同的符号，才能实现信息交流。

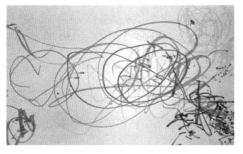

图4-1　小孩的涂鸦　　　　　　　图4-2　美索不达米亚的楔形文字

根据香农的通信模型，信息交流的实现需要具备一定的条件和要素。其中，包括信息发送者、信息接收者、交流渠道、符号体系、知识信息库和支持条件。

（1）信息发送者。也称信源、传递者，是信息的原始来源。

（2）信息接收者。也称信宿、受信者，是信息的最终接受者。

（3）交流渠道。即信息经过何种渠道传达到受信者。不论现代通信技术如何变化，信息发送者和信息接收者之间的通道就是双方的感官系统，包括视觉、听觉、味觉、嗅觉、触觉及平衡觉等，外界的技术系统都是这些感官通道的扩展、延伸和变换。

（4）符号体系。即信息传递时信息所依附的载体。例如，语言、文字、手势、表情、信物、烽火狼烟、绘画摄影、计算机二进制语言、电磁符号，同时还包括这些符号体系内部各元素之间互相联系与组织的方式及语法规则。

（5）知识信息库。即人脑知识信息的总称，包括各种知识或信息，是信息交流的最根本来源和最终归宿。

（6）支持条件。是信息交流得以实现的保障，包括自然条件、技术条件和社会条件。其中，自然条件包括空气、光波、电磁波等传导信息，技术条件包括通信技术、存储、处理技术，社会条件包括法律、经济、信息机构等。

4.1.2 符号体系

信息是抽象的,本身无法直接为人类所感知,只有通过符号体系来表达。符号体系包括符号本身以及符号之间的组织方式和语法规则。如表4-1 所示,根据是否由声音传递,符号体系可划分为有声符号和无声符号;根据是否构成语言,符号体系可划分为语言符号和非语言符号。

表4-1 符号体系的分类

分类	语言符号	非语言符号
有声符号	口语	声响、口哨、音乐等
无声符号	文字、旗语、灯语等人工符号	面部表情、手势、动作、舞蹈、服饰、气味、时间、空间、图形图像、美术作品等

语言是一种符号体系,语音、语法和词汇是语言的三大要素。按照是否有文字,语言可以划分为有文字的语言和无文字的语言。根据德国语言学家1979 年的统计结果,世界上查明有5651 种语言,其中有文字的语言根据法国科学院的推断约有2796 种,根据国际辅助语协会计算有2500~3500 种,可见世界上仍然有众多语言没有文字。汉语、英语、西班牙语、俄语、阿拉伯语、法语是世界上的主要语言,也是联合国主要的工作语言。文字种类示例如图4-3 所示。

信息的传递往往伴随符号体系的相互转换,而符号体系的转换过程需要依靠编码。编码(coding)是信息从一种形式或格式转换为另一种形式的过程。例如,字幕组对影视剧台词的翻译本质上是对两套不同的符号体系进行转换的过程。如果将人类的自然语言符号体系编码成非自然语言符号体系,则信息传递的过程中通常伴有解码(decoding)。图4-4 展示了北京邮电大学校园广场上由地砖铺成的摩斯码(即摩尔斯电码),利用摩斯码可以将拉丁字母转换成点和线组成的图案,借助摩斯码的编码规则对其进行解码,可将信息还原为自然语言,该图实际上展示的是北邮的校训"厚德 博学 敬业 乐群"。

第4章 信息交流

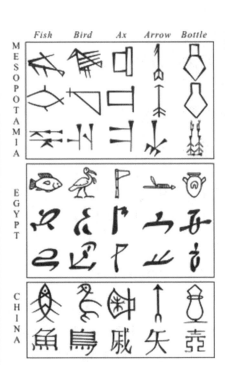

图中由上而下分别为美索不达米亚、埃及、中国的文字

图中为汉字

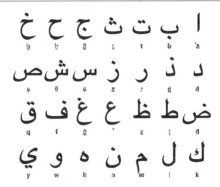

图中为阿拉伯字母

ABCDEFGHI
JKLMNOPQ
RSTUVWXYZ
abcdefghijklmn
opqrstuvwxyz

图中为拉丁字母

图中为斯拉夫字母

图4-3 文字种类

图4-4 北京邮电大学校园广场上的摩尔斯电码

对于人类的信息交流系统来说,存在着两个层次的编码活动,即初次编码和二次编码。初次编码是指人们用语言、文字及其他辅助性的非语言文字符号来表达一定的思想内容的过程,例如把思想内容用一段话或一段文字表达出来。二次编码是指为了有效地进行信息交流,人们还建立和发展出的多种通信系统。例如,在通信系统中利用某种机械装置把信息转换成适合在信道上传输的信号。

计算机编码是一种特殊的二次编码,是指计算机内部代表字母或数字的方式。常见的编码有表示英文的 ASCII 码,表示中文的 GB2312 码,表示台湾地区繁体字的 BIG5 码,可表示国际多种语言的 UTF-8 码等。其中,GB2312 编码收录简化汉字及一般符号、序号、数字、拉丁字母、日文假名、希腊字母、俄文字母、汉语拼音符号、汉语注音字母,共 7445 个图形字符,用双字节表示。Unicode 字符集编码(Universal Multiple-Octet Coded Character Set)支持世界上超过 650 种语言的国际字符集,允许在同一服务器上混合使用不同语言组的不同语言,支持现今世界各种不同语言的书面文本的交换、处理及显示。UTF-8(Unicode Translation Format-8)是 Unicode 的其中一个使用方式。计算机编码的最小单位是比特,0 或 1 就是一个比特。图 4-5 展示了 ASCII 码,即美国信息互换标准代码,利用 8 位二进制数一共可以表示 256 个常用字符。

图4-5 美国标准信息交换代码表

4.1.3 信息交流媒介的演变

信息媒介是指信息发出者与信息接收者之间传递信息的物质,包括两个要素:①包容媒质所携带信息的容器,如书、相片、录音磁带、电影胶片等;②用以传播信息的技术设备、组织形式或社会机制,如驿马、电报、电话、传真等。

信息媒介的两种要素都经历了重大变革,两种要素的变革不一定同时发生,但是经常会共同发生。就包容信息的容器而言,早期人类还没有语言的时候,就像黑猩猩那样,通过比画手势(图4-6)、表情和叫声(图4-7)来传递简单的信息,逐渐形成了口语。但是,信息无法实现异步传递,如果对方不在,怎么传递信息呢?史前人类想到了在岩壁上刻画图案(图4-8)。

岩壁上的图像无法移动不便传递,于是人们想到将图像刻到可移动的物件上,龟甲和兽骨成为早期刻画的对象。随着生产生活水平的提高,刻画的对象不断变化,刻画的形式也不断变化。在周朝,刻画的图像经过抽象逐渐形成象形文字,而刻画的材料已经进步成为青铜器。战国时期,我

图4-6 黑猩猩比画手势传递信息

图4-7 黑猩猩表情和声音传递信息

图4-8 早期人类在岩壁上刻画图案传递信息

国流行使用竹简制成的书,相比青铜器,竹简便于携带。学富五车被用来形容人的知识渊博到五辆车都装不下,实际上五车的竹简,用今天动辄几十万字的著作来比,信息量并不大!也正是因为用了竹简,古人的阅读习惯是从上到下,从右到左。时间来到汉朝,国人发明了纸张。纸张轻便,成为沿用至今的信息容器。

　　除了传递信息的容器不断发展以外,传递信息的技术设备、组织形式和社会机制也在不断迭代创新。以纸张为信息承载的容器,需要进行物理传输,效率相对较低。为了提高传递书信的效率,古人通过驿站和快马来传递重要的书信(图4-9),此外还创造性地利用飞鸽来传书。飞鸽传书的原理是利用鸽子回巢的本能,当一只鸽子从长久定居的地方被带到另一个陌生的地方,鸽子可以利用磁场找到回家的路(图4-10)。因此,飞鸽传书实际上是单向传递，不能用送信来的鸽子再把信送回去，鸽子用掉一只就少一只。那么八百里加急和飞鸽传书用于信息交流哪个更快呢？答案是鸽子，但是鸽子不靠谱，它可能会迷路，可能会被老鹰捉去吃掉，还可能被敌人用箭射死。因此，飞鸽传书一般只用于私人通信，军事情报还得靠驿站快马。根据史料记载，唐朝发生安史之乱时，从河北保定到陕西西安全长1100千米，用快马加急，唐玄宗在六天内就知道叛乱发生了。

图4-9 快马传递信息　　　　图4-10 飞鸽传书

近现代以来，人们学会了使用光纤和电磁波进行信息交流，速度达到光速（约30万千米/秒）。借助基于电磁波的通信网络，人们在地球上任意两点可以进行视频通讯，形成了名副其实的地球村（图4-11）。

图4-11 光纤及电磁波信息交流

电磁波通信是信息交流的极限了吗？从地球到月球，距离38万千米，电磁波信号要走2秒多，在月球上的宇航员别说游戏玩不了，打个电话都卡死机。火星就更远了，1亿千米，延迟高达5分钟。2016年，我国发射了世界上第一颗科学实验卫星"墨子号"，引爆了公众对量子科学的兴趣（图4-12）。2021年1月7日，中国科学技术大学宣布中国科研团队成功实现了跨越 4600 千米的星地量子密钥分发，标志着我国已构建出天地一体化广域量子通信网雏形。量子通信的时代即将到来。

图 4-12　墨子号

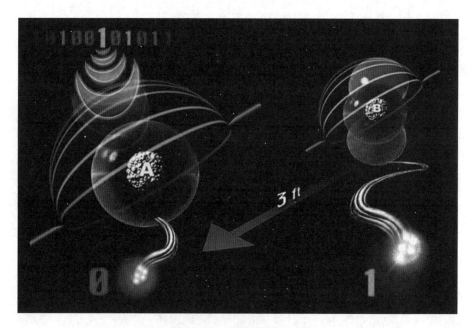

图 4-13　量子纠缠示意

量子通信的基础是量子纠缠，在微观世界，存在着神奇的"量子纠缠"现象，处于纠缠态的两个粒子 A 和粒子 B，不管距离多远，只要粒子

A 是上旋，粒子 B 必定同时是下旋，如果粒子 A 下旋，粒子 B 必然同时上旋（图 4-13）。我们用上旋表示 0，下旋表示 1，就可以实现超远程传输。可惜的是，根据量子力学的测不准原理，粒子 A 的自旋状态是完全随机的，我们无法控制，也就是我们无法按照我们的心意让粒子 A 呈现出上旋或下旋的状态，所以无法直接利用量子纠缠现象传输有用信息。实际上，量子通信并没有超越光速，而是用于使得信息交流更加安全。

4.1.4 信息交流的基本模型

信息交流的基本模型揭示了信息交流的过程，通信工程、大众传播和信息管理从各自的学科角度提出了独特的信息交流模型。

通信工程中最著名的是申农-韦弗的信息交流模型（图 4-14），该模型将人际传播过程看成单向的机械系统。这个模式起初是为了技术领域开发的，但是在技术领域之外，也有重大而广泛的应用。噪音的引入是一大优点，是指一切传播者意图之外对正常信息传递的干扰。申农认为，加大信息量的两个基本方法是：一是扩大信道容量，加强传输信息的能力；二是减小噪音干扰，保证有效信息顺利通过。

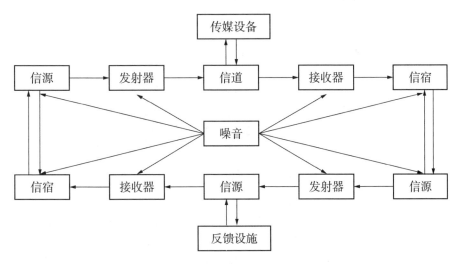

图 4-14 申农-韦弗的信息交流模型

大众传播领域最经典的是拉斯韦尔的 5W 模式（图 4-15），也称为信息交流的政治模式。5W 模式正确指明了传播学研究的主攻方向，使传播学主力军把主要精力用在考察、研究传播过程的基本要素上，取得了丰硕的成果,为整个传播科学的发展奠定深厚扎实的基础。这个模式阐释了传播的主要环节,详细科学分解了大众传播的过程,奠定了传播学研究的范围和五大基本领域,即"控制分析""内容分析""媒介分析""受众分析""效果分析"。这个模式是在美国战时宣传研究最为鼎盛时期提出的,带有一定的政治传播的宣传模式,含有传者中心论的控制观念。

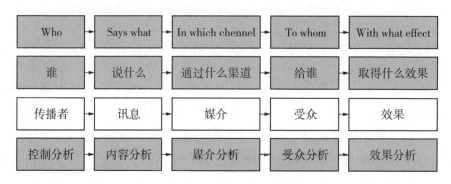

图 4-15 拉斯韦尔的 5W 模式

信息管理领域最经典的是米哈依洛夫的科学交流模式(图 4-16),科学交流可归纳为两大基本形式:①非正式交流,如直接对话、参观、科技展览、口头演讲、交换书信、出版物预印本等(直接交流);②正式交流,如专门机构、科学出版物、图书馆、企业对外宣传等(间接交流)。文献信息交流是当代信息交流的最重要的形式。

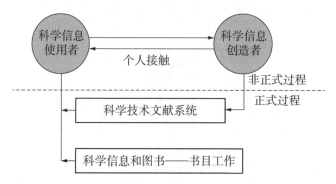

图 4-16 米哈依伊洛夫科学交流模式

4.2 科学信息交流

邓小平同志提出，科学技术是第一生产力。当今各个社会领域的发展，都充分依靠科学技术的进步。在农业领域，当代农业的增产增收，不仅依靠农民勤劳的双手，而且依靠机械的规模化动作，更要依靠农业科学的不断进步。在军事领域，当代国防事业，不仅依靠千军万马的斗志，而且依靠现代化的武器装备，更要依靠包括卫星通信、核武器等高新技术的不断创新。

科学已经进入了大科学时代，只有通过科学信息交流，全世界的科学家才能协同合作，不断取得新的突破。科学信息交流与国家安全的密切联系体现在：科学信息交流是国防科技发展的保障，对一国的技术封锁经常表现为科技情报的封锁，阻碍人才交流是阻碍科学信息交流的重要手段。

4.2.1 科学信息交流与国家安全

4.2.1.1 阻碍科学信息交流是封锁科技进步的主要手段

大国之间的竞争，主要是科技的竞争。为了赢得竞争优势，最直接有效的策略是，封锁对方的科技发展。而封锁科技发展的有效策略是封锁科学信息，阻碍人才交流和科技情报交流是阻碍科学信息交流的两个主要手段。

2018年11月，美国司法部发起了"中国行动计划"。从2013年到2016年，美国司法部没有任何指控个人为中国从事间谍活动的案例。然而，自从美司法部祭起"中国行动计划"大旗后的两年多时间里，它对参加中国高校或科研机构合作的科研人员，包括美国本土科学家和华裔科学家，已经提起至少23起刑事诉讼，其中5起涉及商业秘密、1起涉及经济间谍。其中大部分案件最后都是以虚假陈述、电信欺诈，甚至虚假纳税申报的罪名宣判的，如哈佛大学利伯案、麻省理工陈刚案，以及爱默里大学李晓江案等。这些案件中，又以麻省理工陈刚案最具有标志性。陈刚是美国工程院院士、麻省理工学院机械工程系主任，在学术界举足轻重。陈刚教授被调查和起诉，表明美国已经没有底线。美国联邦调查局声称，FBI

手中已有2000多项针对中国的调查，几乎平均每10小时就开启一个涉华"反间谍"案件。

2021年5月，美国提出了"无尽前沿法案"，禁止任何参与由中国资助的人才计划的美国科学家获取联邦资助。这些科学家"在可能的范围内"也将被禁止使用同事的资助支持进行工作，或从所在机构的其他任何联邦资金中受益。

2020年11月27日，伊朗核武计划之父法赫里扎德遭到暗杀（图4-17），整个暗杀计划全程远程操控，被伊朗定性为"恐怖主义行动"。

图4-17　伊朗科学家法赫里扎德遇袭身亡

美国不仅通过调查科学家来阻碍正当前沿科学交流，还通过封禁科研工具和操纵学会协会造成科学交流困难。2019年5月，在美国政府的政令下，IEEE禁止华为员工参与学会事宜，切断了华为与世界前沿学术研究的联系与交流。如果华为的研究人员在学术界丧失影响力，当商讨制定未来的各项国际标准时，来自华为的话语权就会逐渐降低，这对于公司的未来业务发展有着直接影响。2020年5月，PubMed作为全球最大的生物医学数据库，封禁了我国数家基础研究机构的访问权，不能获取最新研究成果，相关研究就很难找准方向。2020年6月，Matlab对哈尔滨工业大学和哈尔滨工程大学禁用，我国已经先后有13所大学被美国列入所谓的"实体清单"，正常的教学科研工作受到了影响。

4.2.1.2　保障科学信息交流的信息资源体系

如何避免科学信息闭塞导致的落后情况呢？中华人民共和国成立以后相当长一段时间，中美处于敌对状态，中国的科学信息交流遭到全面封锁。1956年，在周恩来总理的指导下，成立了中国科技情报所，也就是现在中国科学技术信息研究所，开展科学信息的保障工作。各个省市都陆续成立了情报所，情报所体系、图书馆体系和档案馆体系成为保障我国信息资源的三大体系。

除了采用各种手段获取科学信息外，还要通过谈判和对话来增强互信。科学信息交流是一种双向的共同需要，畅通科学交流渠道是互利共赢的事情，人为阻断与大趋势相悖。

4.2.2　科学信息交流的四代变革

一般认为，科学信息交流经历了四个阶段，分别是讲学时代、书信时代、期刊时代和互联网时代。

4.2.2.1　讲学时代

在讲学时代，圣人招收门徒，口头传道。为了交流科学信息，只有当面拜访，或者定期集会。这一阶段，很少有我们现代定义上的科学家，他们被统称为哲学家。可想而知，由于科学信息交流不畅，欧洲大陆、印度、中国、西亚的文明各自独立发展。一些科学发现往往通过战争和商贸，在不经意间得到传递。

4.2.2.2　书信时代

在书信时代，科学家的新发现都要编写成著作来发表。信件用来沟通思想，但是不作为正式用途。书信交流比当面交流更加方便，但是由于图书存在较长的出版周期，信息交流效率不高，甚至会造成优先发现权的争议。例如，1666年牛顿在计算天体轨道时，最早有了微积分的思想，但是不知出于什么原因，一直没有公开发表。十年后，莱布尼茨从几何学切线面积问题发散，提出了同样的数学理论，并率先发表。又过了十年，牛顿在所著的《自然哲学的数学原理》一书中，才正式发表了微积分。这造成了牛顿和莱布尼茨之间围绕微积分的发明权归属展开了长达数十年的争议。

4.2.2.3　期刊时代

在期刊时代，随着研究成果数量的增加，篇幅更短的论文出现了，这加速了科学发现的传播和交流。世界上第一本学术期刊,是1665年英国伦敦皇家学会创办的《哲学汇刊》。自从发明期刊以来,科学发现的优先权问题就得到了解决,学术界规定最早发表论文的学者拥有首发权。期刊极大地促进了科学信息交流,期刊的数量不断增加,我国的科技期刊总数达到5000余种。

4.2.2.4 互联网时代

在互联网时代,通信技术的发展和互联网平台的崛起,使得科学交流的效率极大提升。理论上,学术成果一经完成就能通过互联网发布,全世界的同行立刻能够看到。预印本系统是互联网时代科学交流系统之一。Arxiv(www.arxiv.org)是典型的预印本系统,由康奈尔大学维护,最初用于物理学论文交流,现在已经发展成多学科的预印本首发平台。论文完成以后可以首先发布在预印本平台上,不影响论文的投稿,但是能让同行迅速看到论文,具有争取首先发现权的作用。

互联网时代的科学信息交流还需要期刊吗?目前来看是需要的。运行了近400年的期刊交流体系,承担着质量控制、科研管理、储藏保存等诸多功能。在互联网时代,学术期刊与时俱进步入电子化,但是远没有消失的迹象。

4.2.3 科学信息交流的经济模式

4.2.3.1 传统经济模式

天下没有免费的午餐,科学信息也不例外。谁在为科学信息买单呢?在古代,科学是少数人的爱好。直到近代,科技发展与国家兴衰紧密相连,科学研究才得到了系统性资助。第二次世界大战以后,各国政府均加大科技研发力度,引发科技文献大爆炸。时至今日,为科学信息买单的主要是政府财政支出。

高校和科研院所是科学信息的主要购买方,购买的主要目的是服务于科学家。以学术论文为例,从中国知网下载一篇论文的价格在十几元到几十元不等,从斯普林格下载一篇外文论文的价格可以高达几千元甚至上万元。高校和科研院所每年需要支付高昂的订阅费用以获取访问学术数据库的权限。

高校和科研院所同时是科学信息的主要生产方,科学家无疑是学术论文的主要产出者,需要向出版商支付出版费用。以学术论文为例,大部分学术期刊需要向作者收取版面费,并且要求作者将版权转让给期刊。一些知名外文期刊的版面费高达数万元,科学家往往利用国家资助的项目资金来支付。

如图4-18所示,科学信息交流本质上是科学家之间的交流,用于交流研究结果,促进知识发现,互相不收费。但是,在现实世界里,科学信息交流需要通过出版商渠道,科学家把论文发表在期刊上,期刊归出版商所有,发表的时候缴纳版面费,看论文的时候缴纳订阅费。所以出版商面向交流科学信息的科学家双向收费,并且获取了论文的版权,实现了对科学信息的垄断。学术出版商在复杂的科学信息交流体系中,承担着论文的排版、存储、分发等多环节的任务,对提高科学信息交流效率具有重要作用,但是随着出版商权利的扩大,不少学者开始担忧科学信息交流将最终受到商业利益的制约。

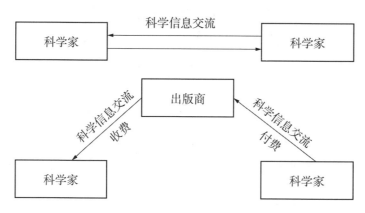

图4-18 科学家、出版商信息交流模型

4.2.3.2 开放存取模式

开放存取(open access)的提出和发展,提供了一种新的科学交流经济模式。选择开放存取模式时,由作者或者其他资助方一次性支付出版费用,成果免费向所有人开放。开放存取背后的理念是:第一,科学知识是全人类的共同财富,理应被所有人免费获取;第二,科学知识主要由政府财政资助,不应再对纳税人收费;第三,科学知识只有通过无条件的共享,才能最大限度地被利用、激发新的知识创造;第四,科学知识的所有权属于发现它们的科学家,进而属于全人类,不应垄断在出版商手里;第五,科学信息交流的实际成本远低于出版商收取的费用,科学信息交流不应作为谋利的手段,在科学信息交流上的费用应大致反映实际的交流成本。

开放存取历经几十年的发展,成为一种重要的经济模式,但是由出版商主导的传统经济模式仍然占据重要地位。主要有以下一些原因。

(1) 传统学术出版体系已经有几百年的历史,非常成熟、可靠。不论是科研人员还是管理部门,都适应了这套体系。例如,并非所有作者都能付得起开放存取费用,因为开放存取费用往往高于传统的版面费。同时,由于机构承担了订阅期刊的费用,一线科研人员不用支付文献获取的费用,对经济模式的关注不够。

(2) 出版商作为既得利益者,一方面宣传传统的经济模式更有优势,另一方面利用开放存取继续牟利,提供开放存取的选项,但是定价高昂。

(3) 开放存取的科学信息交流缺乏创新。科学信息交流需要不断创新去提高交流效率,开放存取缺少商业利益驱动,在创新方面的研发明显不足。

(4) 国家利益的冲突。科学研究是各国财政资助的,而开放存取对所有国家的用户免费,从国家角度上看存在一定的利益冲突。例如,美国政府资助的研究成果理应对美国人免费,但是对其他国家不一定要免费。

4.2.3.3 呼吁兼顾效率和公平的经济模式

尽管学术论文的产出者是科学家,但是学术论文的知识产权主要归出版商。这意味着即使科学家利用自己的论文,也需要支付费用。为了让更多的科学家,尤其是欠发达地区和无力支付费用的科学家免费使用科技文献,网络上涌现了一些通过各种途径收集和免费提供文献的平台。其中,由 Alexandra Elbakyan 创立的 Sci–Hub 影响最大。Sci–Hub 由于侵犯了出版商的知识产权,遭到许多国家出版商的起诉,但是仍然坚持运转。Sci–

Hub 采用多种技术手段绕过封禁，帮助了许多存在文献获取障碍的研究人员。尽管它符合科学信息开放共享的精神，但是在法律框架下属于侵犯知识产权的行为，将被追究法律责任。

我们需要更好的经济模式来合法合理地实现科学信息的共享，既能保障科学信息交流的效率，又能兼顾科学信息交流的公平。在互联网时代，科学信息交流的成本降低，并且走向智能化，我们需要创新性地改善科学信息交流服务，提高科学信息交流效率，同时维护科学信息的开放和共享，积累全人类共同的知识财富。

4.2.4 科学信息交流的数字化进程

万维网是当代互联网的主体，世界上第一个 Web 网页诞生于 1990 年 12 月，由蒂姆·伯纳斯·李（Tim Berners-Lee）与罗伯特·卡里奥（Robert Cailliou）创造。万维网起源于科学界，最早用于欧洲粒子物理研究所科学家之间的通信。但是，当互联网在商业领域大放光彩、步入智能化的时候，在科学界的应用进程却相对缓慢。

在信息检索领域，科学信息像一艘巨轮，期刊体系仍然是科学信息交流的主流体系，就好比 20 世纪 90 年代的目录式信息检索，在科学以外的领域，标签式检索、智能化检索早已成为主流。理论上，期刊用于科学信息交流已经过时，科学家不需要再通过阅读期刊目录去找到自己感兴趣的论文。我们日常使用的各种资讯 App，如今日头条、抖音，或者购物平台，如京东、淘宝，都非常准确地推送着信息或商品，科学信息的检索和推荐还没到达令人满意的程度。

在互联网时代，学术成果不一定通过论文形式发表，可以通过更加丰富的形式出版。例如，关于实验过程，文字形式的论文并非最佳的呈现形式，录制视频让读者看起来更加直观。*Journal of Video Experiment*（图 4-19）正是这样一种视频类期刊，把生物学实验、医学实验的过程用视频记录下来，这让读者更容易参照去开展操作。此外，学术成果的表现形式还有案例、访谈、数据集、软件、标准，甚至博客、在线课程等。

图 4-19　*Journal of Video Experiment* 界面

科学交流的六大环节是发现（discovery）、分析（analysis）、写作（writing）、出版（publishing）、宣传（outreach）和评价（assessment），在互联网时代每个环节都积累了许多小的创新，但是科学交流的主体面貌还没有改变。

4.2.5　科学信息的计量与评价

在信息的测度方面，引入熵的概念后可以对通信的信息量进行准确的计算。例如，比较一本 50 多万字的《史记》和一本 80 万字的《圣经》，哪一个信息量更大？这不是简单地由篇幅和字数来决定的，还要看文字里包含的信息量。信息量与不确定性有关，假如我们对一件事物一无所知，就需要大量的信息才能理解这个事物；相反，如果我们对某个事物已经有了前期了解，就不需要太多的信息去搞清楚它。所以，信息减少了事物的不确定性。

信息量等于所减少不确定性的多少。例如，这一届世界杯足球赛，假设我错过了观看，赛后问一个知道比赛结果的观众，哪支球队是冠军？他不愿意直接告诉我，而让我猜，每猜一次，要收一块钱才肯告诉我是否猜对了。那么，要掏多少钱才能知道哪支球队是冠军呢？一共有 32 支球队，编号为 1~32，我会问冠军在 1~16 号吗？假如他告诉我猜对了，就接着问冠军在 1~8 号吗？假如他告诉我猜错了，我就知道冠军在 9~16 号中。

按照这样的方法，只需要 5 次，就能知道哪支球队是冠军。所以，谁是世界杯这条消息的信息量值 5 块钱。

在实际测量信息的时候，单位不是用钱，而是用比特（bit）。在猜世界杯冠军的例子当中，这条信息的信息量是 5 bit。但是，有人会发现实际上不需要猜 5 次就能猜出谁是冠军，因为像西班牙、德国、巴西、意大利这样的球队夺得冠军的可能性要比日本、南非、韩国等球队大得多。因此，第一次猜时不需要把 32 支球队平均分成两组，而是把最可能赢的球队分成一组，把其他球队分到另一组，然后猜冠军球队是否在那几支热门球队中。这样，也许 3 次或 4 次就能猜出结果。所以，当每支球队夺冠概率不等时，"谁是世界冠军"的信息量比 5 bit 少。香农指出，它的准确信息量计算公式应该是：

$$H = -(p_1 \times \log p_1 + p_2 \times \log p_2 + \cdots + p_{32} \times \log p_{32})$$

其中，p_1，p_1，$\cdots$，p_{32} 是这 32 支球队夺冠的概率，H 就是信息熵。

有了熵这个概念，就可以回答一本 50 万字的中文书平均有多少信息。我们知道，常用的汉字大概有 7000 字，假如每个字使用的概率相等，那么大约需要 13 bit 表示一个汉字，但实际上汉字的使用频率不是均等的，使用量排名前 10% 的汉字占常用文本的 95% 以上。如果只考虑每个汉字的独立概率，那么每个汉字的信息熵大约只有 8 bit。再考虑上下文的相关性，每个汉字的信息熵就只有 5 bit 左右。所以，一本 50 万字的中文书，信息量大概是 250 万 Bit，采用较好的算法进行压缩，整本书可以存成一个 320 kB 的文件。

在测度科学信息交流时，更常用的方式是借助文献这个载体来计量，因为单纯通信角度的信息量在科学交流中没有太大的意义，在科学信息交流中文献常常是最小的交流单位。例如，全球论文发表的数量不断增长，反映了科学信息的增长。利用合作发表论文的情况，反映科研合作的趋势。利用论文被引用的情况，反映科学信息的影响力。

4.3 社会信息交流

在科学信息交流之外，我们把非科学信息交流划分为社会信息交流和个人信息交流。其中，社会信息交流在许多情况下表现为社区信息交流。纵观我国在线社区的发展历程，可分为雏形（1991—1996年）、第一代在线社区（1997—2002年）、第二代在线社区（2003年至今）三个阶段。第一代在线社区以西祠胡同、天涯社区等为代表，第二代在线社区的典型代表是各种社交网站，如新浪微博、微信朋友圈，充分融入Web2.0的技术架构。

4.3.1 社会信息交流的广泛性

人是社会的人，社会信息交流无处不在。社会信息交流包括组织信息流和大众信息流。每个人都生活在各种各样的组织中，例如学生们在微信中设置了不同的分组，有家庭群、班级群、社团群、爱好群，这些都是所处的组织，在组织中开展信息交流形成了组织信息流。每个人都会接收到各种媒体传播来的信息，例如，学生们听国际新闻，追知乎热点，看微博话题，这些都形成了大众信息流。

大众信息流的来源又可分为大众媒体和社交媒体，常见的大众媒体有广播、电视、报纸等，常见的社交媒体有知乎、微博、微信等。其中，来自社交媒体的大众信息流与组织信息流密不可分，因为社交媒体上通常会形成特定的群组。

4.3.2 社会信息交流中的意见领袖

在大众媒体时代，社会信息交流是点对多的交流。例如，全国人民围坐在电视机前观看春节联欢晚会，这时只有中央电视台作为信息的发出方，观众只能作为信息的接收方。步入社交媒体时代，社会信息交流是多对多的网状交流。例如，微博上的信息网络中，每个人既可以作为信息的发出方，也可以作为信息的接收方。这正是Web2.0时代的典型特征，以用户产生内容（UGC）作为标志，因此也被称为草根时代、平民时代。

4.3.2.1 意见领袖的类别

但是在社交媒体的 Web2.0 时代，实际上仍然存在社会信息交流网络的主导者，他们通常被称为意见领袖（opinion leader）。意见领袖是指在信息传播过程中对大众具有较大的引导力和影响力，直接或间接地影响大众观点的倾向与形成的人。社交网络中的意见领袖在商业营销、政策宣传、舆情监控、社会公共问题等领域有重要价值。

意见领袖可以分为三类[①]，观点型意见领袖、群体型意见领袖和事件型意见领袖。观点型意见领袖具有一定的专业性，掌握了一个或多个领域一定的专业知识，拥有较为权威的背景和丰富的经验。在相关的网络社区中，他们的观点往往能被多数人认可。群体型意见领袖可能不是在某一领域的专家，但是他们拥有丰富的信息资源和广泛的关注度。例如，一些官方媒体或自媒体账号，他们凭借高超的信息整合能力也能形成较为专业内容而被大众广泛接受。事件型意见领袖是某个热点事件的主体或与之相关的人。他们可能不具备专业性，但因为他们处于热点事件之中从而拥有广泛的关注度，他们的观点、行为同样对大众拥有极强的影响力，只是这种影响力具有一定的时效性，大多会随事件热度的降低而逐渐消失。

4.3.2.2 意见领袖的识别方法

意见领袖在社会信息交流中具有重要作用，可以通过一些方法来识别他们，这里主要指识别观点型意见领袖和群体型意见领袖。

（1）基于评分规则的方法。这种方法通过选择不同类别的指标反映用户的影响力，根据用户信息选择特征信息，构建评分规则，打分得到用户得分，最后排序识别出意见领袖。例如，在新浪微博中，可以从用户历史活跃度、微博历史传播力、用户和可信度四个一级指标去反映用户作为意见领袖的影响力。

[①] 郭奕、徐亮、熊雪军：《社交网络中意见领袖挖掘方法综述》，载《计算机科学与探索》，2021 年第 11 期，第 2077 - 2092 页。

表4-2　新浪微博平台意见领袖识别的指标体系（示例）

一级指标	二级指标	指标数据说明
用户历史活跃度	用户原创微博活跃度	单位时间内原创微博的数量
	用户转发微博活跃度	单位时间内转发微博的数量
微博历史传播力	用户粉丝数	用户拥有的粉丝数
	微博平均被转发数量	用户历史微博平均被转发数量
	微博平均被评论数量	用户历史微博平均被评论数量
	微博平均被点赞数量	用户历史微博平均被点赞数量
用户可信度	用户身份认证	用户是否获得微博认证
	用户信息完整度	用户基本资料完成程度

（2）基于社交网络图的方法。这种方法根据用户信息构建社会网络，利用社会网络的测度指标来计算节点用户的重要性，从而识别出意见领袖。在计算重要性的过程中有四种基本的网络指标，分别是点度中心性、中介中心性、接近中心性和特征向量重要性。

（3）基于影响传播模型的方法。挖掘意见领袖的目的就是希望发挥其影响力，尽可能多地去影响他人，最大化影响范围。如果能刻画出一个人的影响力范围，那么影响范围大的则可以认为是意见领袖。因此，意见领袖的挖掘可以看成是一个影响最大化问题，也就是尝试在网络中找出在网络中的影响范围最大的定数目的节点，然后认定这些节点为意见领袖。第一步，基于用户信息构建社交网络，与前面基于社交网络图的构建相同，但是一般构建有权有向图；第二步，选择一个传播模型来确定信息传播规则；第三步，设计算法实现传播模型，模拟消息在社交网络中传播，以此寻找影响范围最广的节点，将它们视作意见领袖。

4.3.3　基于区域链的信息交流机制

互联网上的社会信息交流看似是点到点的，实际上受到中心节点的控制。例如，利用社交软件的即时通信，消息不是直接发给你的朋友，而是经过软件公司的服务器。斯诺登曝光的美国"棱镜计划"显示，美国利用谷歌、Facebook等科技公司和电信公司铺设的通信网络，对美国民众乃至其他国家政要进行广泛的监听。2018年，Facebook公司将5000万用户的资料泄露给剑桥分析公司（Cambridge Analytica），表明社会信息交流最终垄断在这些巨型科技公司手中。

如何保障用户交流的信息掌握在用户手中呢？区块链技术的去中心化特点有望达成这个目标。区块链技术被认为是继大型机、个人电脑、互联网、移动/社交网络之后计算范式的第五次颠覆式创新，是人类信用进化史上继血亲信用、贵金属信用、央行纸币信用之后的第四个里程碑①，具有去中心化、时序数据、集体维护、可编程和安全可信等特点。

中心化本身并不总是有害的，文明各个层面和阶段出现中心化有其必然性，而一代一代的新技术并不是消灭中心，有一些是增强中心的能力和范畴，比如人工智能和互联网技术，另一些是约束了中心的作恶可能，比如密码学技术和互联网技术。人类文明可以从动物世界脱颖而出，都得益于中心化不断扩大的规模和中心化不断提高的能力。其本质原因是生产力低下可以通过中心化来提高效率，减少摩擦将为数不多的生产力充分发挥出来。当需要生产力发挥到极致的时候，中心化的优势就尤为明显，例如战争时期。中心化现在常被看成是不好的东西，其实是因为当效率不再是瓶颈的时候，中心化的负面作用就凸显出来了：中心化可能会伤害公平。包括区块链在内的去中心化的应用试图给出这样一个答案，用底层架构的去中心技术，来约束其上可能出现的业务中心、权力中心、资源中心对公平性的伤害。②

社交媒体信息交流去中心化社交网络平台③。由于区块链的能力，用户对于将什么数据设置为私密，什么数据可以公开放到区块链上有更多的话语权。所有的数据都会上链，但是用户的私密信息会加密并且只可以由用户自己解开。当用户决定分享更多信息的时候，可以让朋友或者第三方App权限解开数据，因此用户可以完全掌握谁可以获得相关数据。消息发布和数据分享更严格的准则意味着用户获取的信息更加可信。

---

① 袁勇、王飞跃：《区块链技术发展现状与展望》，载《自动化学报》2016年第4期：第481-494页。
② 参见 https://www.zhihu.com/question/64983642。
③ 参见 https://www.jinse.com/bitcoin/183871.html。

4.4 个人信息交流

在发达的互联网社会,学生们每天面对看不完的讯息。信息的摄入和营养的摄入一样需要均衡,我们需要消费健康的信息去维持精神上的健康。

4.4.1 走出信息茧房

个人信息交流中存在信息窄化现象,在丰富的网络信息面前,当信息超出个人处理能力时,会启动内心的保护机制,或者借用外部的技术手段帮助自己接收想要的信息,避免接收不想获取的信息,逐渐形成像蚕茧一样的信息茧房,导致了信息窄化的现象。根据桑坦斯的定义①,信息窄化是指用户只关注自己选择的信息和让自己快乐的信息,而拒绝接收其他信息。长此以往,用户就等同于将自己封入了类似蚕茧一样的封闭环境中,导致信息接收深度和广度的下降。

4.4.1.1 信息茧房的成因

信息茧房的成因是多方面的,既有外部环境的影响,也有用户自身的原因。

(1)信息过载的社会环境驱动。在互联网时代,信息以光速传递,甚至可以看到实时的现场直播,这让信息关联变得唾手可得。即使是再小众的事件或者偏好,总能轻易地找到相同或相似的一类。所以,即便是不健康的爱好,也总能找到一群同好者,从而找到自己的舒适圈。

(2)互联网时代的大数据推荐。互联网积累了用户各方面的数据,事实上可能做到比用户还要了解自己。在网络智能算法的逻辑下,每个用户被打上了不同的标签,包括喜好和习惯的类别,根据不同的标签进行内容推荐,从而使得推荐的内容持续被用户消费,这容易导致用户长时间浏览上瘾。

---

① 凯斯·R.桑斯坦:《信息乌托邦》,法律出版社2008年版。

（3）用户不愿离开自身的舒适区。从用户自身的角度来看，绝大部分用户懒于思考，喜欢随意地找自己最熟悉、最省事的信息来源，比如点击百度热搜而不是阅读《人民日报》。绝大部分用户喜欢让自己快乐的信息，而不去审视这些信息是否有营养，因此，非常心甘情愿地让程序为自己选择信息。

4.4.1.2 信息茧房的危害

智能时代的大学生喜欢追求新技术、新思想，但是受到年龄、心理和社会经验的制约，还没有形成良好的自我管理能力，容易受到信息茧房的影响。

（1）信息茧房会加剧对网络媒介的依赖。高校大学生通过网络媒介接收和传播信息是常态，如果对网络媒介使用不当，就容易被信息所控制和迷惑，加剧对网络媒介的依附性，将自己困在网络媒介营造的虚拟环境中，筑起属于自己的信息屏障。

（2）信息茧房会加剧信息获取的碎片化。碎片化信息可以随时随地去利用碎片时间学习，但是呈现的信息往往不完整，容易导致大学生接收信息时不能看到事物的全貌，容易陷入有限的思考维度。接收碎片化信息一旦成为习惯，用户会倾向于接收大量类似的碎片化信息。

（3）信息茧房会导致信息接收视野狭隘。过去受众容易被媒介设定的信息牵着鼻子走，在智能时代，人们似乎可以选择自己接收的信息，但是由于看到的都是定制和筛选后的信息，也没法扩大知识面，接触信息的范围越来越窄，眼界会越来越小。

（4）信息茧房会导致思维定式，削弱创新力。创造性思维是人类进行创新性活动的基础，也是人类思维的最高表现形式。大学生获取信息的最终目标是为了创造出新信息和新知识，处在信息茧房中的大学生容易盲目点击智能平台推送的信息，将思维活动局限在一定的思维空间，不利于激发思维创新活力。

总结来看，信息茧房会带来许多危害：容易导致自我封闭，滋生极端观点；容易导致小团体的形成，以及小团体内部的从众现象，出现群体极化，社会黏性下降；妨碍真正民主的实现。

4.4.1.3 信息茧房的破解

信息茧房的破解，通常要内外联合。但是，人的心理、认知和行为习惯是内因的决定性因素，因此破解信息茧房的关键在于提高信息素养。

（1）加强信息素养内化能力。要做出有利于自己并符合自身信息需求的内容选择，培养内化信息意识，强化信息处理能力。面对各种信息时，做到第一时间自觉判断所推送信息的真伪和价值，不断加强对信息的解读和分析评价能力。

（2）加强数字化学习能力和创新能力。要主动了解信息社会的特征，熟练使用重要数据库、中外文检索工具和有关搜索引擎，利用计算机网络和信息资源平台进行学习，不断提高分析判断、解决问题和创新思维的能力。

（3）加强信息社会责任意识的培养。智能时代更要增强法律意识和道德伦理观念，提高对信息的免疫力，自觉抵制不利于自身发展的信息，以正确的态度对待智能技术、智能设备和网络信息，降低对信息滥用和误用的可能性。

（4）不断提高信息茧房的危机意识。深刻理解信息茧房的危害，时常提醒自己避免落入舒适区，鼓励自身要有所突破。时常自省和检查是否落入信息茧房的陷阱，有意识地扩大信息涉猎范围。

（5）规范信息提供商的算法推荐。针对信息提供商，要求智能算法推荐不仅满足个性化的信息需求，而且兼顾用户全面发展的信息需要。坚决抵制以营利为目的，不顾用户身心健康的商业短视行为。

4.4.2 共享产生价值

信息并不因为多一个人知道了而变少，相反的，信息通过交流才能发挥它的作用。在当今开放协作的环境下，共享产生价值，是指共享信息资源，达到信息资源效用的最大化，在共享的过程中得到积极的反馈，提高自身能力和成就感，建立更好的社会关系。信息交流所带来的价值在于形成了群体智慧。对于参与信息交流的个人而言，提高了个人能力和影响力，获得了社会认可和自我实现。

4.4.2.1 维基百科

维基（Wiki）是一种多人协作系统，维基百科（Wikipedia）是维基的一种，百度百科是维基百科的同类产品。维基百科允许大量不同的用户共同编辑词条，维基百科的绝大部分词条都是用户贡献的，而非专业编辑。但是研究表明，词条的质量较高，可以作为信息参考来源。维基百科的规模已经超越了人类历史上编纂的所有百科全书，所汇聚的知识量也远远超越了百科全书专家组的知识范畴，这正体现了信息共享的价值。

4.4.2.2 知乎问答

知乎问答是一个知识共享网络，针对多种类型的问题可以看到许多有深度的精华帖，体现出较强的专业知识。对于大部分在知乎上贡献知识的用户来说，没有任何经济利益，但是在回答问题的过程中，收获了成长和认可，结识到志同道合的伙伴。这符合开放共享的互联网精神。当然，知乎也支持付费问答，威望很高的内容创作者也可以接收和回答专门的付费问题。

4.4.2.3 GitHub

GitHub 是编程领域共享项目和代码的平台，极大地提高了编程的效率。编程本质上是把人类解决问题的算法通过电脑去计算。在没有代码共享的时代，不论程序员要实现什么功能都得自己完成，这造成代码的重复开发、冗余和资源浪费。通过共享信息，对于已经解决的问题，只要把代码拿来复用就可以了。在 GitHub 上贡献好的项目和代码会得到同行的认可，这种认可在公司招聘时成为加分项。

4.4.3 拥抱信息交流

个人信息交流是生活和成长中重要的一环，每个人都要积极开展个人信息交流。利用信息交流能够提升自身影响力，为此需要建立社会网络的视角。人与人之间通过各种关系形成了一张巨大的网，每个人都是网络中的一个节点，两个节点之间的纽带可以是室友关系、饭友关系、亲情关系，也可以是同一个研讨组、同一个导师、同一个学校。但是不论哪种关系，本质上都要辅以个人之间的信息交流来维系。

4.4.3.1 常见网络指标[①]

（1）点度中心度。是指与某节点相连的节点的数量。以微信为例，点度中心度就是微信好友的数量。点度中心度的背后假设是，拥有众多连接的节点是重要的节点，表明社会关系越多，节点影响力越强。

（2）中介中心度。衡量的是节点处于其他节点最短路径之中的程度。通俗的说，中介中心度衡量了节点的"牵线搭桥"能力。当网络中众多成员的接触或低成本接触都依赖该节点时，该节点就对其他成员有了控制和制约作用，可以利用这种关系控制信息的流动。

（3）接近中心度。如果节点到网络中其他节点的最短距离都很小，那么它的接近中心度就很高。接近中心度高的节点不一定是名人，但是乐于在不同的人群之间传递消息。

（4）特征向量中心度。认为一个节点的中心性就是相邻节点中心性函数。也就是说，与某个节点连接的节点越重要，该节点也就越重要。

理解了上述指标，在个人信息交流过程中，可以有意识地扩大信息交流的范围，以提高点度中心度。与不同领域的人开展信息交流，以提高中介中心度。与重要的人开展信息交流，以提高特征向量中心度。

4.4.3.2 六度分隔理论

六度分隔理论，是指你和任何一个陌生人之间间隔的人不会超过6个，在互联网时代，可能比6个还少。六度分隔的数学原理是，假设每个人认识44个人，这个假设不过分，那么经过6个人连接，44的6次方是72.6亿，大约是全球人口的总和。

六度分隔理论得到了科学实验结果的支撑。最经典的实验是美国哈佛大学社会心理学教授斯坦利·米尔格拉姆（Stanley Milgram）在1967年设计实施的，他从内布拉斯加州和堪萨斯州招募到一批志愿者，随机选择出

---

① 参见 https://blog.csdn.net/yyl424525/article/details/103108506。

其中的 300 名，请他们邮寄一个信函。信函的最终目标是指定的一名住在波士顿的股票经纪人。由于几乎可以肯定信函不会直接寄到目标，就让志愿者把信函发送给他们认为最有可能与目标建立联系的亲友。出人意料的是，有 60 多封信最终到达了目标股票经济人手中，并且这些信函经过的中间人的数目平均只有 5 个。也就是说，陌生人之间建立联系的最远距离是 6 个人。

总之，在个人信息交流过程中，我们要避免信息茧房，加强信息共享，并且善于利用社会网络提升信息交流的影响力。

第 5 章 数字世界伦理与政策

信息技术日新月异，为信息管理赋能。在数字化世界里，信息技术的创新需要辩证地去看待。为了营造良好的信息世界秩序，离不开信息世界的伦理。信息世界的伦理对数字创新做出了规范、引导和约束，保障技术为人服务，而不是人受制于技术。数字创新最终是为了更好地服务于人类社会，而非少数技术达人的专利，更非黑客专家的武器。因此，每个公民都应遵守信息世界伦理，积极维护信息世界伦理。

5.1 大数据时代的个人隐私

为了理解个人隐私和数据权利，我们从"人肉搜索"问题引入。人肉搜索指网民利用网络工具，集中力量去搜索特定人或事的信息。表面看来，人肉搜索充分利用网络上的公开信息达到搜索对象的目标，但是当针对特定人或事的搜索结果在网上曝光以后，可能对当事人产生影响，实际上已经侵犯了当事人的隐私权。因此，2020 年 3 月 1 日国家互信办发布的《网络信息内容生态治理规定》正式规定，网络信息内容服务使用者和生产者、平台不得开展人肉搜索等违法活动。

5.1.1 监控带来的隐私风险

2013 年，剑桥大学研究人员亚历山大·科根（Aleksandr Kogan）开发一个第三方程序，程序的噱头是"测性格，领奖金"，乍听上去是一个娱乐性质的测试，都是一些不痛不痒的问题，但是做测试之前，Facebook 用户需要把部分权限授予这个程序，包括好友列表及好友的一些状态信息。也就是说，你简单回答"同意"，就把自己的好友和好友的状态都卖出去了。事后科根将这些数据提供给剑桥分析公司。统计表明，剑桥分析通过这款程序只获取到了大约 32 万名用户的授权，却获得了超过 5000 万 Facebook 用户的个人资料。数据到手之后,剑桥分析公司建立起精准和强大的心理算法模型,对这些用户进行大数据分析,分析他们的喜好、偏向、政治倾向,然后通过 Facebook 的广告系统精准投放他们喜好的新闻和广告,潜移默化地用他们想看到的新闻给他们洗脑,最终影响他们最后的总统投票。

圆形监狱(panopticon prison)由英国哲学家杰里米·边沁(Jeremy·Bentham)于 1785 年提出。圆形监狱由一个中央塔楼和四周环形的囚室组成,圆形监狱的中心是一个瞭望塔,所有囚室对着中央监视塔,每一个囚室有一前一后两扇窗户,一扇朝着中央塔楼,一扇背对着中央塔楼,作为通光之用。这样的设计使得处在中央塔楼的监视者可以便利地观察到囚室里罪犯的一举一动,对犯人了如指掌。同时监视塔有百叶窗,囚徒不知是否被监视以及何时被监视,因此囚徒不敢轻举妄动,从心理上感觉到自己始终处在被监视的状态,时时刻刻迫使自己循规蹈矩。这就实现了"自我监禁"——监禁无所不在地潜藏进了他们的内心。在这样结构的监狱中,即使狱卒不在,由于感觉有一双眼睛在监视,犯人始终不敢任意胡闹,变得相当守纪律,相当自觉。

现代意义上的监控主要指视频监控,即 cameras and surveillance。朱莉·科恩(Julie E. Cohen)指出:"越来越多的人认识到在线行为可能处于政府和商业利益团体无处不在的监控之下。"监控对个体隐私的影响,主要基于监控所收集的个人信息,而这样的个人信息一般是在被监控的个体未知监控之存在的情况下获得的。朱莉·科恩说:"当视频监控与基于数据的监控连成体时,既能进行对视频监控对象的实时识别,又能在随后搜索储存的视频监控和数据化监控记录,就使得视频监控对隐私的威胁变得最严重。"[①]

西方学术界的隐私理论家往往借用福柯的比喻,以圆形监狱来阐释现代"监控社会"的情景。理论家从不同的角度论述了监控的危害,论证圆形监狱般的监控对个人的信息隐私造成的严重后果,信息圆形监狱的环境

[①] Julie E. Cohen: "Privacy, Visibility, Transparency, and Exposure", University of Chicago Law Review, 2018, 15 (1): 181.

使得隐私风险呈现下述四种情况。

（1）自由的外在丧失的风险。自由的外在丧失，是指因缺乏隐私而使得人们的行为易为他人所制约的各种各样的情况。最明显的是这种情况：想要从事得不到普遍赞同或不合惯例之行为的人们，如果他们的行为被他人所知晓，那么他们就可能承受被剥夺某些利益、工作或提拔的风险，正式或非正式群体中的成员资格的社会压力，甚至还可能被人勒索。如果他们有理由相信他们的行为可能被他人知晓，这些他人可能会惩罚他们，那么这一点就可能会对他们产生威慑作用，他们自由行动的范围将因此受到限制。

（2）自由的内在丧失的风险。所谓自由的内在丧失，指的是否定隐私直接限制了人们的自由这种情况，这种情况与使得人们容易受到社会压力或惩处影响的那种情况无关。换言之，隐私不只是保护自由的一种手段，它本身在许多情况下也是由自由构成的。如果某人的某些行为不为隐私所庇护，那么某人就可能自动放弃某些重要的行为选择权。在这里，某人不是因害怕某些后果而取消这种选择；某人之所以完全失去这种选择，是因为隐私是某人之行为选择的首要条件。此外，在监控情境中，人们还可能丧失自然行动的自由。某人若知道自己正在被他人观察，那么就自然会意识到外部观察者的视角，并将其与自己的视角加之于自己的行为之上。这种双重的视角使得他的行为发生了改变。

（3）符号化风险。杰夫瑞·H.雷曼强调圆形监狱使得我们的生活变得从单一可见这种情况。这里值得注意的是，该观点是外在于我们的看守所在的那个视点。圆形监狱象征着我们的个人主权被向外移交给一个唯一的中心。我们成为它随意观察的数据——我们的外观为它所有而不是为我们自己所有。杰夫瑞·H.雷曼将此称为符号化风险，是因为它使得我们变成一种被公共设施记录的信息。我们不能以奴隶被永久剥夺或囚犯被临时剥夺的方式来失去我们的自我所有权。然而，对于我们来说，这种公共设施的设立却给普罗大众留下了我们缺乏免受观察之权利的印象。通过显示我们的每一举动都是适于他人观察的数据，它让我们感受到自我所有权的丧失。

（4）心理政治变异的风险。如果生活中的每时每刻思想、愿望、爱好或满足都处于公众监督之下，人的个性和尊严就被剥夺了。他的公开看法总是趋向于按惯例可被接受的看法，他公开表露的情感趋向于每个人都有的情感。这样，他就将丧失批判能力、创造能力和革新能力，没有任何脱离常规的想法，成为赫伯特·马尔库塞（Herbert Marcuse）所担心的"单向度的人"。法兰克福学派左翼主要代表人物赫伯特·马尔库塞在其著作《单向度的人：发达工业社会意识形态研究》（One-Dimensional Man：Studies in the Ideology of Advanced Industrial Society）中提出"单向度人"（又译"单面人"）的概念，指发达工业社会已蜕变成一种"单面的社会"，活动在其中的只是具有"单面思维"的"单向度人"。"单向度人"只知道物质享受而丧失了精神追求，只有物欲而没有灵魂，只屈从现实而不能批判现实，纯然地接受现实，盲目地接受现实，将自身完全融入现实。

5.1.2　从个人信息到个人隐私

5.1.2.1　个人信息①

个人信息（personal information），顾名思义是关于个人的信息，是指有关个人的一切资料和数据，换言之是指个人姓名、住址、出生日期、身份证号码、医疗记录、人事记录、照片等单独或与其他信息对照可以识别的特定个人信息。美国印第安纳大学教授雷德·H. 凯特（Fred H. Cate）将其定义为"描述或与已经确认或可确认个人相关的信息"。因此，一方面包括其自身产生的信息，如年龄、收入、爱好等；另一方面包括非自身产生的信息，主要是他人对该人的评价等。个人信息也可以根据其公开的程度分为两类，一类是极其个人化、永远不能公开的个人信息，如信用卡号、财务状况等；另一类是在某些范围和一定程度上可以公开的个人信息，如姓名、性别等。

由于个人信息保护的是个人的自由与安全，所以只有信息处理涉及或针对个人时才有针对个人的保护必要。据此，个人信息可以分为两大类：一类是可以识别或推断到某个人的信息，即标识信息，如姓名、身份证

---

① 个人信息保护课题组：《个人信息保护国际比较研究》，中国金融出版社2021年版。

号、手机号、虹膜、指纹、移动设备号、网络协议（IP）地址等；另一类是关于这个人的信息，如个人的身体特征、家庭、财务状况以及行为等。这一定义具有一般性。我国《电信和互联网用户个人信息保护规定》中关于个人信息的定义，包括自然人用户的姓名、出生日期、身份证件号码、住址、电话号码、账号和密码等能够单独或者与其他信息结合识别个人的信息，以及用户使用服务的时间、地点等信息。

在界定个人信息时，无论是可以识别个人的信息，还是与特定人相关的信息，都强调信息对特定人的可识别性，包括可以直接识别（也称已经识别）和间接识别（也称可以识别）。一般而言，其中，能单独直接识别信息主体的有肖像、姓名、身份证号、社会保险号、电子邮件地址等身份识别信息，其他不能单独识别但可与其他信息结合才能间接识别身份的信息，如移动终端号、网络协议（IP）地址等。此外，以下关于这个人的信息，如性别、爱好、习惯、职业、收入、学历等行为信息也是个人信息，但是如果不"关于"某人时，就不是个人信息，尽管它可能产生于某个特定的个人。当然，个人信息的可识别要结合业务场景来确定。例如，一般不具有识别性的员工编号、电脑编号、工位号、去身份匿名化后的代码（号）等，对于数据控制者而言，往往因具有可识别、可特定到个人的技术和信息条件而被认定为个人信息，但是对其他机构而言可能就不属个人信息的保护范畴。

需要特别指出的是，可以特定的对象不仅限于某个唯一的人，当可特定或联系到某个唯一的计算机等设备时，这些信息也属个人信息保护的范围，因为所有设备后面对应的仍然是一个或几个特定的人。

5.1.2.2 个人隐私

在《现代汉语词典》中，隐私是指不愿告人的或不愿公开的个人的事。隐私是指"一种与公共利益群体利益无关的，当事人不愿令他人知道或他人不便知道的个人信息、当事人不愿他人干涉或他人不便干涉的个人私事以及当事人不愿他人侵入或他人不便侵入的个人领域"。

根据《ICE8000 国际信用监督体系国家秘密、商业秘密、个人隐私保护规则》第 10 条的定义，个人隐私是指在不对他人正当权益或社会公利益构成损害和潜在损害的时间和空间内的个人信息。也就是说，个人信息成为个人隐私是相对的，个人信息并不是在任何时间、任何空间都是个人隐私，只有在不对他人正当权益或社会公共利益构成损害和潜在损害的时间和空间，才属于个人隐私。

5.1.2.3 隐私权

个人信息保护与隐私权有着密不可分的联系。隐私权是指自然人享有的私人生活安宁与私人信息秘密依法受到保护，不被他人非法侵扰知悉、收集、利用和公开的一种人格权，而且权利主体对他人在何种程度上可以介入自己的私生活、对自己是否向他人公开隐私以及公开的范围和程度等具有决定权。

国际上通常认为，隐私权包括以下四个方面的内容：①信息隐私权——涉及制定规则，以调整对诸如信用信息、医疗与政府档案等个人数据的收集和处理，也被称为"数据保护"；②身体隐私权——涉及保护个人的身体，对抗诸如基因测试、药品测试和非法搜查等侵犯性的程序；③通信隐私权——涉及通信、电话、电子邮件和其他形式的通信安全和隐私；④地域隐私权——涉及对侵入家庭以及诸如工作场所或者公共场所等其他环境设立限制，包括搜查、电视监控以及核查证件等行为。

5.1.3 大数据时代个人隐私

网络与大数据技术对个人数据的全面收集、深度分析与广泛共享正在对个人隐私和利益带来诸多微妙而深远的影响。

（1）在大数据环境下，个人的任何瑕疵行为都将被记录，有时可能会造成未必公允的高昂代价。以往，很多个人的行为瑕疵在当时就已得到谅解或已受到一定的惩罚，并在经过一段时间后被淡忘；而在大数据环境下，这些瑕疵可能会永远记录在案，并且可能被抽取与这些行为发生的情境无关的量化数据，影响到对个人某些特质的评价，使个人在资质评价和机会竞争中处于劣势。

（2）理论与技术上的偏差和解释的主观性使个人数据分析存在失真的可能性，这种系统性的错误往往不易纠正，难免对个人造成伤害。不难看到，对个人数据的分析必然会用到些简化的解释模型和量化标准，它们都带有一定的主观性或特定的主题性，其所依据的科学理论和测量手段有一定假设性与误差，其所运用的特定算法对结论也有一定影响，特别是对人的心理思想和意识方面，倾向的特质、倾向的描述、测度本身在科学上还很不成熟。由此，难免产生与事实相去甚远的描述或推测（如对一个守法公民的数据的相关性分析认定其是潜在的恐怖主义分子），而这些系统性的错误一旦被作为社会管理的"科学"依据，可能对个人生活与身心造成极大的困扰乃至严重的伤害。

（3）对个人数据的深度挖掘（如相关性、聚类分析等）有造成基于数据的个人与群体歧视的可能。在基于数据的社会管理和智能商业中，对个人与群体进行归类无疑是一种必要的分析手段，但分析者一般没有意识到或不愿意坦诚的是，不论是从分类依据、解释框架还是从数据的精确性及其与情境的相关性角度来看，这些归类本身难免存在各种倾向、偏见和误差，只能作为对个人和群体的一种参照性描述，而不能不增加进一步分析与综合地将其简单地视为客观、全面和"科学"的描述。因为对此问题认识不足，在个人与群体的身份信息可能不当泄漏的情况下，对个人与群体的归类很容易导致一种新的歧视——数据歧视。这种"让数据说话"的歧视在保险、就业、升迁乃至婚姻等层面可能会对个人造成诸多负面影响。虽然这些深层次的问题尚未成为目前有关个人信息隐私保护实践关注的焦点，但对它们的反思与讨论无疑有利于我们对网络与大数据时代的信息隐私保护更具实践的明智——在创新与规划之间寻求一种动态平衡。

5.2 个人数据利用与数据权利

5.2.1 个人数据定义

与个人信息相关的一个概念是个人数据（personal data）。个人数据是指能够识别特定个人的数据，包括直接识别与间接识别。① 个人数据能够在具体的情境下与数据主体的人格权益产生紧密关联，包括但不限于主体

---

① 王磊：《个人数据商业化利用法律问题研究》，中国社会科学出版社2020年版。

的姓氏、名称、性别、身份职业、出生日期、家庭住址、联系方式、经济收入、资产状况、医疗健康、消费习惯、识别生物特征及其他信息。根据信息与数据两者之间的关系，一般认为个人数据属于个人信息的范围，个人信息包含个人数据。

英国《数据保护法》将个人数据定义为"由有关一个活着的人的信息组成的数据，对于这个人，可以通过该信息（或者通过数据用户拥有的该信息的其他信息）识别出来，该信息包括对有关该个人的评价，但不包括对该个人数据用户表示的意图。"欧盟《数据保护指令》给个人数据下的定义是："有关一个被识别或可识别的自然人（数据主体）的任何信息"。

按照不同的分类标准，个人数据分五类。

（1）直接个人数据与间接个人数据。根据数据是否能够单独识别特定主体进行划分，个人数据可分为直接个人数据与间接个人数据。其中，经由其本身就可以辨认定位主体身份的数据被称为直接个人数据，而自身内容过于笼统，须综合各种他类个人数据才能辨认定位数据主体的数据被称为间接个人数据。

（2）一般个人数据与敏感个人数据（个人隐私数据）。以敏感程度作为依据，可以将个人数据分为一般个人数据与敏感个人数据。一般个人数据是指不涉及个人敏感信息的其他数据，如公开获取的开放数据。但是在某些情况下，敏感数据与非敏感数据的界限发生不断变化，如多项开放数据相结合有可能会涉及个人隐私，由此也会成为敏感数据，如种族、政治评论、宗教、健康诊疗、性、刑事处罚等。

（3）公开的个人数据与未公开的个人数据。以个人数据是否能够在公开途径获取为划分标准，个人数据被分为公开的个人数据与未公开的个人数据。有人主张，对于公开的个人数据，应当给予较少的保护，因为这些数据完全可以从公开途径获悉，因此不存在对个人隐私的侵犯问题。例如，机关、事业单位对某些事项需要进行依法公开，政府对于官员职务的任免要对相应人员的基本情况进行公示，法院对于被执行人的财产执行有时需要发出公告等，这些都必然涉及个人数据的公开。但是这些公开本质上是基于法律的授权，是基于对公共利益进行保障的考量。

随着公权力色彩的淡化，一些主体对个人数据公开的合法性也就相应地减弱。例如,很多学校针对每年招生都会在学校显著位置进行公示,学生的姓名、考号、学号、毕业学校等数据都会相应在公示中列出;企业对于每年招录人员的公示;等。随着个人隐私意识的不断增强,这种形式的公示愈发为人们所诟病。目前来看,这种公示方式已经被逐渐抛弃,对于个人数据进行隐名化逐渐成为趋势,但亦存在大量被公开的个人数据。

(4)基础个人数据与增值个人数据。从对个人数据是否进行加工来进行划分,可分为基础个人数据和增值个人数据(也可以称为原生个人数据和衍生个人数据)。基础个人数据是指未经过任何加工处理且无须依赖其他数据产生的数据,如用户提交的数据或用户的行为数据。数据平台通过合法途径获取基础数据,并对基础个人数据进行加工,如通过用户行为进行分析,或通过用户提交内容加以验证并进行信用评级,形成自有商业化内容的数据,称为增值个人数据或衍生个人数据。

(5)普通群体个人数据与特殊群体个人数据。以数据主体身份作为划分标准,可以将个人数据分为普通群体个人数据与特殊群体个人数据。这种分类在美国的立法实践中体现得最为深刻,如1988年通过的《网上儿童隐私权保护法》(COPPA)以及2018年通过的《加州消费者隐私法案》。在我国,目前也开始有声音呼吁对一些特殊群体的个人数据进行特殊保护,比如在未来的个人信息保护法中对未成年人信息设立专门条款进行保护。但是,特殊群体不应仅指向某些弱势群体。

例如,公务人员的个人数据保护是一个比较棘手的问题。基于政务信息公开的要求,一些公务人员的个人数据会在机关网站进行公开,涉及相关人员的姓名、肖像、单位、学历、甚至联系方式等数据会被公开。但是,目前针对特定公务人员的袭击事件频发,尤其是像法官、检察官、警察、城管等处在社会矛盾解决第一线的岗位,更是处在比较大的风险之中。对这些群体个人数据的保护如何与社会公共利益相平衡,也是一个值得思考的问题。

5.2.2 个人数据侵权

尽管在我国与个人信息保护的相关法律已渐成体系,政府报告、监管和业务实践中对国际通行的个人信息保护原则也有提及,但由于认识不到位、立法不完善、保护框架失衡、行政监管缺位、违法惩戒不足等，在商业利益的驱使下这些个人信息保护的基本原则在实践中基本都被漠视，在个人信息收集、处理和使用过程中，违背个人信息保护基本原则、违反个人信息保护法律法规的侵权行为较为普遍。

5.2.2.1　个人信息收集环节的侵权

信息主体的知情同意应当成为信息收集、使用者收集、使用个人信息的正当性基础。但是，实践中信息收集、使用者以格式合同、"霸王条款"的方式取得用户"同意"，通过 cookies 技术、恶意软件甚至非法买卖等方式获得信息，这些行为严重侵害了用户的知情同意权，并且有可能构成犯罪行为。

（1）网站利用格式合同获得用户"同意"。在商业利益的驱使下，大量的商业机构（特别是网络服务提供者）滥用其优势地位以格式合同、概括授权条款、不需经用户点击同意的隐私声明等方式取得信息主体"同意""授权"，而信息主体则只能被动地接受商业机构制定的不平等规则，因为格式条款中存在限制用户查阅、更正、删除个人信息的权利相关前提。

（2）利用 cookies 技术收集个人信息。"cookies"是指网站为了辨别用户身份，进行会话跟踪（session tracking）储存在用户本地终端上的数据（通常经过加密）。正常情况下用户浏览网站会留下"cookies"数据，一般被用来存储用户的浏览记录、互联网协议（IP）地址、网卡号、用户名、密码等信息。目前，许多第三方统计工具和互联网广告，其实都是基于第三方"cookies"运作，其不合理性和不合法性广受诟病。

（3）通过恶意软件、木马病毒、免费无线网络（WiFi）等收集个人信息。2014 年央视"3·15"晚会曝光了鼎开等公司向智能手机用户植入恶意程序等问题。据报道，有用户手机被定制了一些服务，出现恶意扣费的情况，但是手机上看不到任何收费程序。调查发现，这个手机被植入两个恶意木马程序，一个可以远程安装、卸载应用软件，另一个可以获取手机中的个人信息。而有公司专门生产销售这种恶意程序。被曝光的鼎开公司宣称可以通过手机植入方式获利，每个月装机量达到 130 万台。这些程序不仅恶意安装软件，而且会收集用户手机上的设备号（IMEI）、应用使用时间、地址等隐私数据。

无独有偶，2016年央视"3·15"晚会曝光了公共免费无线网络（WiFi）可瞬间收集手机上的个人信息的问题。中国互联网协会秘书长卢卫称，用户信息被瞬间获取的原因主要两个。一是无线网络（WiFi）登录加密等级较低，或路由设备本身存在安全漏洞，易被黑客入侵截获其所传输数据；二是手机应用程序对用户姓名、手机号码、位置信息等数据明文传输，未采取加密等安全保障措施，致使黑客能够从截获数据中提取用户信息。

（4）通过非法买卖获取个人信息。当前，个人信息非法买卖活动已形成"源头—中间商—非法使用人员"的交易模式。购买个人信息最多的是那些利用信息进行广告推销、出售虚假发票、发送垃圾短信的人，其中不规范的房产销售中介、装修公司、保险公司、母婴用品企业、教育培训机构、广告公司等都是主要的购买主体；另一个购买个人信息的终端是利用个人信息从事盗窃、电信诈骗、网络诈骗、敲诈勒索、绑架等刑事犯罪的不法分子，这将使得个人面临严重的人身、财产损害的风险。

（5）通过App收集个人信息。根据2019年《App违法违规收集使用个人信息专项治理报告》，当前我国已经全面进入移动互联网时代，近9亿网民中手机上网比例高达99.1%，移动互联网服务便捷、即时、普惠的特点在移动互联网应用程序（App）中得到充分体现。App的广泛应用，在促进经济社会发展、服务民生等方面发挥着不可替代的作用。但与此同时，App强制授权、过度索权、超范围收集个人信息的现象普遍存在，未制定并公开隐私政策、未经用户同意收集个人信息、未提供注销账号功能等不规范行为屡见不鲜，个人信息泄露、滥用等情形时有发生。

5.2.2.2 个人信息加工处理环节的侵权

（1）处理信息发生错误，导致数据质量原则难实现。数据质量原则是个人信息加工处理环节中应当遵循的重要原则，其要求信息管理者应当保证处理过程中的个人信息保密、完整、可用，并处于最新状态，在信息处理的目的达到之后，应当尽快删除个人信息，其中最低要求是不应让错误的信息特别是负面信息对个人产生不良影响。但是，实践中由于信息来源不准确、企业操作流程不完善、安全保障措施不到位、内控制度不健全等一系列原因，个人信息发生错误、遗失甚至被窃取、非法买卖等情形仍时有发生。错误的个人信息，特别是负面信息将会对信息主体的权益造成不利影响，例如，导致个人的信用等级、信用评价降低，无法进行贷款或接受应得的服务，造成个人的名誉、信用受损。

（2）系统和网页漏洞广泛存在，个人信息遭泄露。随着互联网深入社会的各个细节，个人信息的使用从有限的渠道，不断扩展至生活的每一个角落，个人信息在被传输、存储、利用的过程中，也随时面临着被泄露的风险。根据360互联网安全中心监测显示，教育培训机构、政府机关和事业单位是存在漏洞最多的三个行业。个人信息原本的传递方式非常简单，基本上都是点对点传递。但是，互联网的广泛应用使信息接收方会再次作为信息提供者，将用户信息提供给第三方信息收集者，直至扩展成为整个信息网的传播。而网络中每一个环节都存在信息泄露的可能性，极易形成二次泄密。

（3）内控制度不健全，工作人员违规操作。信息管理者应当建立完善的内部管理制度和操作流程，明确内部人员的操作权限，防止员工利用职务之便侵害个人信息权利。但是，实践中内部工作人员违规操作导致个人信息被非法提供、买卖的案件仍然存在。例如，2018年12月，江苏省徐州市公安局的网安部门发现，一网民在网上购买他人名下手机号码等公民个人信息。徐州的网安部门以此入手，挖掘出一个以电信运营商、银行内部员工为源头的买卖公民个人手机信息、征信信息的犯罪网络。这反映出了电信运营商、银行在保护公民个人信息安全上存在对保护用户信息安全的重视程度不够、缺乏有效的专门培训与法制教育、保护用户信息的措施不完善、欠缺有效的保密和监管手段、规章制度缺乏约束力等问题。当然，上述现象并非电信运营商、银行所独有，企业由于不遵守法律规定、内控制度不健全、安全保障措施不到位等原因导致的个人信息被违法违规处理的现象仍不断上演。

5.2.2.3　个人信息输出环节的侵权

在收集、加工个人信息的基础上，企业最终输出各种类型的信息产品并实际运用到商业运营中，如个人征信报告、信用评分、广告营销等。但是，如果超出服务目的所需范围滥用个人信息，则会导致大量的垃圾短信、邮件及骚扰电话，这些行为不仅违反个人信息保护的规定，也会严重影响个人生活安宁。甚至一些不法分子利用个人信息从事信息诈骗、窃取财物等行为，涉嫌构成刑事犯罪，应当受到法律追究。

（1）恶意推销产生垃圾短信、邮件及骚扰电话。在商业利益的驱使下，企业利用获得的用户个人信息后，大量、无止境地向用户投放广告进行恶意推销，导致大量垃圾邮件、短信和电话，直接影响到个人生活安宁。例如，《工业和信息化部关于电信服务质量的通告》（2020年第3号）显示，2020年第二季度，12321网络不良与垃圾信息举报受理中心受理用户关于骚扰电话的投诉166170件，环比上升66.1%；受理用户关于垃圾短信的投诉34001件，环比下降41.6%。从内容上看，骚扰电话除涉及恶意广告营销之外，也涉及诈骗和疑似欺诈等问题。

（2）信息诈骗由"撒网式诈骗"向"精准诈骗"转变。目前，精准诈骗已完全取代之前的撒网式诈骗，而精准诈骗得以实施的前提条件则是掌握用户个人信息。从警方破获的案件看，公民个人信息泄露的重要源头在于，网站漏洞导致黑客入侵，诈骗分子通过购买或窃取用户个人信息的方式实施诈骗。另外，通过大数据分析作案也导致诈骗变得更加精准，受害群体也变得越来越广泛。诈骗分子会根据购买到的用户个人信息数据进行详细分析，并根据用户信息的特点设计诈骗环节和故事。据分析，单起诈骗案涉案金额的不断攀升与撒网式诈骗向精准化诈骗升级有着密切关系，因为诈骗方式升级、诈骗人群变化、诈骗手段高科技化等因素让诈骗分子可以骗到巨额资金。

（3）盗取银行卡的黑色产业链。2016年4月10日，央视新闻曝光了"盗取银行卡的黑色产业链"。据报道，犯罪分子通过建立一个完整的产业链条从而把银行卡里的钱转走，在这个链条上分工不同的犯罪分子，通常是用只加熟人的QQ群进行交流、交易。犯罪分子通过伪基站发送的钓鱼短信、免费无线网络（WiFi）窃取个人信息、改装销售终端（POS）机提取银行卡信息等方式获取包括银行卡信息在内的个人信息，进而将受害人的存款资金转走。

5.2.3 治理虚假信息

网络是比报纸、广播电台或电视台更开放的传播媒介。个人或团体的观点有可能不会在报纸上刊登、在电视或广播节目上播放，但有可能会在网上发布。然而，没有人在信息发布之前检查网页这一事实，这意味着网上的信息质量参差不齐。互联网成为虚假信息泛滥的温床。面对虚假信息泛滥，既需要政府完善法治，阻断源头，也需要平台优化技术治理，切断传播路径，同时，图书馆也可以助推公民自治，加强末端自治。

其中，图书馆在虚假信息治理中的作用可分为以下三方面①：①督促公众提高自治意识。图书馆作为公众终生学习的重要场所，有义务、有责任督促公众提高个人在虚假信息治理过程中的重要作用，引导公众如何参与虚假信息的治理。②协助公众提升自治能力。帮助公众形成批判性思维（critical thinking），不再毫无保留地相信接收到的每一条信息；协助公众掌握虚假信息的常见特征，培养公众对虚假信息的敏锐度；教授公众识别虚假信息的相关技巧与方法。③把关过滤虚假信息，提供优质信息源。高速、传播的互联网成为虚假信息泛滥的温床，作为传统"守门人"和信息评估者的图书馆员在信息世界的把关作用虽然有时"力不从心"，但图书馆员对信息采集、组织、评估的使命与信念应始终如一。

5.2.4 数据权利保护法

5.2.4.1 欧盟

1995 年，欧盟颁布了《欧盟个人信息保护指令》（简称《欧盟指令》），为欧盟境内个人数据保护确立了一套全面的数据保护体系，在整体上提高欧盟个人数据保护水平的同时，扫除了个人数据在成员国之间自由流动的障碍。2016 年 4 月，欧盟理事会和欧洲议会表决通过了《通用数据保护条例》（General Data Protection Regulation，GDPR），并于 2016 年 5 月 4 日正式发布欧盟官方公报，2018 年 5 月 25 日直接适用于欧盟全体成

---

① 储继华、刘春鸿、陆尧，等：《国内外图书馆参与虚假信息治理实践的对比及其启示》，载《情报理论与实践》2021 年第 5 期，第 140 – 145 页。

员国，以"一个大陆、一部法律"实现在欧盟 28 个成员国内部建立起统一的个人信息保护和流动规则。GDPR 被称为史上最严格的数据保护法。

欧盟 GDPR 赋予个人被遗忘权，规定数据主体①有权要求控制者无不当延误地删除与其有关的个人数据，并且在下列理由之一的情况下，控制者有义务无不当延误地删除个人数据：①数据收集、使用的目的不再必要；②撤回同意或期限届满，没有任何法律基础支持数据继续处理；③数据主体根据 GDPR 第 21 条反对数据的处理，除非数据的处理对保护主体的根本利益至关重要或是为了公共利益等原因；④个人数据被非法处理；⑤为遵守控制者所受制的联盟或成员国法律规定的法定义务，个人数据必须被删除；⑥个人数据是根据 GDPR 第 8 条第 1 款所提及的信息社会服务的提供而收集的。

5.2.4.2 美国

（1）隐私权的保护。美国个人信息保护以隐私权保护的形式体现。总体而言，美国有着较为完善、有效和灵活的隐私权体系，其在个人信息保护领域的先进性不仅体现在公法领域以成文法建立了政府机构数据保护标准，还体现在私法领域对信息收集、利用和控制主体设置数据保护义务并限制其收集和使用行为。美国采取分散的立法模式，联邦法在某些商业领域作出了一些禁止或限制性规定，比如涉及金融、医疗、电子通信、儿童隐私、背景调查以及征信等领域的数据，州法亦在此基础上增加了许多隐私权要求。

然而，美国并没有一部综合性的隐私保护法，也没有一个统一的信息保护监管、执法机构。美国的隐私保护法律体系主要是由联邦贸易委员会、检察长、联邦通信委员会、证券交易委员会、消费者金融保护局、卫生和公共服务部、教育部、司法系统以及隐私权诉讼的原告推动实施。其中，联邦贸易委员会承担了保护消费者隐私的大部分职责。

整体而言，美国的隐私权体系并不特别依赖事先的立法，即并非通过

---

① 胡晓萌：《温和的被遗忘权主张——基于权利的信息伦理视角》，载《伦理学研究》2020 年第 5 期，第 127－133 页。

"预防原则"来保护隐私权，而更依赖事后政府执法部门的执法以及私人诉讼的方式来获得赔偿，由此威慑"不公正或欺骗性的"商业行为。因此，美国的隐私权体系具有灵活性、灵敏性，能有效地适应迅速变化的技术发展和实践，能满足消费者、公民不断更新的期待，并且是一个具有威慑力和权威的系统。

（2）《儿童在线隐私保护法》。美国《儿童在线隐私保护法》（*Children's Online Privacy Protection Act*，COPPA）立法过程始于1997年，COPPA赋予父母对网站和在线服务运营者从儿童那里收集信息的决定权，在线服务运营者应当发布简明易懂的隐私政策，并披露通过其网站或服务获得儿童信息的第三方运营者的完整名单；在收集、使用和披露儿童的任何个人信息前须直接通知（direct notice）其父母，并取得父母"可验证的同意"（verifiable parent consent）。此后，美国联邦贸易委员会于2000年和2013年颁布和更新了COPPA的实施细则（COPPA Rule），并发布了《六步合规计划》《常见问题解答》和《消费者指南》等指导性文件，以指引企业在运营中遵守COPPA的相关要求。

（3）医疗健康领域。健康信息领域中最重要的立法是1996年生效的《健康保险携带和责任法》。该法通过建立电子传输健康信息的标准和要求，保障个人的健康隐私信息的完整性和机密性，防止任何来自可预见的威胁、未经授权的使用和泄露，确保官员及其职员遵守这些安全措施，鼓励健康信息系统的发展。2009年，美国国会颁布了《经济与医疗健康信息技术法案》，从数据最小化、罚责增加、电子病历以及数据使用告知等方面对《健康保险携带和责任法》的隐私和安全规范进行了扩大和加强。此外，国会认为基因信息需要更强的隐私和安全保护，因此于2008年颁布了《基因信息反歧视法》。同时，联邦政府还重视医疗数据的共享，在2016年12月颁布实施了《21世纪治愈法案》，并于2020年3月公布了最终规则，规定公共和私人实体在患者和各方之间共享健康信息的安全规则，支持患者通过其授权的安全应用程序对其电子病历数据进行安全访问和获取。除了联邦法律之外，个人健康信息也受到州法的保护。

（4）生物特征保护。人脸识别（facial recognition）是近年来广泛运用于各领域并迅速发展的一项生物特征识别技术，主要是指通过人脸的面部特征进行身份确认或身份查找的技术，此外，广义的人脸识别技术还包括人脸图像采集、人脸定位、人脸识别预处理等。人脸识别技术的应用场景较为多元，可广泛应用于安防、商业、金融、娱乐等多个领域。一方面，人脸识别的应用使身份识别更加便捷，带来一系列技术的革新和人们生活方式的改变；另一方面，由于人脸信息的敏感性和特殊性，人脸识别技术带来的争议特别是隐私争议也日益浮现。

在美国，由于人脸识别技术的发展所带来的隐私、种族平等、民主权利等方面的问题一直以来都是讨论的焦点，一些科技巨头对人脸识别技术的应用也引发了一定的争议。从公共领域来看，美国先后有四个城市（包括加州旧金山市、马萨诸塞州萨默维尔市、加州奥克兰市、马萨诸塞州波士顿市）分别通过了禁止政府部门使用人脸识别技术的法令。其中，加州旧金山市监事会通过的法令禁止政府部门获取、保存、访问、使用"人脸识别技术"和"使用人脸识别技术获取的信息"。该法令称，"人脸识别技术危及公民权利和公民自由的可能性远远超过其声称的利益"。

2020 年 3 月 31 日，美国华盛顿州通过《面部识别法》（*Facial Recognition Act*），旨在规范美国华盛顿州内各地政府机构使用面部识别技术，要求面部识别技术的使用必须有益于社会，并且不得对个人的自由和隐私造成损害。该法要求拟使用面部识别技术的各地政府机构，在使用前 90 天向社会公布使用面部识别技术的目的、途径及方法等信息。如果各地政府拟使用面部识别技术，必须采取一定的程序和措施，例如，在正式实施前操作测试面部识别技术对个人产生的法律效果，对所有操作面部识别技术的人员进行培训，保留所有使用面部识别技术的服务记录等。2020 年 9 月，俄勒冈州波特兰市议会通过了美国最严格的人脸识别禁令，禁止该技术公共和私人使用。

5.2.4.3 日本

2005 年 4 月，日本《个人信息保护法》开始全面实施。至 2005 年底，日本全国都道府县都制定了相应的个人信息保护条例，来规范地方共同团体在个人信息保护方面的行为，从而更好地配合了《个人信息保护法》的配套实施。日本的个人信息保护法律体系由以下的法律共同构成：

《个人信息保护法》《行政机关持有个人信息保护法》《独立行政法人等持有个人信息保护法》《各地方公共团体个人信息保护条例》。《个人信息保护法》虽然在一定程度上对个人信息业者收集、处理、利用个人信息等行为进行规范,但其主要目的并不是限制个人信息从业者,而是制定一套最大限度尊重个人信息从业者的自主性制度。

日本采用了欧盟个人人权权益保护的理念,通过政府立法和行业自律的双重保护模式来实现对个人信息的保护。从日本《个人信息保护法》的整个形式上看,可以被归类为一部综合性的法律,因为它不区分公私领域,这一点符合欧盟个人数据保护指南的要求。但是从其内容实质上看,日本没有采用欧盟不分公私,全部受规制于法律规定的履行义务方式,而是对于非公领域的企业、团体,日本给予其自主制定行业规则的空间,且对于特殊行业采取特别立法的方式。

5.2.4.4 韩国

近年来,面对本国政府各部门和通信、金融等领域日趋加剧的个人信息滥用,以及因国际商务交流带来愈来愈频繁的个人信息传输、使用和保护需求,韩国政府制定和修改了一系列有关个人信息保护的法律,形成了以《个人信息保护法》为核心,以《信息通信促进法》《信用信息使用与保护法》《位置信息使用与保护法》等为补充的完整法律体系,搭建了同时规范政府部门和私营部门个人信息保护的全面框架,建立了被称为"亚洲最严厉的个人信息保护制度"。

2020年1月,面对全球经济的下行压力,特别是第四次工业革命浪潮下人工智能、语音识别等数字经济发展需求,为了平衡好个人数据的保护和使用,建立一套可信的个人数据法律框架和站式个人数据保护运行机制,韩国修订了与个人信息保护有关的"数据三法"——《个人信息保护法》《信息和通信网络法》和《信用信息法》,最终建立起一个集中统一的个人信息保护体制,在强化企业责任的同时为大数据分析和使用夯实了法律基础。例如,在没有本人同意的情况下,可以将经过处理的无法识别特定个人的匿名化信息用于统计和研究等目的,并建立可进行匿名化数据整合的专业机构清单等。尽管本次修法为相关数据整合和使用确立了法律基础，但是整体上，并未改变韩国个人信息保护法律的本质特征。

5.2.4.5　中国

（1）全国数据权实践进展。2021年6月10日，《中华人民共和国数据安全法》经全国人大常委会第二十九次会议表决通过。该法是第一部专门针对数据安全的法律，于9月1日起施行，共7章55条。该法界定了数据处理过程中包括收集、存储、使用、加工、传输、提供、公开等方面参与者的责任和义务，明确每个过程中数据运营者该为数据泄露以及带来的安全风险负责。大数据时代下，这部法律对互联网企业关于数据的处理和保护提出更新的要求。

数据是国家基础型战略资源，没有数据安全就没有国家安全。2021年3月，特斯拉陷入多重风波。马斯克承认，特斯拉车内的摄像头可以监测车主，而大众更大的担忧来自特斯拉数据存储于海外服务器，可能导致国家安全信息、地理信息等关键敏感数据泄露。5月25日，特斯拉宣布，已在中国建立数据中心，以实现数据存储本地化。同时，所有在中国大陆市场销售车辆所产生的数据，都将存储在境内。

（2）其他数据权实践进展。①《上海市数据条例》[①]。2021年11月25日，上海市正式发布《上海市数据条例》。这部条例在不触碰数据权属的前提下，依据现行《民法典》和《个人信息保护法》有关立法内容和精神，从确认各方主体可以对数据行使哪些权利的角度，对数据主体和数据处理者的"数据权益"作出了明确规定，明确市场主体在不违反法律、行政法规禁止性规定以及与被收集人约定的情况下，对自身产生和依法收集的数据，以及开发形成的数据产品和服务，有权进行管理、收益和转让，解决权益不清带来的数据流通不畅、利用不足的问题。②国家卫健委《互联网医疗健康信息安全管理规范（征求意见稿）》。为规范推进互联网医疗健康应用网络安全，国家卫生健康委统计信息中心组织起草了《互联网医疗健康信息安全管理规范（征求意见稿）》行业标准，包括范围、规

[①]　参见https://www.shanghai.gov.cn/nw12344/20211129/a1a38c3dfe8b4f8f8fcba5e79fbe9251.html。

范性引用文件、属性和定义、总则、互联网医疗健康信息安全管理总体框架、互联网医疗健康信息安全相关方职责、互联网医疗健康信息安全过程管理、互联网医疗健康信息安全数据管理、互联网医疗健康信息安全技术管理、互联网医疗健康信息安全组织管理十项内容。① ③工信部《关于加强车联网卡实名登记管理的通知》。为贯彻落实《中华人民共和国网络安全法》《中华人民共和国反恐怖主义法》等相关法律法规要求，加强车联网卡实名登记管理，工业和信息化部于2021年9月发布了《关于加强车联网卡实名登记管理的通知》。要求道路机动车辆生产企业应建立健全用户信息保护制度，对收集的车联网卡实名登记信息严格保密，并采取有效的技术措施和其他必要措施，确保车联网卡登记信息安全，防止信息泄露、毁损、丢失及违规使用。② ④《关键信息基础设施安全保护条例》和《数据安全管理条例》。国务院2021年立法工作计划，拟制定、修订的行政法规共28件，其中与数据安全相关的主要有四项，具体如下③：关键信息基础设施安全保护条例（网信办、工业和信息化部、公安部）、数据安全管理条例（网信办）、无人驾驶航空器飞行管理暂行条例（中央军委联合参谋部、交通运输部）、商用密码管理条例（修订）（密码局）。⑤《常见类型移动互联网应用程序必要个人信息范围规定》。为了规范移动互联网应用程序（App）收集个人信息行为，保障公民个人信息安全，国家互联网信息办公室（简称"国家网信办"）等四部门联合发布《常见类型移动互联网应用程序必要个人信息范围规定》，明确地图导航、即时通信、网络购物等39类常见App必要的个人信息范围，要求其运营者不得因用户不同意提供非必要个人信息，而拒绝用户使用App基本功能服务。该规定自2021年5月1日起施行。④ 国家网信办于2021年6月发布《关于Keep等129款App违法违规收集使用个人信息情况的通报》，针对人民群众反映强烈的App非法获取、超范围收集、过度索权等侵害个人信息的现

---

① 参见 https：//mp. weixin. qq. com/s/RWach5P0 jeqQ9f4PsLN‑RA。
② 参见 https：//mp. weixin. qq. com/s/p7dEZgEqm 6VduoOywdIxaw。
③ 参见 https：//mp. weixin. qq. com/s/P7‑VBopgHUz JbDbaPH2oNQ。
④ 参见 http：//www. gov. cn/zhengce/zhengceku/2021‑03/23/content_5595088. htm。

象,国家互联网信息办公室依据《中华人民共和国网络安全法》《App 违法违规收集使用个人信息行为认定方法》《常见类型移动互联网应用程序必要个人信息范围规定》等法律和有关规定,组织对运动健身、新闻资讯、网络直播、应用商店、女性健康等常见类型公众大量使用的部分 App 的个人信息收集使用情况进行了检测。检测发现,Keep、今日头条、腾讯新闻等 129 款 App 存在违法违规收集使用个人信息的情况。这 129 款 App 存在的问题主要包括:未经用户同意收集使用个人信息、违反必要原则收集等。①

5.3 数字化生存的伦理空间

5.3.1 信息伦理

"信息伦理"由罗伯特·豪普特曼(Robert Hauptman)在 1988 年首次提出,他认为,所有与信息生产、信息储存、信息访问和信息发布伦理问题相关的研究都统称为信息伦理。我国学者沙勇忠也将"信息伦理"称为信息道德,认为信息伦理是调整人们之间以及个人和社会之间信息关系的行为规范的总和。

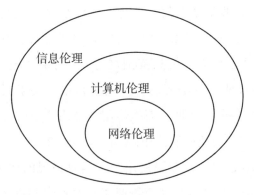

图 5-1 信息伦理、计算机伦理、网络伦理的关系②

---

① 参见 https://mp.weixin.qq.com/s/HFOlkOgLdNX0XL rfo1W_Hw。
② 李娟、迟舒文:《智能时代的信息伦理研究》,载《情报科学》2018 年第 11 期,第 61-65 页。

由于信息意识、价值观和利益诱惑等原因，人们很容易在信息伦理道德判断上出现偏差，称为信息伦理失范。信息伦理失范现象主要包括以下几个方面。

（1）信息泛滥。网络信息极其丰富，已远远超过了信息处理能力和人类社会的处理和利用的容忍限度，成为一种严重的社会负担。

（2）信息污染。网络虚假信息、信息干扰、信息病毒、信息超载等对人类文明的发展构成严重威胁。

（3）信息犯罪。借助信息技术的高科技犯罪，如黑客攻击、网络洗钱、网上诈骗比较猖獗。

（4）信息侵权。人们很容易从网上获得各种资料，而知识产权的保护界限处于较模糊的状态。

（5）信息垄断。拥有和掌控大数据的网络服务商普遍将数据视作核心竞争力或核心机密，因此要实现数据的开放共享并非易事。

（6）信息安全。网络被频繁攻击、个人隐私被泄露等，目前的技术措施无法从根本上解决信息安全问题。

5.3.2 人工智能时代的信息伦理

人工智能（artificial intelligence，AI）兴起于 20 世纪 50 年代，是研究和制造能够模拟人类智能活动的智能机器或智能系统，也是用来延伸和扩展人类的智能。人工智能领域出现的各种颠覆性创新态势，不单使人们更强烈地体验到人工智能在就业、教育和生活等方面的冲击，还极大地加剧了人们对智能化未来的忧虑：对人工智能和自主智能系统的高度依赖会不会从根本上削弱人在认知和决策上的主导地位？人工智能会不会全面碾压人类智能，甚至成为世界的主宰？

2015 年 9 月，国际期刊《负责任的创新》发起，包括中国学者在内的全球十多位科技政策与科技伦理专家在《科学》杂志上发表了一封题为《承认人工智能的阴暗面》的公开信。该公开信指出，各国的科技、商业乃至政府和军事部门正在大力推动人工智能研发，尽管考虑到了其发展风险以及伦理因素，但对人工智能的前景表现出的乐观态度不无偏见。因此，建议在对其可能的危险以及是否完全受到人的控制等问题进行广泛深人的讨论和审议之前，应该放缓人工智能研究和应用的步伐。因此，我们需要思考以下三个问题。

（1）寻求算法决策与算法权力的公正性。"算法决策"是指基于数据和算法的智能化认知与决策，诸多算法决策运用日益广泛，但这一智能化的"政治算术"正在发展为"算法权力"。从政治选举、产品推荐、广告推送到信用评分和共享服务，算法决策普遍用于个人组织和社会层面的特征洞察、倾向分析和趋势预测，已形成具有广泛和深远影响力的算法权力。算法决策常被简单地冠以高效、精准、客观和科学的特征，但像所有人类社会认知与决策一样，服务于问题的界定与解答的数据与算法是负载价值的，其中所蕴含的对人与社会的解读和诠释难免牵涉利害分配、价值取向与权力格局，其精准、客观与科学均有其相对的条件和限度。在信息与知识日益不对称的情势下，若不对此加以细究，算法决策与算法权力很可能会选择听任、产生甚至放大各种偏见与歧视，甚至沦为知识的黑洞与权力的暗箱。

（2）呼唤更加透明、可理解和可追责的智能系统。虽然基于计算机、网络、大数据和人工智能的智能系统已成为当代社会的基础结构，但其过程与机制却往往不透明，难以理解和无法追溯责任。除了隐形的利益算计涉及偏见以及知情同意缺失之外，导致此问题的主要原因是：智能系统及其认知与决策过程的复杂性远超人的理解能力，对其机理即便是研发人员也不易作出完整明晰的解释，且此态势会越来越严重。一旦人工智能和自动系统的智能化的判断造成决策出现错误和偏见，时常难于厘清和追究人与机器、数据与算法的责任。

（3）追问智能化的合理性及其与人的存在价值的冲突。人类在合理性和理性化的道路上不断前进，从计算机、互联网、大数据到人工智能与机器人的发展都将理性化的进程推向了智能化的新纪元。但人工智能所呈现的合理性与理性只是工程合理性或工具理性，应进一步反思其会不会给整个社会带来更广泛和深远的不合理性。对此，人们普遍关注的是可控性问题：人类或社会的正面力量是否能掌控人工智能拥有巨大的理性行动能力？一方面，人工智能会不会因为太复杂而超越人的控制能力，使人们陷入巨大的风险而不知晓？另一方面，从长远来看，它会不会发展为一种不受人类控制的自主性的力量?

5.3.3 虚拟世界的价值取向

众所周知的"机器人学三定律"（Three Laws of Robotics），最初是1942年由阿西莫夫在短篇科幻小说《转圈圈》中提出的。"机器人学"最初是一个杜撰的术语，但是后来被科学家和工程师用于指称专门从事机器人制造与应用的学科。"机器人学三定律"早已立于机器人和人工智能的社会、伦理和法律探究的思想原点。其中，第一定律是机器人不得伤害人类或坐视人类受到伤害；第二定律是在与第一定律不相冲突的情况下，机器人必须服从人类的命令；第三定律是在不违背第一与第二定律的前提下，机器人有自我保护的义务。阿西莫夫认为应该引入优先级更高的定律对其适用条件加以制约。在对这个问题进行了多年的思考后，提出了一条比第一定律更优先的定律——第零定律，指机器人不得危害人类整体（人性）或坐视人类整体（人性）受到危害。机器人三定律给我们的启迪是：为使人所创造的机器人和人工智能有益人类和免于失控，应致力于从人类价值、利益、安全以及未来发展的角度对其加以价值校准与伦理调适，以此消除人们对其终极创造物的疑虑。

因此，日本早在1988年就颁布了《机器人法律十原则》。韩国于2012年颁布《机器人伦理宪章》，对机器人的生产标准、机器人拥有者与用户的权利与义务、机器人的权利与义务作出规范。2010年，英国工程与物质科学研究委员会（EPSRC）提出具有法律和伦理双重规范性的"机器人原则"，突显对安全、机器人产品和责任的关注。尤其值得关注的是，英国标准协会（BSI）在2016年9月召开的"社会机器人和AI"大会上，颁布世界上首个机器人设计伦理标准《机器人与机器人系统设计与应用伦理指南（BS8611）》。该指南主要立足于防范机器人可能导致的伤害、危害和风险的测度与防范。除了提出一般的社会伦理原则和设计伦理原则之外，该指南还对产业科研及公众参与隐私与保密、尊重人的尊严与权利、尊重文化多样性与多元化、人机关系中人的去人类化法律问题、效益与风险平衡、个人与组织责任、社会责任、知情指令、机器人沉迷、机器人依赖、机器人的人化以及机器人与就业等问题提出了指导性建议。

2012年欧盟在科技发展"框架7"下启动"机器人法"项目，以应对"人机共生社会"将面临的法律及伦理挑战。2016年5月，欧盟法律事务委员会发布《就机器人民事法律规则向欧盟委员会提出立法建议的报告草案》，提出包括机器人工程师伦理准则、机器人研究伦理委员会伦理准则、设计执照和使用执照等内容的"机器人宪章"（Charter on Robotics）。同年10月，又发布《欧盟机器人民事法律规则》（*European Civil Law Rules in Robotics*），对智能自动机器人、智能机器人、自动机器人作出了界定，探讨了机器人意识以及阿西莫夫机器人定律的作用，还从民事责任的角度辨析了机器人能否被视为具有法律地位的"电子人"（electronic persons），最后还提出了使人类免受机器人伤害的基本伦理原则。同年，联合国教科文组织世界科学知识和技术伦理委员会（COMEST）的一个新兴技术伦理小组发布《机器人伦理报告初步草案》，不仅探讨了社会、医疗、健康军事、监控、工作中的机器人伦理问题，还对运用机器伦理制造道德机器进行了讨论。

自2015年以来，人工智能与机器人的发展在全世界掀起了高潮，社会各界和世界各国对人工智能与机器人的社会影响和伦理冲击的关注亦随之高涨，并开始提出专门针对人工智能发展和设计的伦理规范和伦理标准。尤其值得关注的是2017年1月在美国阿西洛马召开的"有益的人工智能"（Beneficial AI）会议上提出的"阿西洛马人工智能原则"（Asilomar AI Principals），以及2016年12月和2017年12月电气电子工程师协会（IEEE）颁布的《人工智能设计的伦理准则》第一版和第二版。"阿西洛马人工智能原则"强调，应以安全、透明、负责、可解释、为人类做贡献和多数人受益等方式开发AI，其倡导的伦理和价值原则包括：安全性失败的透明性、审判的透明性、负责、与人类价值观保持一致、保护隐私、尊重自由、分享利益、共同繁荣、人类控制、非颠覆性以及禁止人工智能装备竞赛等。

IEEE颁布的《人工智能设计的伦理准则》第一版将专业伦理中的专业责任、工程伦理中的公众福祉优先以及工程师的责任落实到人工智能领域，把负责任的研究与创新和道德敏感设计等观念运用于对人工智能和自主系统的价值校准和伦理调适。其指导思想是：人工智能及自主系统远不止是实现功能性的目标和解决技术问题,而应将人类的福祉放在首位,应努力使人类从它们的创新潜力中充分获益。其在伦理层面关注的要点是,人工智能与自主系统应遵循人类权利、环境优先、责任追溯、公开透明、教育与认知等伦理原则,并使之嵌入人工智能与自主系统,以此指导相关技术与工程的设计、制造与使用。在第二版中,其宗旨进一步强调,智能和自主的技术系统的设计目的在于减少日常生活中的人工活动,其对个人和社会的影响已引起广泛关注,只有当其合乎人类的道德价值和伦理原则时,才能充分实现其益处。为此,应遵循的一般原则包括:①人权——确保其不侵犯国际公认的人权;②福祉——在其设计和使用中优先考虑人类福祉的指标;③问责——确保它们的设计者和操作者负责任且可问责;④透明——确保其以透明的方式运行;⑤慎用——将滥用的风险降到最低。

2019年6月17日,我国新一代人工智能治理专业委员会发布《新一代人工智能治理原则——发展负责任的创新》,提出"和谐友好、公正公平、包容共享、尊重隐私、安全可控、共担责任、开放协作和敏捷治理"八项原则。其中,"敏捷治理"强调应在人工智能的发展中及时发现和解决可能引发的风险、推动治理原则贯穿人工智能产品和服务的全生命周期、确保人工智能始终朝着有利于人类的方向发展。而实现这一原则的关键在于切实将人工智能发展中的所有相关利益群体的认知纳入人工智能伦理与治理的各个环节,诉诸面向人工智能研究创新实践的具体价值校准和稳健的框架设计,以此形成多相关方的对话与共识机制,落实多方参与,实行多元共治,实现从微观到宏观的反馈、修正与迭代,最终推动人工智能的未来沿着合乎人性的方向和谐发展。

5.3.4 算法治理与"上帝之眼"

智能算法通过对数据进行程序化、自动化处理而获得知识、做出决策。2017年9月,《人民日报》连发三篇评论,对基于算法而向用户自动推荐个性化内容的互联网业态提出了批评①,指出不能让算法决定内容、别被算法困在信息茧房、警惕算法走向创新的反面。但实际上,不仅仅是算法推荐,我们日益生活在一个"算法社会"之中。算法对于人类社会影响的扩大突显了相应治理挑战的难度。不论是大数据还是智能算法,最终是否有益于人类社会取决于利用方式。

在社会物理学家眼里,在社会生活的各个方面不断产生和累积的大数据为科学家提供了一种大数据透镜或"社会之镜",它可以帮助人们洞察社会的细微之处,将使关于人类行为的研究焕然一新,其作用可与历史上彻底拓展了自然科学视野的光学透镜相媲美。在他们看来,现有的社会科学主要基于对统计平均或典型样本的描述,大多建立在对普通实验室现象或调查结果的分析之上,忽略了人与人之间的互动,无法体现基于想法流动等微观过程之上的社会生活复杂性。在大数据透镜下,社会现象可能获得更加精细客观的表征,呈现为由个体之间数十亿物质、货币、信息和想法的微小交换构成的微观模式,通过对它们的社会物理学分析,将使真实社会的复杂性得以洞悉。

在此基础上,社会物理学家进一步希望构建一种以大数据为引擎能洞悉一切的"上帝之眼",以此真正理解社会的运行并从总体上解决人类面临的问题。这一理想化目标的技术路线及其所蕴含的基本假设主要包括五个方面。

(1)构建更大、更精确的人类行为大数据集,运用数量惊人的、客观、连续并且密集的数据可构建能够表征复杂的人类日常行为的定量预测模型。

(2)构建更加精确和可视化的表征性社会实在,将有助于我们适应复杂、互联和网络化等人类社会的新趋势,更好地理解和管理当代社会。

(3)聚焦于人们的"想法流"而非人的内在认知模式,通过社会网络和社会学习过程探讨人的想法交换的行为动力学。

(4)通过大数据实现社会物理学所涉及的经济学、社会学、心理学以

---

① 贾开:《人工智能与算法治理研究》,载《中国行政管理》2019年第1期,第17-22页。

及网络科学、复杂性科学、决策和生态科学诸学科的融合。

（5）为营造一个更好的社会，建立有利于增长和创新的科学，构建起可靠的政策以及保护隐私和公众知情权的信息和法律框架。

但是，如果让几乎所有人类行为和社会过程都实现数据化，并成为认识和驱动社会的基础性资源或要素，显然需要国家政治乃至国际政治层面做出整体性制度设计和全新的价值抉择。

第 6 章 数据挖掘

6.1 数据挖掘概述

数据挖掘（data mining），是一种通过发掘大规模数据集、提取隐藏在其中的有用信息的过程，这些有用信息的表现形式是规则、概念、规律和模式。这门技术涵盖机器学习、统计学、数据库技术、人工智能等不同领域的知识，早期广泛应用在商务领域。[①] 本节通过两个案例引入相关概念。案例一，英国日用品零售商 GUS 运用数据挖掘方法准确预测商品的未来销量，使库存成本比原来降低了 3.8 个百分点，有效解决了库存问题。案例二，沃尔玛超市通过分析购物篮中商品的共现性，发现了商品组合销售规律。

案例一 英国日用品零售商对未来商品销量的预测

GUS Home Shopping 是英国一家大型零售商。每年根据客户需求反馈制定商品（时装）订购计划并安排库存，公司希望在每个销售旺季到来之前做出精确的预测，订购的产品数量既要充足又要尽量减少库存成本。为搜集需求信息，公司在每个销售季开始前三个月向客户寄送产品目录，并向回应的客户发放折扣卷。公司根据反馈数据预测商品的需求，作为采购预算的参考。多年来，该公司一直采用统计学模型做预测，但预测结果经常与实际需求存在较大误差，结果并不理想，这导致热门产品短缺或库存积压。为此，企业商业分析部采用了新的分析工具。这是一款具有可视化功能的数据挖掘平台，利用平台提供的神经网络模型做需求预测，极大提升了预测精准度，精准的预测使销量得以保障，并使库存成本比原来降低

---

① 卢辉：《数据挖掘与数据化运营实战（思路、方法、技巧与应用）》，机械工业出版社 2014 年版。

了 3.8 个百分点，同时解决了库存问题。这是商务领域运用数据挖掘技术解决实际问题的早期应用，数据挖掘技术从此在商务领域被极大推广[①]。

案例二　购物篮分析——发现商品组合销售规律

20 世纪 90 年代，沃尔玛超市管理人员在分析销售数据时发现了一个令人费解的现象，婴儿尿不湿和啤酒常常一同出现在订单里。后经分析发现，买尿不湿的家长中年轻父亲较多，如果他们在为孩子买尿不湿的时候恰好看到啤酒，就极可能购买。于是超市在摆放货品时，有意将这两种看似不相关的商品摆放在一起，这一策略显著提高了啤酒的销量。这个案例揭示出商品间的关联。通过研究用户消费数据，挖掘商品共同出现的规律，被称为商品关联分析法，也称为购物篮分析。数据挖掘早期应用于商场，通过发现商品的潜在关系，帮助超市进行货架摆放设计，制订营销策略。商品间的这种潜在关联模式掩盖在大量的销售数据中，自动发现这种关联规则，就是数据挖掘探讨的内容。

图 6-1 是商品关联规则的示意图，其中节点对应商品；连接节点的边对应商品间关联，边的形态表征关联的强度。图 6-2 是当当网的图书推荐，电商平台充满了各种推荐，平台如何发现顾客喜好并进行商品推荐的？除了关联规则方法，还有各种各样的推荐技术，这些都可以归到数据挖掘领域。

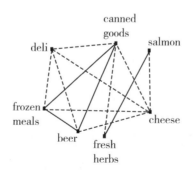

图 6-1　"购物篮"分析

---

① 参见 http://wiki.mbalib.com/wiki/英国 GUS 公司，访问日期：2023 年 7 月 28 日。

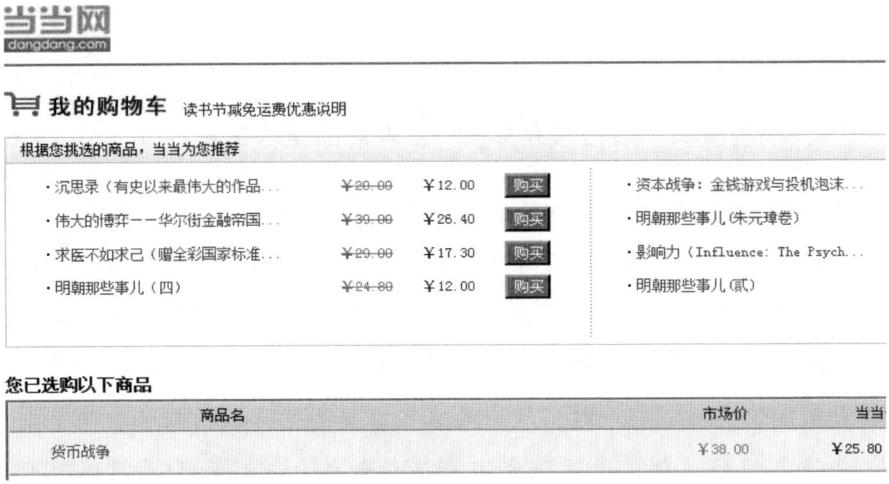

图 6-2 当当网的图书推荐（页面截图）

6.1.1 什么是数据挖掘？

6.1.1.1 数据挖掘的由来

数据挖掘是一门始于 20 世纪下半叶的学科，在多个学科的基础上发展起来的。随着数据库技术的不断发展与应用，数据积累不断膨胀，简单查询与统计方法已无法满足企业与商业的需求，它们迫切需要新技术来分析数据背后潜藏的信息。在这个过程中，人工智能技术取得巨大进展，进入机器学习阶段。人们于是将数据库存储数据与机器学习方法结合起来，尝试挖掘出数据背后的信息。这种结合促生了一门新学科——基于数据库的知识发现（knowledge discovery in databases，简称 KDD）。1989 年 8 月，KDD 首次出现在第十一届人工智能联合会议的专题讨论上。如今，KDD 已经从实验室走进了实践应用。

数据挖掘是基于数据库的知识发现过程中的核心部分。数据挖掘指从大量的、不完全的、有噪声、模糊的、随机的数据集中自动抽取潜在、有效、新颖、有用的信息的过程，这些信息的表现形式是规则、概念、规律和模式。进入 21 世纪，数据挖掘已经成为一门成熟的交叉科学，并且随着信息技术的不断发展，其应用范围日益拓展。广义的数据挖掘融合了数据库、人工智能、机器学习、统计学、高性能计算、神经网络、数据可视化等多个领域的理论与技术，成为 21 世纪对人类产生重大影响的计算技术之一。

6.1.1.2 数据挖掘的特点

作为一项技术，数据挖掘能够帮助人们深刻理解"数据世界"，揭示数据世界中的各种现象，这项技术具备以下的特点。

（1）数据挖掘的数据规模大。数据规模越大，挖掘出的模式才能越贴近实际规律。当然，小规模数据集上也可以执行数据挖掘算法，但无法反映出普遍规律。例如，要研究一个城市的交通拥堵情况，采集小规模数据可以进行某种程度上预测，但无法准确反映出城市的整体交通状况。相比之下，如果有多个区域、不同时间段的交通流量、道路长度、车辆速度等信息，那么就能更全面、准确地了解城市交通情况，从而更好地制定交通管理策略。对于一个有真正实用价值的数据挖掘应用，数据规模越大，挖掘出的模式就能越贴近实际规律。

（2）通过数据挖掘获得的信息必须有实际价值。应用机构或企业可以从中获得直接或间接的经济效益。例如，银行通过数据挖掘技术，分析客户的信用卡消费行为，发现客户在消费过程中存在欺诈行为。基于这一发现，银行可以加强客户风险管理，减少欺诈事件发生，从而保障银行和客户的利益。这一案例强调了数据挖掘技术的应用价值，帮助应用机构或企业发现数据背后的业务运作规律，以提升机构或企业的运营效益。当然，在实际应用中，数据挖掘项目成功与否，会受多种因素影响，如业务目标的明确性、数据质量的好坏、分析人员的经验水平等。

（3）数据挖掘发现的是数据内部隐藏的信息，这些信息具有隐秘性。在沃尔玛超市案例中，尿不湿和啤酒的联合购买是通过挖掘关联规则发现的，这种规律深藏在大量交易数据中，难以通过直觉或一般的统计方法得出。又如，某高校的一项教育大数据分析项目，采集了 2 万名在校学生的 85 项数据，通过数据挖掘，发现学生日常行为表现与学业的强关联，宿舍逗留时间越长，成绩越差；进入图书馆的次数越多，成绩越好；打水次数、吃早饭次数和洗澡规律性均与学生成绩直接相关；等等。基于这些纷繁复杂的数据，挖掘出预测目标（学生的学业表现）的关联要素，帮助人们深刻理解事物现象与本质,从而有效解决实际问题①。

(4) 信息的新颖性也是数据挖掘的重要特点。所谓新颖性指通过数据挖掘获得的知识是未曾显现过的,甚至是未知的。全新的知识能够帮助人们获得新的洞察。仍以学生日常行为与学业表现关系的研究为例,算法挖掘出学生行为与学业表现的关系之前,研究者并没有预见到吃早餐、打水等行为与学生学业存在强关联,这些是通过数据洞察获得的全新发现。可见,从大规模数据中获得的结论往往具有新颖性。有时候,这类研究具有探索性,数据驱动的发现常会出乎意料。

(5) 数据挖掘获得的规律能要求被理解、接受和运用。一些数据挖掘算法自身具有较强的可解释性,例如决策树和关联规则发现,这些算法挖掘的结果就是一套易于理解规则体系,如图 6-3 所示。但有些算法发现的规律是隐性的,需要借助外部方法进行解读和分析,例如用可视化技术展示聚类结果,从中观察到挖掘出的结果,图 6-4 是一个人脸聚类的挖掘案例示意图②。

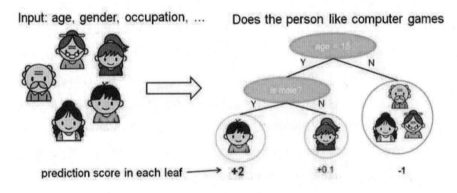

图 6-3 基于决策树的游戏爱好者特征分析

从图 6-4 可得,用可视化展现政治家的人脸聚类算法发现了脸部共有的特征,从而将相似照片聚为一组。数据可视化使挖掘出的结果能够理解。

---

① 福斯特·普罗沃斯特、汤姆·福西特:《商战数据挖掘:你需要了解的数据科学与分析思维》. 郭鹏程、管臣译. 人民邮电出版社 2019 年版。

② 安德里亚斯·穆勒、[美] 莎拉·吉多:《Python 机器学习基础教程》. 张亮,译. 人民邮电出版社 2018 年版。

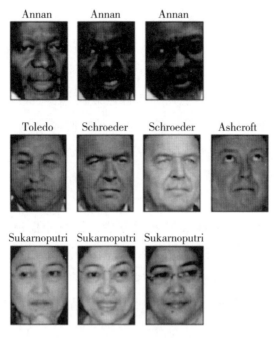

图 6-4 人脸聚类分析

6.1.2 数据挖掘的步骤

数据挖掘过程分六个关键步骤,即数据收集、数据清理、数据变换、数据挖掘、模式评估和知识表示。

6.1.2.1 数据收集

数据收集的主要工作包括确定目标数据源、收集数据和合理存储。这一环节是数据挖掘的关键步骤,对于后续数据分析和挖掘结果的准确性和可信度有重要的影响。数据收集的方法和工具有多种,常见方法包括网络爬虫、通过数据库系统中导入、文件导入、从传感器和设备中装载等。其中,网络爬虫是非常重要的一种方式,这是通过程序自动从网页中获取数据的一种方法。进行数据收集时,需关注数据来源和质量,并选择合适的收集方法与工具。例如,网络数据大都通过网络爬虫程序收集,特别领域的数据常常通过开放的数据库获取。

6.1.2.2 数据清理

获取原始信息后,需要先进行"清洗"。所谓清洗,指对原始数据进行去噪、纠错、补缺和完善。因为,原始数据通常都比较杂乱,有些存在缺失(如在收集人口统计信息时,可能会缺失年龄、收入等敏感信息),有些存在错误,还有些形式不规范(如各种时间表示),尤其是从网络上收集的数据。因此,数据分析之前,一个重要的工作就是对这些原始数据先清理一遍,以确保数据的质量。机器学习领域中用"Garbage in,garbage out"特别强调了数据清理的重要性。

清洗数据需要借助一些数据处理方法,如统计指标检验、异常值检验、遗漏值插补、图表检验等,这些方法简单易行,可按流程对原始数据做清洗。有时数据还需通过人工的审核和验证。经过数据清洗和验证的数据才有资格进行后续分析和挖掘,以保障研究结论的准确性和可信度。

6.1.2.3 数据变换

为了适应数据挖掘系统或算法的要求,清洗后的数据,可能要进行格式转换,也就是要将原始数据转换成算法要求的形式。如文本要转化成矢量表示,计算机才可以处理。在人脸识别中,将用自然语言描述的面部特征,如颜色、轮廓、肌理等做了量化处理后,才作为特征引入人脸识别模型。

平滑处理、概念化、规范化、离散化等均是数据转换的方式。平滑处理,主要针对连续型数据,可以用来减少数据中的噪点,提升数据挖掘的准确性。概念化和规范化的主要目的是将数据进行归一化处理,使得数据可以进行合理的比较和计算。离散化是将连续数据转换成离散数据,因为一些数据挖掘算法,只能使用离散数据进行推理。如在股票价格预测中,将历史股票价格的时间序列数据先进行平滑处理,通过统计方法去除噪点,然后再进行时间序列的离散化,将连续的时间数据转换为离散的时间段,以备后续的分析与挖掘。

格式转换是数据挖掘过程中不可缺少的一步,它为后续的数据分析和挖掘提供必要的数据支持,同时也提高了数据的可用性。

6.1.2.4 数据挖掘

运用算法对数据进行分析和挖掘是数据挖掘的关键步骤，可以分为规则挖掘、分类、聚类、回归、异常值检测等几类。每个类别包含各种不同算法，用程序实现，是机器学习的核心内容。例如，分类是数据挖掘的基本任务，用分类算法判断数据对象的类型，可更好地理解和利用数据对象。一个银行可能想要预测某个客户是否会违约，这就是一个典型的分类问题。银行可以收集客户的各种信息，如收入、工作、信用等，然后使用分类算法来预测客户是否存在违约行为；分类算法可以有决策树、朴素贝叶斯、支持向量机等多种选择，目的是准确预测客户是否有违约行为。

6.1.2.5 模式评估

模式评估检验分析结果的正确性和可靠性，对数据挖掘效果进行评量。不同模型和任务，评估方法不尽相同。分类模型常采用准确率、召回率、F1 值、ROC 曲线等指标。回归模型则采用均方误差、平均绝对误差等，这些指标基于预测结果与实际情况的差异设计，评测标准统一。对于聚类模型，客观性指标往往不足以判断模型的优劣，需要结合业务场景和领域知识，进行人工的判断或评估。例如，在医学领域中发现某种药物有某种功效，要医学专家进行验证，以确保结论的可靠性。在金融领域，预测发现某些交易存在欺诈行为，也需要由行业专家做出最终判断。总之，数据挖掘的结果必须经过评估和检验，确保挖掘结果可靠，才能发挥其应用价值，评估方法通过根据具体任务和模型进行选择。图 6-5 是采用混淆矩阵对病患识别模型的评估示意，基于混淆矩阵，图中列出了准确率（accuracy），精准率（precision）和召回率（recall）的计算公式。

6.1.2.6 知识表示

进行数据挖掘，可以采用各种算法挖掘出模式、规则、知识等结果。展示这些结果是同样重要的问题。有些算法直接给出显化知识，例如决策树和关联规则，但在更多的任务中，挖掘出的结果需要借助可视化技术来呈现。例如在一个电商平台上，关联规则算法挖掘了用户的购买行为，或用户的购物偏好,将挖掘规则转化成可视化图表,可使用户更直观地看到并理解数据背后的信息内容。图6-6为关联规则挖掘、分类、聚类和异常值检测等数据挖掘算法的可视化图示。

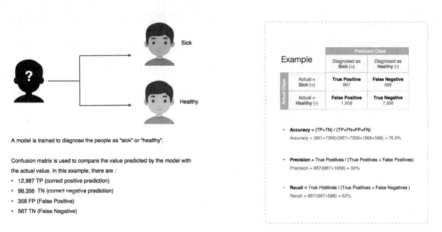

图6-5 用混淆矩阵对病患识别模型进行评估

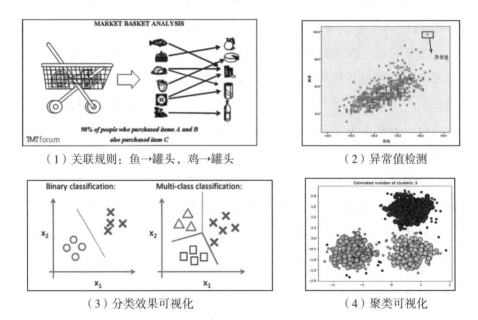

图6-6 数据挖掘结果可视化

6.1.3 数据挖掘任务

按照采用数据挖掘技术处理信息的方式划分，数据挖掘任务包括分类、聚类、关联规则发现和异常值检测四类。分类的主要任务是构建分类器，分类器根据数据对象的特征，确定其所属类别。例如，电子邮件分类系统将收到的邮件自动划分为垃圾邮件和非垃圾邮件。聚类任务则是依据数据对象的亲疏关系将数据集分成群组，群组内对象间的相似度较高，群组间对象间的相似度较低，通过聚类分析可以了解数据集的内部结构。例如，对于顾客群体，依据其购买行为与偏好形成不同的群组，对不同顾客群体设计不同的营销策略。关联规则挖掘的是事务数据集中事务间的共现规律。例如，商务上运用关联规则可以发现商品间关联，据此进行商品推荐和促销。异常值检测任务是找出数据集中的异常实例或异常属性。例如，信用卡诈骗或网络攻击等异常行为检测均属于异常值检测任务。

这些数据挖掘任务均通过不同算法实现，常见的有决策树、K-means 聚类、Apriori 算法等。不同的任务采用不同算法，所有任务目的明确，即发现数据有价值的信息。

6.1.3.1 分类

分类（classification）是数据挖掘的基础任务。通过构建一个自动分类器，判断一个目标对象归属的类别，而分类器的类别体系需要事先设定。以文本分类为例（图 6-7），根据文章内容，判断一篇文章的主题归属在哪个栏目下，即技术相关（technology），体育相关（sports），或时尚相关（fashion）。

构建分类器是一个学习训练过程。以文本主题分类为例，首先要准备一批训练数据，即一批有明确主题类标的文本语料，称这批有类标的语料被为训练集。然后，选用机器学习算法针对训练集学习，学习的过程即训练的过程，通过训练生成分类模型。因此，选用不同的算法学习，将得到不同类型的分类器。决策树、支持向量机、逻辑回归、朴素贝叶斯、随机森林等均是被广泛采用的分类建模算法，由此生成的分类模型以算法名命名。

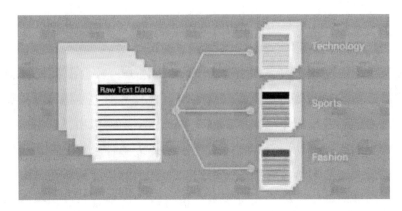

图 6-7　文本主题分类示意

分类模型的完整构建过程如图 6-8 所示，包括数据预处理、特征选择、数据集划分、模型选择、模型构建、模型评估与应用等多个步骤。数据预处理是针对原始数据的准备工作，在文本分类中，将自然语言形式的文本转换数值表达（即文本矢量化）就是对原始数据做预处理。特征选择是从输入信息中挑选对预测最有效信息的过程，被选的特征信息对算法的精度产生重要影响。在建模过程中，数据集可以按照 8∶2 或 7∶3 的比例划分出训练集和测试集，训练集用于构建模型，测试集用于评估模型性能。建模的过程，也是一个针对算法的进行参数调整及优化的过程，通过多轮运算获得最优模型，再将最优模型部署到实际应用中。

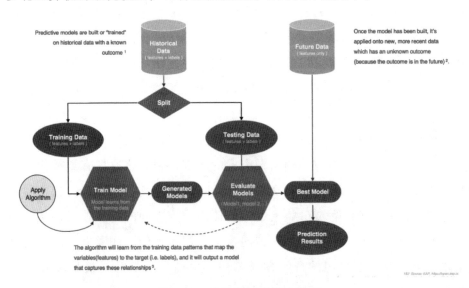

图 6-8　分类模型的构建流程

6.1.3.2 聚类

分类模型因为需要通过训练获得，因此构建分类模型被称为有监督机器学习。相较分类模型，聚类分析无须训练，便可直接揭示数据集的内在结构，因此被称为无监督机器学习。聚类涉及的重要概念是相似性，本质则是依据数据对象之间的相似性形成群组，群组内的对象之间有更紧密的关系。

根据聚类分析的输出，聚类方法分为平面划分和层次划分两类。平面划分算法将数据集分为若干个不相交的子集（簇），每个子集对应一个簇。这类算法采用迭代运算判断数据对象归属的簇，每轮运算形成一个聚集结果，直至形成的簇不再发生变化。层次划分算法是指将数据集中的对象逐步划分为不同层级的子集，形成一棵树状结构，叶子对应具体的数据对象。这种算法通过自下而上的聚合或自上而下的分裂两种方式实现。自下而上的聚合方式更普遍，整个汇聚过程以数据对象为起点，逐步将相似度较高的对象合并，形成中间簇，直到所有对象合并为一个簇。相反，自上而下的分裂方式则从整个数据对象集开始，逐步将相似度较低的对象划分为不同的簇，直到每个簇中只包含一个数据对象。

在商务领域，聚类算法常用于商品推荐。根据客户的购买历史、浏览历史和个人信息等，对客户进行群组划分。如电商网站通过聚类将用户分为"喜欢电子产品的用户"和"喜欢读书的用户"。然后，当新客户来到网站时，就可以根据他的行为与喜好将其归类到对应的群体中，并向其推荐该群体用户常购买的商品。电商网站还可以根据商品的属性（如品牌、价格、类别等）和销售记录（如销量、评价等），对商品聚类，如将商品分为"电子产品""书籍""家居用品"等。当用户浏览某具体商品时，便可以向用户推荐和这个商品在同一类别的其他商品。商务领域的商品推荐参见图 6-9。

6.1.3.3 关联规则发现

关联规则发现的目的是找出事务对象之间的共现关系，这种共现具有频繁发生的特点，即所谓的频繁模式，事务之间的这种频繁的共现模式揭

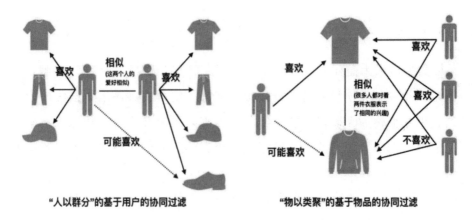

图6-9 聚类和商品推荐

示出事务之间的关联。购物篮分析是关联规则发现在商务领域的经典应用,购物篮中的商品对应事务,顾客购物篮中频繁同时出现的商品,揭示了商品之间的某种关联,反映了顾客的喜好,商家利用从购物篮中发现的商品共现的频繁模式来制定营销策略。一个运用关联规则的案例就是"啤酒与尿布",如图6-10所示。

图6-10 "啤酒与尿布"的案例

如何确定事务数据集中的事务之间的频繁模式和共现规律?以"啤酒和尿布"为例,通过分析购物篮中的大量货品信息,算法挖掘出一条规则:

规则:婴儿尿不湿啤酒(支持度 = 10%,置信度 = 70%)

这条规则的意义是,在所有的购物记录中,有10%(支持度)的顾客同时购买了尿不湿和啤酒。而在所有购买了尿不湿的顾客中,有70%(置信度)的人同时还购买了啤酒。支持度和置信度是测量规则强度的两个重要指标,一般来说,对于X→Y(如果X则Y)形式的规则,支持度是指事务数据集中同时包含X和Y两项事务的概率,支持度过低,说明"X→Y"规则是偶然发生的。在实际的商务场景中,偶然发生的共现事件没有信息价值,因此支持度可用来衡量规则的有用性。置信度则是指在X发生的事务集中,Y同时发生了的事务的比例,这个指标用于衡量规则的确定性,如果置信度指标值过低,说明通过X的发生很难可靠推出Y的发生,置信度低的共现模式也没有实际意义。因此,可以通过支持度和置信度来确定有实际意义的关联规则。

基于这一朴素思想,利用关联规则可以从大规模事务数据集中发现事务之间潜藏的相关性。这种关系的发现方法不仅在商业领域有广泛应用,其他领域中也得以推广。如图6-11所示,在医药领域中,关联规则被用于发现中药配方中中草药的配伍关系。

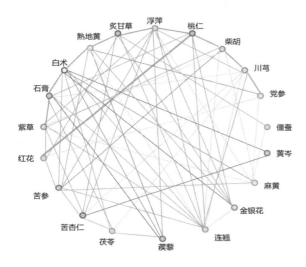

通过采用关联规则对中医领域的药物进行数据挖掘,我们可以发现药方中各种药物的配伍规律。举个例子,红花和桃仁这两种药物经常会同时出现在药方中,而红花和僵蚕则不会同时出现。桃仁具有活血化瘀、润肠通便、止咳平喘的功效,而红花具有活血通经、祛瘀止痛的功效。因此,将这两种药物合用可以改善血液循环、消肿止痛,疗效非常好。通过挖掘这些古老的药方,可以提取出中医药知识的博大精深。

图6-11 关联规则在中医药领域的知识发现

6.1.3.4 异常值检测

异常值检测或离群点检测也是数据挖掘的一项重要任务。随着数据的爆发性增长，人们需要思考什么是异常、如何检测异常，并通过这些异常的发现构建应用场景。举例来说，在健康领域，智能手表和手环可实时监测人们的心率，一旦心率波动偏离正常范围，就会被视为异常，异常值检测有助于预防心脏病的发生。异常检测还常常用于分析网络上的异常行为，例如水军的刷单行为、黑客的入侵行为以及不法分子的电信诈骗行为等。基于异常检测的解决方案和应用场景在数据挖掘领域具有无限多元化的潜力。

异常点或离群点特指与其他结构良好的正常数据点相距甚远的观测值。发现数据样本中的异常点或离群点，被称为异常值检测。当样本量较少，且是单一维度，用观察和简单的统计方法即可有效识别出异常。例如，[20，24，22，19，29，18，＊4300＊，30，18]中的离群点可以一眼就看出。如果数据集有一定规模，通常借助统计图表可以发现异常元素。如图6－12所示，图的左侧是箱线图，箱线图是描述数值型变量分布的有效工具，可以直接观察离群点。图的右侧是散点图，描述了两个维度数据的分布，也可清晰地观察到异常数据。

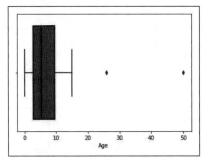
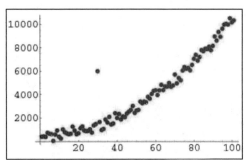

图6－12　借助统计图表发现异常值

但如果描述数据对象的维度较多，则需用特别算法进行检测。这些算法的基本思想是：寻找数据的常规区域，将任何在定义为常规区域外的点均视为离群或异常点。以密度聚类算法DBSCAN为例，这是一种聚类算法，但可用于多维数据的异常值检测。算法有两个重要超参数，min_samples是形成聚类所需的最小核心点数量，eps为同一个聚类中两样本间的最大距离，依据min_samples和eps两个参数确定常规区域的边界点与核心点，边界点距离聚类中心有较远的距离，但二者依然同属一个聚类。凡是即非边界点也非核心点的数据点被认为是噪音，即异常值。图 6-13 是一个使用 DBSCAN 算法聚类的示例。

图 6-13　DBScan 算法的发现异常值

注：DBSCAN 算法可有效识别出形状的边界，根据密度分布，将原始数据集汇聚成 6 个簇，散布在簇边界之外的数据点被算法判定为噪音点，即异常值。

在实际应用中，异常值除了被作为需要排除的干扰因素，发现异常值本身也有重要的应用价值。能够发现异常情况，意味着能够规避异常情况造成的损失，实现风险控制。

举一异常值检测案例：通过识别快递员（异常点）来获取有价值的用户信息，实现商业推广。这个项目的关键是识别快递员群体，这是一个职业有别于普通人的特殊群体，在项目中被定义为异常人群。如何识别这一人群？可以推过对呼入和呼出频率的分析找出从事快递行业人员的号码（当然要与电信运营商合作），快递人员打出的电话非常多，但接到电话相对少，这与外卖和服务机构的电话频率有较大差异，再结合快递人员的日常轨迹数据，可以很快识别快递从业人员。通过快递从业人员打出的电话中可以找到一个城市里几乎所有有网购行为的消费者电话，并了解到他们的购买频率和习惯，因此仅根据一个电话号码就可以了解背后主人的消费习惯、经济状况、个人品位等等，这是一个获取客户信息极便捷的渠道，商家可利用这些信息进行商业推广。你是否在微信中经常出现各种广告推广，仔细观察是否与你的喜好和最近的网络行为有一定关联？如果你在网络中，你的网络痕迹揭示了你的一切。当然这里涉及个人隐私和法律问题，数据挖掘的应用的确应该慎重，这也是一个需要探索的社会问题。

6.1.4 数据挖掘的应用领域和案例

在拥有数据资源的任何领域，数据挖掘都能发挥重要作用。本节重点介绍该技术在金融、医疗健康、商业及服务行业的实用实例。

6.1.4.1 金融行业

数据挖掘技术被广泛应用于银行和金融数据的分析中，这些数据分析工作与业务紧密相关。例如，运用异常值检测追踪异常交易，识别网络诈骗和欺诈行为；运用聚类和关联挖掘算法挖掘客户历史数据、交易数据和活动数据，实现客户细分，实现个性化推荐；运用数据挖掘技术分析业务数据，找出各种财务指标间的相关性，实现无纸化的业务流程，提升金融机构的服务效率；等等。

案例：数据挖掘与金融风险控制

非法集资是一个严重的金融风险问题，借助数据挖掘技术，可以发现和应对这种风险。本案例中，研究人员分析了数万家企业的董监和股东信息，并构建了一张包含数万家企业的关联网络。企业被看作是一个节点，彼此间的关联关系则作为边。通过分析这个关联网络，研究人员挖掘出典型的金融风险。其中一个发现是，一些企业由几个自然人控制，并且这些关联企业的数量以不正常的速度增长。这种情况可能提示企业存在非法集资的可能性。另外，非法集资企业通常会通过虚设假造的投资项目，在几个由自然人设立的壳公司之间相互投资。这在关联网络中的表现形式就是高密度的交叉持股。

挖掘企业的行为数据，同样可以发现非法集资企业的痕迹。一家企业在三大招聘网站上发布了4399个招聘信息。但是，令人感到疑惑的是，该企业没有招聘任何博士学历的人员，只有42人是硕士学历，1130人是本科学历，而3227人低于本科学历，这导致低学历人员占比高达73.2%。这正常的基金管理公司的人才结构相比，明显不符合。这揭示了该企业作为非法集资企业的本质。这种情况在数据挖掘中通常采用异常值检测技术来处理。

通过这个案例，可以看到数据挖掘在金融风控方面的重要性。通过分析大规模的数据，发现异常行为、关联关系和其他可能的风险因素，帮助金融机构更好地应对非法集资等金融风险。

6.1.4.2 健康医疗与保险

数据挖掘在医疗保健领域的应用涵盖了疾病预防、诊断治疗、医疗管理和药物研发等多个方面，为医疗保健体系的智能化和精细化发展提供了有力的支持。例如，通过分析大规模的临床数据和个体健康记录，可以发现潜在的疾病风险因素和预测模式，实现精准的风险评估和疾病筛查。利用深度学习和模式识别技术，可以自动分析医学图像和生物信号，辅助医生进行疾病诊断和治疗方案选择。此外，通过分析大规模的药物数据，可以发现新的药物目标和药物间的相互作用，提高药物研发的效率和成功率。同时，数据挖掘还可以及时监测和预测药物的安全性和不良反应，为药物监管提供科学依据。随着时间的推移，数据挖掘在医疗领域的应用日益广泛，其潜力和效益逐渐显现。

案例：过度医疗与骗保

过度医疗和"骗保"是不正常的行为，可以通过异常值检验来识别出这些异常行为的人。在一个基于电子病历的大数据挖掘项目中，对近2亿份病例进行了分析，利用数据挖掘算法自动识别出异常行为的规则。例如，规则包括"患者所开的药物和疾病之间的关联极弱""医生用药的价格远远高于同类病人用药的平均价格""对某种药物的使用远远超过行业的用药比例，明显存在过度医疗行为"等。基于这些规则，可以使用简单的统计分析方法来发现近95%存在骗保行为的人。

6.1.4.3 商业与服务业

商务与服务业涵盖的领域广泛，包括企业咨询、市场营销、客户服务等。运用数据挖掘技术，企业能够从海量数据中发现有价值的信息和趋势，为业务决策提供有力支持。在企业咨询领域，数据挖掘帮助企业深入洞察，评估业绩和利润。通过分析客户、市场和竞争对手的数据，企业顾问可以识别和预测市场需求、客户行为和潜在业务机会。这种基于数据的洞察帮助企业制定战略计划和优化运营，提高竞争力。在市场营销方面，数据挖掘帮助企业理解消费者喜好和购买行为。通过分析购买历史、社交媒体活动和在线行为等数据，企业能够识别潜在客户，并利用个性化推荐和定制营销策略来提升销售效果。除此之外，数据挖掘还可帮助企业对市场趋势和需求做出及时和准确判断，为产品开发和定价策略提供依据。在客户服务领域，通过分析客户反馈、投诉记录和购买历史等数据，企业可以发现潜在问题和改进机会，并采取措施提供更好的客户支持与服务，提升客户满意度和忠诚度；同时，帮助企业预测客户流失风险，通过采取措施提前介入，保留客户和增加复购率。

案例：数据挖掘在电信业中的应用

通过分析用户对电信服务的使用模式，划分客户群体，使营销策略更有针对性。如图6-14为基于客户价值生成的客户分组。

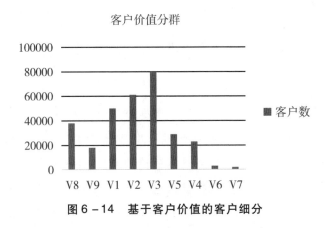

图6-14　基于客户价值的客户细分

图6-14展示了基于客户价值的不同级别客户的数量分布状况。V1—V9对应客户级别，显然，V3级客户量最大，为大众消费者；高级别客户为V8、V9；低价值客户极少V6和V7。从用户价值来看，客户的分布近似正态。但这里需要考虑的一个问题是，除了仅从客户价值对客户分组，还可以从哪些方面来划分客户群组？在实际应用驱动下，进行客户分析时，客户的年龄、性别、居住地、使用的电信套餐、月流量、使用频率等特征均可用于构建客户模型。基于这些特征对客户进行聚类，可获得一个基于多维特征的客户划分方案，而不局限于单一的客户价值层面。

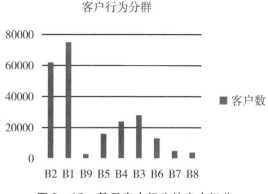

图6-15 基于客户行为的客户细分

图6-15展示了基于客户行为的客户数量分布状况。B1—B8为呼叫时段，纵坐标为不同时段的客户流量，可以看出图中客户流量的最高时段为B2、B1，在这两个时段应确保网络的运行质量，并可以优化网络；而在非热门时段（B7、B8、B9），则可提供资费打折。通过客户行为分析呼叫数据来优化和规划管理电信运营网络。简单的描述性统计分析，即可以发现潜藏数据背后有价值的信息。

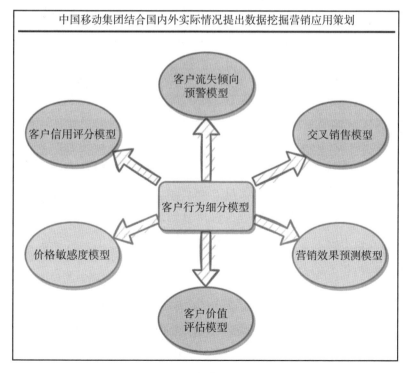

图6-16 中国移动的数据挖掘营销应用

如图6-16所示，客户关系的核心是对顾客群体进行区分，客户信用分析、客户价值评估可以精确地定位高端顾客，挖掘潜在客户，改进服务质量，获得更好的顾客忠诚度和满意程度。识别顾客购买行为，发现顾客购买模式和趋势，通过关联分析更好地设计营销策略，提高销售业绩，可提升客户购买体验，等等。

6.1.4.4 信息生活中的应用

网络时代，人们几乎可以通过网络获取一切想获得的信息。数据挖掘技术与人们网络上的信息行为之间有密切的关系。通过分析用户的搜索历史、点击行为和其他相关数据，数据挖掘可以为用户提供更准确、个性化的搜索结果。而帮助人们发现隐藏在信息中的模式和关联，也提高了知识利用的效率与质量。

案例：检索中的关键词推荐

当我们使用主流的搜索引擎，如用谷歌、Bing、搜狗、百度时，每当输入某一关键词时，搜索框会贴心在下拉框补全一组热门关键词或者你最近经常检索的词条，点击某一词项，页面就直接跳转到结果页面，这种显示搜索关键词提示功能，提升了用户的搜索体验。

搜索框中自动跳出的推荐关键词是如何确定的？搜索框中自动跳出的推荐关键词是通过搜索引擎收集和分析用户搜索历史、搜索习惯、搜索频率等数据，运用机器学习、自然语言处理等技术，进行智能推荐的。当用户在搜索框中输入关键词时，搜索引擎会根据用户的输入，自动匹配相关的搜索词项。这些推荐词通常是用户最近搜索过的词条、相关的热门关键词、近期热点事件等。搜索引擎根据用户的搜索行为不断更新和优化推荐词项。搜索框自动跳出推荐关键词帮助用户更快速、准确地找到自己想要的信息，提高用户的搜索效率和满意度。

6.2 网络挖掘

6.2.1 网络挖掘概述

网络挖掘（web data mining）是数据挖掘技术在网络信息处理中的应用。广义上讲，网络挖掘是利用数据挖掘技术，从网络文档及其服务中发现和抽取有价值内容的一个过程，这个过程可以使人们从网络数据中获得洞察。实现网络挖掘涉及多个技术领域，包括数据库、信息检索、机器学习、人工智能、自然语言处理等。

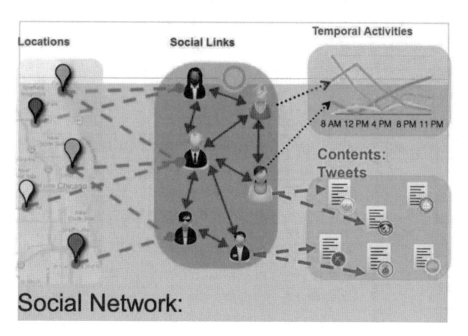

图6-17　社交网络和网络挖掘

图6-17为一张针对社交网络的分析示意。从这张结构图中可以发现人物、地点、事项和时间，并建立这些实体对象之间的联系。基于这张图，可以从中获得什么信息？人物讨论的话题？人们的情绪？人物间的关系？谁是意见领袖？意见领袖如何影响网络舆情？他们在哪里？他们有怎样的信息行为？信息如何传播？传播的信息造成了什么影响？这些问题都可以借助网络挖掘技术获得答案。

网络挖掘面向网络，网络数据的多元性决定了网络挖掘技术的复杂性。网络挖掘源自传统的数据挖掘，但与传统的数据挖掘又存在显著差异。另一个容易混淆的概念是网络信息检索，网络挖掘和网络信息检索都是通过互联网获得有用信息，但二者又有本质区别。

6.2.1.1 网络挖掘与传统数据挖掘的差异

网络挖掘与传统的数据挖掘存在差异，这些差异主要体现在挖掘对象、挖掘模式和数据的预处理过程三个方面。

（1）网络挖掘和传统数据挖掘的研究对象不同。传统数据挖掘主要针对结构化数据，所谓结构化数据类似于数据库中的表格型数据，如图 6-18 所示。表格型数据的行代表实体对象（如一名学生），列则对应实体对象的具体属性或特征（如学生的性别、年龄、联系方式等）。传统的数据挖掘算法主要针对这类结构整齐数据做分析，从中提取有价值信息，发现模式和规律。

图 6-18　数据库中的表格型数据

网络挖掘的数据对象则复杂且多样，包括文本、语音、视频、图片、网页等各种形式，相对于结构化数据，这些数据统称为非结构化或半结构化数据。非结构化数据没有预先设定组织形式，不指明特征，较难理解，如各类文本、语音、图像、视频等。半结构化数据介于结构化和非结构化数据之间，不采用严格的表格形式，但有特征标记，用来分隔语义元素，被称为自描述的结构。常见半结构化数据有日志文件、XML 文档、JSON

文档、Email 等多种形式（半结构化数据的示例如图 6-19 所示）。非结构化和半结构化数据的特点是数量大、异质、分布广，相较结构化数据，分析难度大。网络挖掘算法根据数据形式更有针对性，但目的是统一的：发现事务间的关系与模式，洞察海量数据中隐藏的结构和有价值信息。

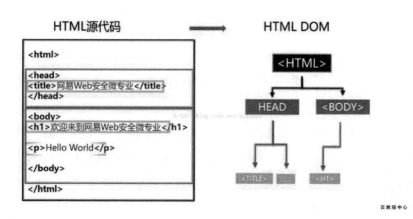

图 6-19　半结构化数据的例子：网页源代码

（2）网络挖掘与传统数据挖掘的不同还表现在挖掘模式上。传统数据挖掘从结构化数据中找规律，关注数据的内在关联与特征，经常采用分类、聚类、关联规则、时序分析等挖掘算法，以揭示数据集中潜藏的模式。网络挖掘除了挖掘信息的内容，也关注信息的组织与结构（结构挖掘）以及网络的使用情况（使用挖掘），因此涉及网络结构分析、社交网络分析、网络日志分析等多种挖掘模式。特别是结构挖掘，分析重点是网络的节点、边（关系）和整个网络结构，故常采用基于图的网络分析法揭示网络特征。例如，对社交网络进行分析，从中找出重要节点（网络意见领袖）及信息传播的方式（图 6-17）。

（3）挖掘的对象和模式均存在差异，决定了两种挖掘方法在分析数据时会采用不同的数据预处理方案。对于结构化数据，传统数据挖掘的预处理过程相对简单，经过数据清洗、变换和规范化等基本处理，便可开始分析。网络挖掘的对象是半结构或非结构化数据，需将半结构或非结构化数据结构化后，即转换成算法可接受的规范数据形式后，才能进行后续分析，因此数据预处理过程复杂。例如，文本数据一般需要进行一组自然语言预处理（分词、提出停用词，去词根等）操作，将其转换成某种语言模型（结构化描述）后，才能执行后面的挖掘任务。可见，从网络数据中提取有用的信息和特征，预处理过程尽管复杂，但却十分重要。

6.2.1.2 网络挖掘与网络信息检索

网络挖掘和网络信息检索是容易混淆的两个概念。二者尽管都是通过网络获得有用信息，但有本质区别。目的上，网络挖掘是为了从网络的内容或结构中提取隐含知识，网络信息检索的目的则是帮助用户从网络中获得资源。对于检索，获得的资源往往是粗粒度的，经由提炼和萃取方能成为知识。举一个例子：查找某本书是检索行为，根据书名、作者和书号，找到书的内容链接即可；但如果要对书进行阅读理解、生成文摘、抽取知识点、建立知识点的关联就属于内容挖掘任务了。可见，网络挖掘的重点是试图理解网络的内容与结构，并从中获取洞察；而网络信息检索则更强调获取目标信息，一般不再对获取信息做深层次加工。因此，网络挖掘出的结果经常无法预知，有随机性和新颖性。但网络信息检索属于目标驱动，用户需要明确提出检索要求，并希望获得目标信息。

6.2.2 网络挖掘内容

网络挖掘是从网络数据中发现有价值的信息和知识的过程。针对不同的数据对象，网络挖掘分为内容挖掘、结构挖掘和使用挖掘。内容挖掘研究如何从网络中的文本、图像、音频等中提取有用信息和模式，执行文本分类、情感分析、图像识别等任务。结构挖掘的对象是网络的拓扑结构和连接关系，通过分析网络节点和边的属性、结构、影响传播等，揭示网络组织结构和功能模式。使用挖掘重点分析用户与网络系统的交互，如网络日志分析，通过分析用户的行为模式，为提供个性化的服务或优化网络设计。三个主题相互关联，共同构成了网络挖掘的核心内容，为理解和利用网络数据提供了丰富的方法与技术。

6.2.2.1 网络内容挖掘

网络内容挖掘涉及自然语言处理、计算机视觉和音频处理等技术，旨在从海量的网络内容中获取知识。举一个例子，假设进行社交媒体的内容挖掘，则首先需要采集社交媒体上的数据，如推特上的用户发帖、评论和转发等信息。这些均属用户生成的文本内容，因此运用文本挖掘技术做分析，如用情感分析技术可了解用户对不同话题的态度和情感倾向。还可以采用主题分析法，通过识别关键词和主题分布，发现讨论热点。文本是内容挖掘的主要数据形式，本节以文本数据为例，介绍网络内容挖掘，涉及文本分类、文本聚类、文本摘要、关联分析、分布分析和趋势分析等多项挖掘任务。

（1）文本分类。文本分类是根据预先定义的主题或类别特征对文本型数据进行划分的过程。它在许多经典应用中发挥着重要作用，包括垃圾邮件过滤（根据邮件内容识别垃圾邮件）、情感分析（判断主观型文本的情感倾向）、新闻分类（根据内容区分不同类型的新闻）、文本推荐（根据用户的阅读喜好推荐相似内容的书籍或文章）等。典型的文本分类流程包括数据预处理、特征提取和模型训练三个环节。预处理对于分析文本型数据非常重要，原始文本需要经过清洗、分词、去重、去停用词等操作才能进入后续阶段。接下来，经过处理后的文本数据需要转化为数值型数据，这一步被称为模型构建。常用的自然语言模型包括词袋模型、TF-IDF 和词向量模型等。将文本转换成数值型矢量后，进入模型训练阶段，可以选择多种算法来构建文本分类模型，例如朴素贝叶斯、支持向量机和深度学习模型等。

实例：新闻分类

新闻网站往往需要根据内容进行主题分类，构建新闻主题分类器是典型的文本分类任务。如图 6-20 所示，要求该分类器能够识别政治（绿色）、个人事务（黄色）和其他事务（紫色）相关的三类新闻。为此事先准备了一组标注了类别的新闻语料为训练集，算法通过学习训练语料，得到一个新闻分类器 Classifier，也称分类模型 Model 或预测函数 Prediction Function，用这个函数判断未归类新闻的主题类别。

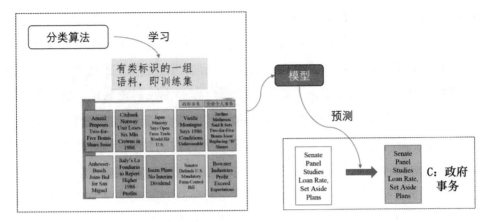

图6-20 新闻主题分类

实例：文本情感分析

文本情感分析是对带有主观感情色彩的文本进行识别和判断的过程。在互联网上，每时每刻都会产生大量的文本，其中包括许多用户直接参与的主观评价信息，如微博、论坛、汽车、购物评论等。这些评论信息传递了人们的情绪（喜怒哀乐）以及情感倾向性（消极或积极）等。通过浏览和分析这些主观色彩的评论，可以了解大众舆论对于某一事件或产品的看法。基于这些信息，人们可以更好地了解消费者的需求和偏好，帮助企业做出更好的决策，提高产品的质量和用户体验。因此，文本情感分析在社交媒体、市场调研和品牌管理等领域具有广泛的应用价值。

在大众点评网等许多网站上，人们会发表大量的用户评论信息。内容挖掘一个典型的应用是根据评论内容区分好评和差评，并通过好评和差评的分布来评价商家的在线口碑。最基本的情感分析任务就是构建一个自动判断好评和差评的文本分类器，如图6-21所示。在评论文本的情感分类任务中，选择特征是最为重要的。为了提取有效特征以确定评论内容的情感倾向，常常会使用情感词典。而深度学习模型可以捕捉评论文本中的语义信息，在情感分析任务中的表现也十分出色。

（2）文本聚类。文本聚类将具有相似主题或语义内容的文本分为多个簇。算法通过计算文本间的相似度或距离来确定相似性，相似文本被分配在同一簇中。文本聚类可以帮助人们整理大规模的文本数据，使其更好地

第6章　数据挖掘

图 6-21　评论文本的情感分类

被理解和利用。文本聚类已被用于多个领域，如信息检索、社交媒体分析、主题分析、推荐系统等具体的应用任务中都有聚类算法的出现。最常见的文本聚类算法包括 K-means、层次聚类、谱聚类等。

K-means 是最常用的聚类算法之一。该算法对数据集进行平面划分，生成 K 个簇，每个簇都有一个中心点。算法的核心思想是将数据对象分配到与其最近的聚类中心所在的簇中，然后重新计算每个簇的中心点，经过多轮迭代运算，即形成一组稳定聚类结构，算法运行步骤示意如图 6-22 所示。具体步骤：① 随机选择 K＝2 个数据点作为聚类中心；② 对于每个

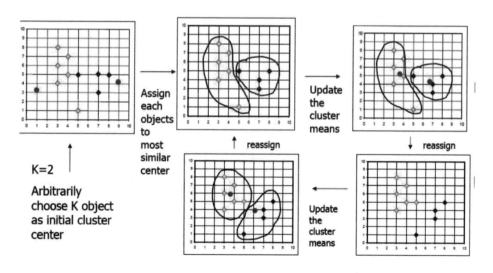

图 6-22　K-means 聚类算法基本步骤

数据点，计算其到每个聚类中心的距离，将其分配到距离最近的簇中；③ 对于每个簇，重新计算其中所有数据点的均值，作为新的聚类中心；④ 重复步骤②和③，直至聚类中心的位置不再变化或达到预设的迭代次数。

K-means 算法的优点是简单易实现，适用于大规模数据集，但也存在缺点，如对初始聚类中心的选择敏感，容易收敛到局部最优解等。对文本数据进行矢量化后，即可以采用聚类算法根据文本内容的相似性进行汇聚。

实例：文本聚类在文本检索中的应用

在面向网络的信息检索中，经常提及的"聚类假设"是指与用户查询相关的文档常常会聚集成簇，而与查询不相关的文档则会离簇较远。为了准确且快速地定位目标信息，人们可以利用文本聚类对搜索引擎的检索结果进行二次加工处理。当用户输入查询后，聚类算法会对检索出的结果进行汇聚，形成文档的子集，其中包含相关性较高的文档。用户只需检索感兴趣子集中的信息，从而大大缩小需要浏览的结果数量。这种利用文本聚类的检索可以提高搜索效率和用户体验，使用户能更快地找到目标信息，节省浏览的时间和精力消耗。同时，聚类结果还为用户提供了更多的探索和导航选项，让用户更好地了解查询主题的不同方面。图 6-23 给出了这一应用的示例，在搜索框中输入检索关键词"Apple"，经过文本聚类后，结果以蜂巢形状呈现，最大的簇为"Apple Products"，包含了 12 个相关网页。而关于 Apple 公司的新闻则构成了簇"Apple News"，其中有 10 个网页。

实例：文本聚类的应用——抑郁症在线问诊记录的聚类[①]

本案例是针对在线医疗平台"好大夫在线"中的抑郁症求诊者的问诊记录进行的文本聚类分析，旨在通过问诊记录细分抑郁症患者群体，了解

---

① 聂卉、吴晓燕、林芸：《基于在线问诊记录的抑郁症病患群组划分与特征分析》，载《数据分析与知识发现》2022 年第 2 期，第 222-232 页。

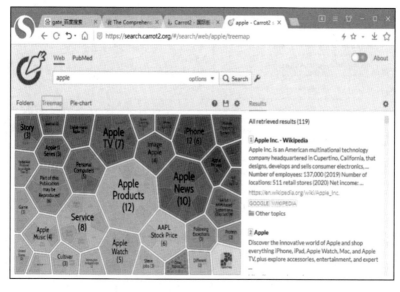

图6-23 网络检索中的文本聚类应用

不同子群的病况、情绪、认知、行为等特征。该研究的分析流程如图6-24所示。整个分析综合运用特征建模、文本聚类、主题建模、关键词提取和数据可视化等多种技术。聚类模型主要采用K-means算法,基于形成的群组,特别进行了群组分析,对病患的特征进行细粒度分析,并采用了一系列可视化技术展示聚类结果(图6-25,图6-26)。

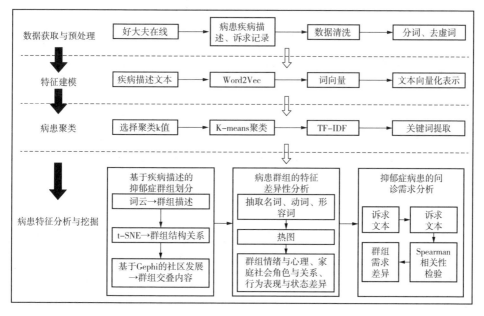

图6-24 抑郁症在线问诊记录的聚类分析流程

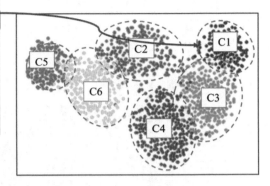

图 6-25 基于 K-means 聚类生成的抑郁症病患群组

图 6-25 的聚类结果显示，6 个病患群的特征明显，群组人数分布均衡；C1 患者数量相对较少，有明显的情绪异常行为，推测其病情已发展到一定程度；6 个群组可划分为两个板块，C2-C6-C5 板块的病患可能正积极寻求治疗，治疗和用药咨询较多，症状叙述中睡眠问题严重。C1-C3-C4 板块求诊者主要叙述个人情志、心理、行为方面症状，以及家庭人际关系，情绪悲观低落，推测大部分在寻求确诊。进一步运用热图解释不同群组的细节特征，见图 6-26，从病患的行为表现来看，严重患者和一般患者之间存在明显的差异，C1 患者行为极端，尤其需要关注。C5，C6 显然是再次就诊的患者；C2 的睡眠状况很差。

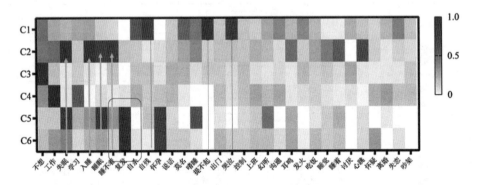

图 6-26 抑郁症病患群组的特征差异分析（行为表现）

可见，文本聚类结合可视化技术可以帮助人们更好地了解并揭示研究对象之间的相关性。通过将文本进行聚类并将聚类结果可视化，人们可以观察到不同簇之间的关系和相似性。这种可视化方式使文本数据中潜藏的规律得以发现，这些规律可能以前从未被发现，它新颖而又具有很高的价值。

（3）文本摘要。文本摘要的核心任务是提取和概括文本信息，将其以简洁的形式呈现给读者。学术文献中摘要是人工总结的，一篇好的摘要浓缩了论文的精华，使读者在不通读文章的情况下了解文章的核心内容。因此，文本摘要的主要目的是节省用户的时间和精力，同时提供足够的信息以满足用户的信息需求。

文本摘要一般有两种类型：抽取式和生成式。抽取式摘要是直接从文档中提取信息生成摘要。摘要算法要识别出文档中的重要句子、关键词或短语，并将其组合成一个简洁描述。抽取式摘要忠实于原始文本，能够准确传达原始文本的核心内容。生成式摘要则是通过理解文档的语义和上下文，自动生成新的句子来形成摘要。生成式摘要一般要运用自然语言处理方法，如文本生成模型或神经网络，来生成与原文相关但却表达上不同的摘要文本。生成式摘要具有创造性和灵活性，生成的摘要更为流畅。然而，生成式摘要的挑战在于需要理解文本的语义和上下文，并且可能会出现信息失真或生成不符合原文的句子的情况。

为了生成准确和有用的摘要，摘要算法通常需要考虑的因素包括：①语句的重要性，一般可以通过识别文档中的关键词、短语来判断语句的重要性，并将其包含在摘要中。②上下文的连贯性，摘要要求组成摘要的句子能够在语义上形成一个连贯的整体。这对与生成式摘要，尤其重要。③摘要的长度，摘要算法要根据用户需求和文档长度来确定摘要的长度，保证摘要的简洁性和信息的完整性。④信息的多样性，要求摘要能够尽可能覆盖文档中的不同主题和内容，以提供更全面的信息。文本摘要在信息检索、文本自动化处理和智能助手等领域有广泛的应用，可以帮助用户快速浏览和理解大量文档，节省人们处理文档的时间和精力，提升决策效率。

案例：大象主题句

一段对大象的描述文字，摘要算法从中找出核心语句，形成摘要。算法采用了 Text-rank 方法计算文本语句的重要度，并根据重要度对排序，取重要度 Top-K 条语句形成摘要。摘要实现流程如图 6-27 所示。原始文本首先进行语句分割并进行一系列自然语言的预处理，每个语句用数值向量的形式描述，可以计算语句之间的相似度，生成语句相似度矩阵，在语句相似度矩阵上运用 Text-rank，这个算法计算出每个语句的重要度，其主要依据是核心语句的语义与更多的语句具有相关性。最后根据每个语句的重要度，抽取排名靠前的 K 条语句作为摘要语句。①

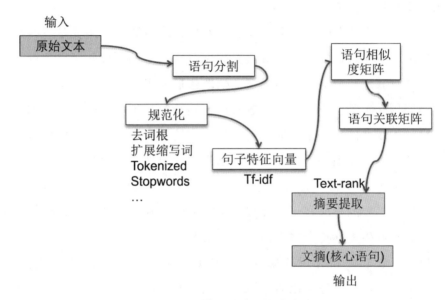

图 6-27 抽取式摘要生成流程

大象的描述：Elephants are large mammals of the family Elephantidae（象科）and the order Proboscidea（长鼻类）. ①Two species are traditionally recognised, the African elephant and the Asian elephant. ②Elephants are scattered throughout sub-Saharan Africa, South Asia, and Southeast Asia. ③Male African elephants are the largest extant terrestrial（现存的陆生的） animals. ④All elephants have a long trunk used for many purposes, particularly breathing, lifting water and grasping objects. ⑤Their incisors（门齿）grow into tusks（长牙），which can serve as weapons and as tools for moving objects and digging. ⑥Ele-

---

① 迪潘简·撒卡尔：《STARKAR D. Python 文本分析》，闫龙川、高德荃、李君婷，译，机械工业出版社 2018 年版。

phants' large ear flaps (煽动) help to control their body temperature. ⑦Their pillar-like legs can carry their great weight. ⑧African elephants have larger ears and concave backs while Asian elephants have smaller ears and convex or level backs.

图 6-28 为根据语句间的相似矩阵生成的网络图。节点代表每个语句，边反映语句间的关系的存在，边长反应语句间的相关度。可以看出，①③⑧为得分在前三最高的语句而被抽取出来。⑤⑦远离其他的语句，显然语句⑦和其他语句的关联不紧密，不能作为主题句。

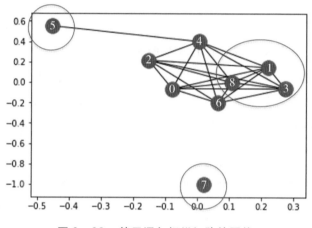

图 6-28 基于语句相似矩阵的网络

（4）关联分析。关联规则发现是用于发现不同项之间的关联关系的技术。在网络内容挖掘中，关联规则中的项对应各种形式的网络信息，包括网页、社交媒体帖子或搜索关键词等。关联规则发现通过分析这些网络信息之间的共现关系，来揭示信息间的频繁出现模式和相关性。关联规则发现的目标是找出频繁出现的项集和项集间的关联规则。项集是指在一组数据中同时出现的多个项的集合，而关联规则则是描述项之间关系的语句，常采用"If X, then Y"的形式，其中 X 和 Y 分别表示项集的子集。

在搜索热词分析中，可用关联规则发现热词间的关联，并通过这种关联了解用户的信息搜索行为和兴趣。例如，基于搜索热词中频繁出现"足球"和"世界杯"，可以推断信息搜索者对足球赛事感兴趣。再如，如果搜索热词中频繁出现"购物"和"优惠券"，那么可以推断用户在购物前更关注优惠券的使用。借助搜索热词和关联规则，搜索引擎对搜索结果进行优化,有效提升用户的个性化搜索体验。因此,面向关联规则方法被广泛应用于市场调研、广告投放和用户行为分析等领域,为企业和相关机构提供有关用户需求和市场趋势的洞察。

案例:百度搜索热词

如图 6-29 所示,百度搜索的热词功能是根据用户搜索的频率自动生成的。为了生成热词,首先需要收集用户的搜索数据,包括搜索关键词、搜索时间、搜索地点等信息。然后对这些数据进行分析处理,统计每个关键词的搜索次数和频率。根据搜索次数和频率,将热门的关键词排名在搜索框的下拉菜单中,供用户参考和选择。此外,人们还使用关联规则来分析用户的搜索历史和习惯,根据发现的关联规则推荐一些与用户搜索相关的热门关键词。例如,在图 6-29 中,当用户输入检索词"苹果"时,与其强关联的推荐词会在下拉菜单中出现。百度搜索热词是基于大数据分析和机器学习算法生成的,通过不断优化和更新,能够方便快捷地满足用户的搜索需求。

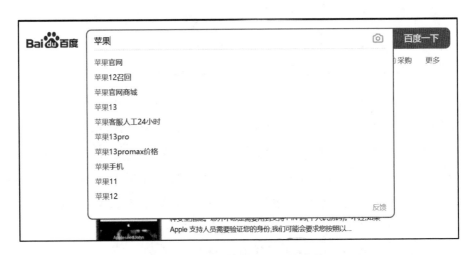

图 6-29　百度搜索框中的搜索热词

(5)词项分析。文本中的单词或短语统称词项,是进行文本分析与检索的基本单位。对于网络内容挖掘,词项分析指对网络文本中的词项做统计分析。通过词项分析可以找出文本关键词和热点话题,更好地理解和把握文本的主题和意义。词项分析的常见应用包括:①统计词项在文本中出现的频率，了解词项分布，推断出文本集的主题和关注点。②借助自然语言处理技术，如 TF-IDF、Text-rank 等，从文本中提取出关键词，快速了解文本主旨。③分析词项间的共现关系，揭示词项之间的相关性。比如，通过词项分析，可以从新闻报道中发现新闻事件之间联系。④ 分析词项的情感倾向，了解到文本的情感色彩。比如，通过分析用户在社交媒体上的评论，可以了解用户对某个产品或事件的态度。总之，词项分析可以帮助人们从大量的网络文本中提取有用的信息，了解用户需求和关注点，更好地支持基于网络数据驱动的各类开发与利用。

案例：百度搜索指数

百度搜索指数是百度一个用于衡量关键词搜索热度和趋势的指标。它可以显示特定关键词在一段时间内在百度搜索引擎上的搜索量，并提供相应的数据图表和趋势分析。百度搜索指数帮助用户了解某个关键词的搜索热度和受关注程度，从而判断某个话题、产品或事件的受欢迎程度和趋势。用户可以通过百度搜索指数来了解关键词的搜索量变化、地域分布、用户画像等信息，以及关键词与其他关键词的相关性。百度搜索指数对于市场调研、舆情分析、品牌推广等方面都具有重要的参考价值。图 6-30 为 2022 年底针对广州疫情的检索热点和趋势。

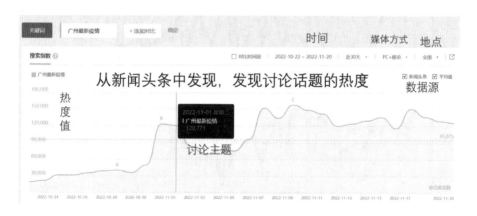

图 6-30 百度搜索指数（截图）

案例：基于社交媒体股民评论的情感倾向预测股票价格[①]

贪婪和恐惧是股市的两大驱动力。事实证明，社交媒体信息中的积极和消极情绪，比如推特，可用于预测股票价格的日常变动或走势。不仅新闻会影响股市价格，公众情绪状态也可能发挥同样重要的作用。心理学研究指出，情感和信息一样，在人类的决策过程中扮演着重要的角色。行为金融学进一步证明，金融决策在很大程度上是由情绪驱动的。股票预测领域，大量的研究通过分析社交媒体上股民的情绪波动预测股价的价格。如图6-31所示，红色折线图为通过情感分析获得的股民的情绪指标 Calm（平静）的走势，蓝色折线图为实际股票指数的走势，阴影部分显示了具有显著相关性的部分。但情绪指标的走势相较股票走势滞后三天，一般用股票走势三天前情感指标数据预测股票市场。

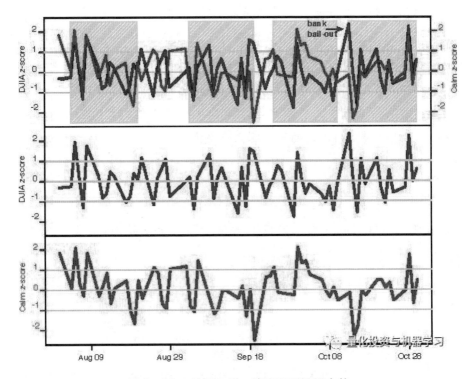

图6-31　利用 twitter 情感预测股票走势

---

① Johan Bollen, Huina Mao, Xiao jun Zeng, "Twitter mood predicts the stock market", Journal of conputational science, 2011, 2 (1): 1-8.

6.2.2.2 网络结构挖掘

网络结构挖掘用于理解和分析复杂网络的特征、发现结构中隐藏的模式和规律,从中获取有用的知识,网络结构挖掘细分为超链挖掘和内部结构挖掘两类。

(1)超链挖掘(hyperlink mining)。超文本(hypertext)是一种通过超链接(hyperlink)将文本、图像、音频、视频等多媒体元素组织起来的文本形式,网页都是超文本形式。与传统的线性文本相比,超文本通过超链接将不同的信息片段连接在一起,形成了一个非线性的网络结构,如图 6-32 所示。

图 6-32　超文本和超链接 hyperlink

超链挖掘指从超文本中提取有关超链接之间关系的信息和模式,从中发现超文本网络的特征,获取有用知识。在超文本中,超链接是关键要素,如果将超链连接的文档和资源用节点标识,超链用边标识,就生成了一张网络图(图 6-33),因此对超链的挖掘就是针对网络结构的挖掘,通过分析超链接之间的关系,可揭示文档或资源之间的语义关联、信息传播路径和用户行为等重要信息。

超链挖掘可细分为锚点分析、超链接分析、链接预测等几项分析任务。锚文本(anchor)指超链接中可见的文本内容。锚点分析旨在根据锚文本的特征和分布,推断文档之间的语义关系,了解文档之间的主题相似性、相关性和重要性。如图 6-32 所示,锚文本为"非营利组织",由此

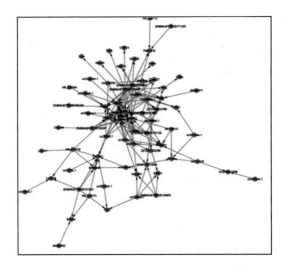

图 6-33 基于超链接的网络结构

推断超链接指向的网页的内容与"非营利组织"有关。超链接分析主要针对超链接形成的关系，揭示超文本网络的组织结构和关联规律。经典的超链接分析算法有 PageRank 算法、HITS 算法等，用于计算网页的影响力或重要性。链接预测旨在根据已有的超链接信息，预测未来可能出现的新链接。链接预测可以帮助人们发现超文本网络中的潜在关联和趋势，对于搜索引擎、推荐系统等具有重要应用价值。

通过超链挖掘，人们可以深入了解超文本网络中的关系和模式，为信息检索、推荐系统和用户行为分析等提供有价值的支持。然而，互联网的规模庞大，这就意味着超链挖掘面临着数据规模大、计算复杂度高等挑战。为了解决这些挑战，人们需要结合机器学习、数据挖掘等技术。这些技术可帮助人们处理大规模数据，提高超链挖掘的效率和准确性，并能更好地利用超文本网络中的信息。

超链挖掘算法 PageRank 算法是由谷歌公司创始人之一拉里·佩奇提出的一种用于评估网页重要性的算法。该算法根据网页之间的链接关系，通过计算每个网页的 PageRank 值，来确定网页的排名和重要性。PageRank 算法的原理如图 6-34 所示①。

---

① 阳澄居士：《Web 结构挖掘算法概述及应用》，https://blog.csdn.net/zhanghefu/article/details/1540495，访问日期：2023 年 7 月 20 日。

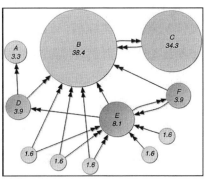

图 6-34 PageRank 算法原理

PageRank 算法将互联网看作有向图，每个网页表示为图中的一个节点，网页之间的超链接对应图中的有向边。假设有 N 个网页，用 G 表示网页之间的链接关系图，G 可以表示为一个 N×N 的矩阵，其中 G(i,j) 表示网页 i 指向网页 j 的链接权重。PageRank 算法认为，一个网页的重要性取决于指向该网页的其他网页的重要性。具体而言，一个网页的重要性可以通过其他网页指向它的链接数量和链接权重来衡量。如果一个网页被更多的其他网页链接，并且这些链接来自重要的网页，那么该网页的重要性就会更高。由此给出 PageRank 值的计算，PageRank 算法通过迭代计算每个网页的 PageRank 值，直到收敛为止。初始时，每个网页的 PageRank 值被初始化为 1/N。然后，通过以下公式更新每个网页的 PageRank 值：

$$PR(i) = (1-d)/N + d \times [(PR(j)/C(j)]$$

其中，PR(i) 表示网页 i 的 PageRank 值，d 是一个阻尼系数（一般取值为 0.85），N 是网页总数，j 表示指向网页 i 的其他网页 j，C(j) 表示网页 j 的出链数量。通过不断迭代计算每个网页的 PageRank 值，直到收敛为止。在每次迭代中，根据网页之间的链接关系和当前的 PageRank 值，更新每个网页的 PageRank 值。当每个网页的 PageRank 值变化不大时，即可认为算法经收敛。根据每个网页的 PageRank 值，可以对网页进行排名，将重要性较高的网页排在前面。在搜索引擎中，搜索结果的排名受到 PageRank 值的影响。

由此看出，PageRank 算法的核心思想是通过网页之间的链接关系来评估网页的重要性。它不仅考虑了链接数量，还考虑了链接权重和链接的来源。通过 PageRank 算法，可以准确地评估网页的重要性和影响力。

（2）内部结构挖掘。内部结构挖掘是网络结构挖掘的另一项重要任务。对于由某特定关系形成的网络，通过分析网络节点间的内部关系，理解网络的组织结构、节点的行为以及节点之间的交互，发现隐藏在网络拓扑结构中的重要信息。社区发现是内部结构挖掘的典型应用，这里社区（community）指网络中具有紧密联系和相互连接的节点群体，社区发现就是针对整个网络图划分出紧密关联的节点群体，从中了解网络中不同群体的特征和相互作用，如图 6-35 所示。

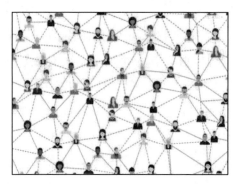 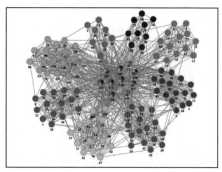

图 6-35　社交媒体挖掘——社区发现

社交网络的核心是参与用户以及用户间的关系，用图结构描述社交网络，节点为社交网络中的用户，边对应用户间关系。若要进一步强调关系强度或亲密度，可以给边赋权，权重越大，边连接的用户之间的关系越密切。由此形成社交网络图。在这个图中，存在某些节点形成的子集，子集内节点间的连接较多，而子集之间的连接较少。于是将这些内部连接紧密的节点子集合定义为社区。社区是大规模网络的一种普遍特征，即一个网络由多个社区组成，寻找网络社区结构的过程被称为社区发现。社区发现的目标即是通过分析网络图中节点和边的关系，明确具体节点所属的社区。①

除了在社交网络中的应用，社区发现算法可揭示任何复杂网络中的社区结构。日常生活中能够接触到的风险预测、精准营销（推荐）、智能检

---

① 皮果提：《什么是社区发现？》，https://blog.csdn.net/itplus/article/details/41348651，访问日期：2023 年 7 月 20 日。

6.2.2.3 网络使用挖掘

网络使用挖掘也被称为网络日志挖掘。网络服务器日志是用户与网络交互过程中产生的数据，包括用户的 IP 地址、访问时间、访问页面等各种用户在访问网络服务器时产生的信息。如在某个日志文件中，记录了如下一则信息：

123.456.78.9 - - ［24/Oct/1999：19：13：44 - 0400］"GET /Images/tagline.gif HTTP/1.0" 200 1449 http://www.teced.com/"Mozilla/4.51 ［en］（Win98；I）"

将日志信息拆解，可以明确每个字段的含义，如图 6 - 36 所示。拆解后的日志数据形成了结构清晰的表格数据，使用数据挖掘算法来分析这些日志信息可以不仅了解用户的网络行为和规律，还能了解网络的使用情况和性能。因此，网络使用挖掘有两个主要目的：①帮助人们理解用户行为和 Web 结构之间的关联；②指导网站建设，改善网站的服务效果。通过对网络使用的挖掘，人们能够获得有关用户行为和网络结构的有价值洞察，进而优化网站提供的服务，提升用户体验和满意度。

IP Address	Time（时间）	Method/URL/Protocol（访问操作）	Sta（响应代码）	Size（大小）	Referred（访问页面）	Agent（用户代理）
123.456.78.9	[25/Apr/1998:03:04:41 –0500]	GET A.html HTTP/1.0	200	3290	-	Mozilla/3.01 (Win95, I)
123.456.78.9	[25/Apr/1998:03:05:34 –0500]	GET B.html HTTP/1.0	200	2050	A.html	Mozilla/3.01 (Win95, I)
123.456.78.9	[25/Apr/1998:03:05:39 –0500]	GET L.html HTTP/1.0	200	4130	-	Mozilla/3.01 (Win95, I)
123.456.78.9	[25/Apr/1998:03:06:02 –0500]	GET F.html HTTP/1.0	200	5096	B.html	Mozilla/3.01 (Win95, I)
123.456.78.9	[25/Apr/1998:03:06:58 –0500]	GET A.html HTTP/1.0	200	3290	-	Mozilla/3.01 (X11, I, IRIX6.2, IP22)

图 6 - 36　服务器的日志数据

案例：网站设计优化[①]

网络日志分析为网站设计优化提供数据支持。通过对网站访问日志进行统计和分析，可以了解用户的行为、偏好和需求。这些信息对于进行网站设计优化非常重要。例如，通过网络日志分析可以了解用户在哪些页面停留时间较长、哪些页面访问量较低，以及用户的访问路径等，这些信息可以指导设计师对页面布局、导航设计等进行优化。

对于网站设计，网站或页面设计追求低"跳出率"，高"二跳率"。"跳出率"是互联网一个常用指标，指进入某个页面后用户不再继续浏览，直接离开的网站访客比例。当网页展开后，用户在页面上产生的首次点击则称为"二跳"，次数为"二跳量"，二跳量与浏览量的比为页面的"二跳率"，这两个指标是衡量外部流量质量的重要指标。显然，网站若要增强网站黏性，则希望网站的"跳出率"越低越好，"二跳率"越高越好。假设有页面链接结构如图6-37所示，D为目标页面，若B，C节点的"跳出率"较高，"二跳率"较低，则可以直接链接页面A和D，通过优化网站结构，来提高D的外部流量的质量。

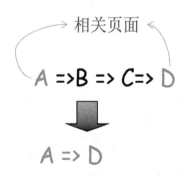

图6-37 网站的的设计与优化

一般而言，优化站点的链接结构可从两方面考虑。①通过日志挖掘，发现用户访问页面的相关性，在密切关联的网页之间增加链接，方便用户使用。②通过日志挖掘，发现用户最终要到达的目标网页。如果目标网页

---

① Bing Liu：《Web数据挖掘》，余勇、薛贵荣、韩定一，译，清华大学出版社2009年版。

的访问频率高于之前到达路径节点页面访问频率，则可以直接链接进入页面和目标页面，提高页面目标浏览量，优化 Web 站点。总之，通过日志分析，可以依据实际用户的浏览情况，调整网站的网页的连接结构和内容，更好地服务用户。

案例：利用日志文件进行访客行为轨迹分析

日志分析的核心是从日志文件中提取关键信息，如用户访问路径、停留时间、访问频率等。借助统计指标，规则和异常值分析等方法发现问题。图 6-38 为一组日志数据，从中可以跟踪到一个访客行为轨迹。一个来自 66.249.65.xxx 的用户可能对产品感兴趣，因为在同一天多次访问了产品网站，当他/她单击 /products/24421.htm 页面时没有收到任何信息（403 错误代码），但他仍然继续了两个新闻页面。

IP	时间	相应代码	访问页面	用户代理
66.249.65.xxx	7/1/2013	200	/news/20130630.htm	Firefox
66.249.65.xxx	7/1/2013	403	/products/24421.htm	Firefox
66.249.65.xxx	7/1/2013	200	/news/20130629.htm	Firefox
66.249.65.xxx	7/1/2013	200	/news/20130628.htm	Firefox
201.201.65.xxx	7/1/2013	200	/index.htm	Chrome
201.201.65.xxx	7/1/2013	200	/about.htm	Chrome
201.201.65.xxx	7/1/2013	200	/index.htm	Chrome

图 6-38 访客"66.249.65.xxx"的行为轨迹

从图 6-39 的日志数据观察到来自 IP 地址 55.210.77.xxx 的 6 次访问都是访问同一个电影文件，都没有 Cookies（用户是否有 Cookies 对于作弊行为有一定的判断力，隐藏身份）。来自该 IP 的访问没有 Cookie，且对同一电影网址多次访问，有黑客攻击之嫌疑。从图 6-39 的日志数据还可以观察到系统运行状况。数据显示若排除作弊嫌疑，发现相应代码 403 发生频繁。403 为错误代码，因此可以按天或时段统计系统出现错误代码的频率，然后分析错误频繁发生的原因，例如，可能是过多用户连接造成服器超载。若确认了是这一问题，则提示"需要迅速调整，或增加带宽或增加相关的 Web 服务资源"。从而避免用户接入时频繁遇到错误，而去其他网站寻找类似资源，造成客户流失。这就是通过日志文件挖掘进行的系统性能分析。

IP	时间	相应代码	访问页面	用户代理	Cookies
55.210.77.xxx	6/17/2012	403	/movies/us/black.htm	IE6	None
55.210.77.xxx	6/17/2012	200	/movies/us/black.htm	IE6	None
55.210.77.xxx	6/17/2012	200	/movies/us/black.htm	IE6	None
55.210.77.xxx	6/17/2012	200	/movies/us/black.htm	IE6	None
55.210.77.xxx	6/17/2012	403	/movies/us/black.htm	IE6	None
55.210.77.xxx	6/17/2012	403	/movies/us/black.htm	IE6	None

图 6-39　访客"55.210.77.xxx"的异常行为和错误代码

6.3　信息抽取

6.3.1　信息抽取概述

信息抽取（information extraction）是从大量的非半结构化或半结构化数据中提取特定信息或实体的过程。面向文本数据的信息抽取是文本挖掘的重要任务，目的是从文本数据中提取目标信息点，以便进一步的分析与应用。

在医学领域，医学实体抽取是信息抽取的典型应用。医学实体指与疾病、症状、药物、治疗方法等有关的信息对象。实现医学实体的自动抽取，可以有效提高医疗决策的准确性和效率，促进医学知识管理和科学研究的发展。图 6-40 是从患者病案中抽取医学实体的案例。抽取算法要从病案中识别出临床干预方法（interventions）、疾病症状（problems）、病灶（Problem Site）、位置（location）和时间（time）等关键信息。这一过程即为医学实体抽取。在实体抽取的基础上，算法进一步从病案描述中发现了医学实体间的关系，即实现了实体的关系抽取。图6-41展示了抽取算法识别出症状"Bony lymphoedema：骨性淋巴水肿"和治疗方案"Mastectomy：乳房切除术"之间的关系，这一关系揭示出由治疗方案引发的身体反应。当算法从病案文档中抽取出了重要的医学实体和关键信息，并建立了实体对象之间的关联，便可以生成一份规范的电子病历。由此看出，信息抽取算法在处理数据时，要经历不同的抽取阶段，从简单到复杂，从单一实体到实体关系，最终通过信息整合，从文档信息中提炼出知识要点，并建立联系，这个过程就是文本信息抽取。

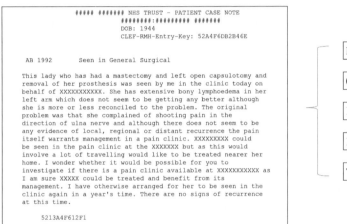

图6-40　从患者病案文本中抽取医学实体

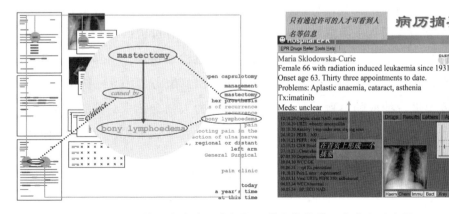

图6-41　从患者病案文本提取医学实体的关系生成电子病历

信息抽取的目标是将非结构化的数据转化为有组织、易于处理的形式，以便更好地利用和应用。这一过程是自动化的，它可以接受各种类型的信息源作为输入，包括文本、网页、表格数据等，然后输出结构化的数据。抽取出来的结构化数据可以直接展示，也可以存储为后续的应用，例如建立知识库，生成知识图谱。通过信息抽取，人们能够从大量的非结构化数据中提取出有用的信息，并将其整理成可供分析和应用的形式，从而更好地理解和利用数据的价值。

当然，尽管信息抽取可以处理多种形式的数据，但重点是如何从非结构化的文本数据或半结构化的网页数据中提取信息。对于输入的文本数据或网页，算法并不需要完全理解其内容，而只需关注预先确定要提取的信息片段。例如，对于句子"今天，小知吃了一个苹果。"，如果要求抽取人物和他们之间的关系，算法提取的信息片段可表示为"吃（小知 苹果）"。通过这种方式，信息抽取算法能够根据预先设定的规则和模式，从原始文本中提取出特定的信息片段，从而将非结构化的数据转化为结构化的形式。

一个容易与信息抽取产生混淆的概念是信息检索。虽然两者都是从信息源中获取有用的内容，但抽取的结果在本质上有所不同。信息检索是从大量文献集中找出相关子集的过程，通常需要进行人工判断来确定相关内容；而信息抽取则是抽取真正满足用户需求的那些信息片段（相关事实），具有更加明确的目标和针对性。可以看出，信息抽取对信息源进行了深度加工，帮助人们直接获取知识的要点。通过抽取有价值的信息片段，人们能够更快速、准确地获取所需的知识。与信息检索相比，信息抽取更加精确和有针对性，为用户提供了更加精细化的信息服务。图6-42是一个从文本段中进行抽取的案例，从这段苹果公司的人物介绍中，信息抽取算法提取了企业、人物、产品三类实体对象、并建立了三个实体对象之间的关系（企业-人物）（企业-产品）。

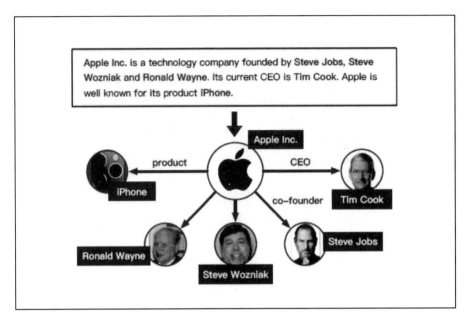

图 6-42　从苹果公司的人物介绍中抽取信息

6.3.2　信息抽取任务

6.3.2.1　数据源与信息抽取类型

根据目标数据源的不同，信息抽取任务可以进行分类。对于结构化文本，其内容格式是严格规定的，可以直接按照格式进行内容提取。例如，在学术文献中，可以直接抽取文献题目、关键词、摘要、正文和参考文献等信息。而对于半结构化文本（如网页），信息的抽取模式则依赖于字符和类似于 HTML 标记的分隔符。使用正则表达式可以高效地进行抽取。图 6-43 展示了一个网页的 HTML 文件截图，根据网页结构可以建立"标题"的抽取规则，比如规定在 <title> 和 </title> 标签之间的文本是网页标题。用正则表达式设定这个规则，便可抽取出网页的标题。采用关键词匹配结合抽取规则的方法，能够从各种类似网页的半结构化文本数据中提取出目标信息，以满足不同应用场景的需求。

```
1  <!DOCTYPE html>
2  <html>
3    <head>
4      <title>这是个标题</title>
5    </head>
6    <body>
7      <h1>这是一个一个简单的HTML</h1>
8      <p>Hello World!</p>
9    </body>
10 </html>
11
```

图 6-43　从网页的 HTML 文件中抽取信息

6.3.2.2　面向自由文本的信息抽取

从自由文本中抽取信息是一项具有挑战性的任务。处理自由文本的信息抽取系统利用自然语言处理技术，需要执行实体抽取、关系抽取和属性抽取等一系列任务。

在这里，值得一提的是国际信息理解大会 MUC（Message Understanding Conference）在自然语言处理领域的重要性。该会议始于 1987 年，每年举办一次，旨在推动信息抽取和文本理解技术的发展。MUC 会议的核心目标是通过评估和比较各种技术方法，提供基准数据集和评估标准，以帮助研究人员改进信息抽取和文本理解系统的性能。会议主要关注如何从非结构化文本数据（如新闻文章、电子邮件、社交媒体帖子等）中准确提取所需的信息片段。为此，MUC 会议提供了具体的任务，参与者需要开发算法和系统来完成这些任务。这些任务涵盖了命名实体识别、属性信息相抽取、关系抽取、事件等多个方面。参与者在公开的数据集上进行实验，并提交他们的结果到会议给参会人员进行评估。MUC 会议在自然语言处理领域具有广泛的影响力，许多重要的技术和方法都是在该会议上提出和发展的。

（1）命名实体识别（named entity recognition，NER）。命名实体识别任务是文本信息抽取的基础，要求系统能够自动识别文本中具有特定意义的实体，例如人名、地名、机构名、专有名词等，并对其进行分类标注。MUC 会议对命名实体识别的评测要求系统能够准确地识别文本中的人名、组织名、日期、时间、地点、货币等,并对这些信息进行正确的标注。举个例子来说,对于以下文本:"The shiny red rocket was fired on Tuesday. It is the brainchild of Dr. Big Head. Dr. Head is a staff scientist at We Build Rockets Inc.",命名实体识别算法需要从中识别出以下实体并进行标注:"rocket"(飞行设备)、"Tuesday"(时间)、"Dr. Big Head"(人物)和"We Build Rockets"(机构)。

(2)属性信息抽取(template element,TE)。文本抽取(text extraction)是一种将属性信息与实体对象关联的技术。通过提取描述实体的属性信息,如国籍、年龄、职业等,并将其与具体的实体对象关联起来,可以形成完整的实体。在给定的文本例子中:"The shiny red rocket was fired on Tuesday. It is the brainchild of Dr. Big Head. Dr. Head is a staff scientist at We Build Rockets Inc.",可以观察到实体对象"rocket"(火箭)的外观属性是"shiny red"(闪亮的红色)。TE的任务就是建立"shiny red"与"rocket"的属性关联,从而完善对"rocket"这个实体的描述。

(3)关系抽取(template relation,TR)。在TE的基础上,TR用于标识实体对象之间的相互关系,即建立实体对象之间的关系。例如,员工和组织之间存在雇佣关系(employee_of),产品和生产企业之间存在被生产关系(product_of),以及公司和地区之间存在位置关系(location_of)。以文本"The shiny red rocket was fired on Tuesday. It is the brainchild of Dr. Big Head. Dr. Head is a staff scientist at We Build Rockets Inc."为例,信息抽取系统识别出实体"rocket"(产品)、"Tuesday"(时间)、"Dr. Head"(人物)和"We Build Rockets"(机构)。根据最后一句"Dr. Head is a staff scientist at We Build Rockets Inc.",可以确定"Dr. Head"(人物)和"We Build Rockets"(机构)之间存在雇佣关系,即"Dr. Head works for We Build Rockets Inc."。

(4)事件抽取(scenario template,ST)。在文本信息抽取领域,事件抽取是指从文本中识别描述事件的句子,并从中提取事件的要素,例如事件类型、参与者、时间、地点等。其目的是从非结构化文本数据中自动抽取事件信息,以便进一步分析和理解文本内容。事件抽取属于MUC高级别任务,涉及识别事件语句、事件类型识别、参与者识别、时间和地点识别、事件关系识别等多个步骤。在给定的文本段"The shiny red rocket was fired on Tuesday. It is the brainchild of Dr. Big Head. Dr. Head is a staff scientist at We Build Rockets Inc."中,整合了所有实体信息和彼此关系,通过事件抽取得到的结果是"A rocket launching event occurred with the various participants"。事件抽取是信息抽取领域中的一个重要任务,被广泛应用于新闻报道分析、社交媒体监测、金融风险评估等多个领域,图6-44是一个警情案件的抽取实例。

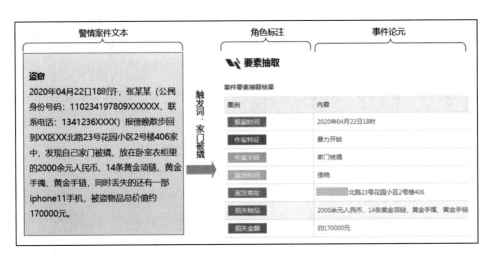

图6-44 警情案件的事件抽取实例

6.3.4 信息抽取技术

6.3.4.1 命名实体抽取方法

命名实体抽取是信息抽取领域中的重要基础任务,在理论和实践上都得到了广泛研究。针对命名实体抽取,有多种方法可供选择,主要包括基于规则、基于机器学习和深度学习三大类。

(1)基于规则的实体抽取方法。命名实体识别早期常采用基于规则的方法。这种方法是通过设定抽取规则,然后将这些规则与文本进行匹配,以识别命名实体。规则可以基于具体的文本模式、词性标注、句法结构等。例如,可以使用正则表达式模式匹配来识别特定模式的实体,或者使用语法规则来捕捉特定的名词短语。以动漫作品《火影忍者》中的句子"鸣人成了木叶忍者村的火影"为例,建立《火影忍者》的人物词典来识别主人公"鸣人",将"村"作为机构识别的标志词,用于识别"木叶忍者村",而"火影"在该作品中指组织的首脑,因此可以通过后缀"影"和前缀"火"确定提取规则,明确"火影"的意义。

基于规则的方法易于理解,并且容易实现,特别是在建立完备的领域字典和规则库的情况下,信息抽取的精度将非常理想。然而,这种方法需要手动定义和维护大量的规则,是一项烦琐的工作。而且,对于新的文本领域和变化,规则的灵活性不足以适应新情况的出现。维护和构建规则的成本都比较高。因此,随着技术的发展,基于机器学习和深度学习的方法逐渐取代了基于规则的方法,以提高命名实体识别的准确性和适应性。

(2)基于机器学习的实体抽取方法。命名实体识别的技术可以通过机器学习实现,这主要是通过使用统计学习模型进行序列标注,其中常用的统计模型包括隐马尔可夫模型(HMM)和条件随机场模型(CRF)。命名实体识别过程主要包括三个步骤:训练语料的标注、特征定义和模型训练。

第一步是训练语料的标注。在训练语料的标注这一步骤中,可以选择使用 BIESO、IOB 和 IO 等不同的标注体系。对于中文文本,标注实际上是给相应的汉字字符打上标记,以指明字符与实体对象之间的关系。例如,在《火影忍者》中的句子"鸣人成了木叶忍者村的火影"中,如果采用 BIESO 体系进行标注,相关的标注结果可见于表 6-1。

表 6-1 序列标注

标注体系	鸣	人	成	了	木	叶	忍	者	村	的	火	影
BIESO	B-PER	E-PER	O	O	B-ORG	I-ORG	I-ORG	I-ORG	E-ORG	O	B-JOB	B-JOB

在 BIESO 体系中,B 表示命名实体的开始(begin),I 代表中间部分(intermediate),E 代表实体的结尾(end),S 用于表示单个字符(single),而 O 则表示其他(other),O 用于标记与实体对象无关的字符。以该体系为基础,句子中的"鸣人"被标注为 PER(人物),"木叶忍者村"被标注为 ORG(机构),"火影"则被标注为 JOB(工作)。在解析整个句子后,"鸣人""木叶忍者村"和"火影"这三个命名实体便被抽取出来。

第二步是特征定义。该步骤为了将文本表示为机器学习模型能处理的形式。在命名实体识别中,特征通常由词的上下文信息和其他相关特征(如词性、词性标签、前缀和后缀等)组成,这些特征的定义需要结合具体的任务和领域。

第三步是模型训练。它使用训练语料和已定义的特征。在训练过程中,机器学习模型将学习如何从输入的文本序列中预测出正确的实体标注。例如序列"鸣"和"人"分别被预测为 B – PER 和 E – PER,这就说明统计学习模型(如 HMM 和 CRF)能利用序列的上下文信息来提高实体抽取的准确性。在完成模型训练后,该模型就可以用于对新文本进行命名实体抽取。只需将文本输入到训练好的模型中,就可以根据之前的训练经验自动预测文本中的命名实体。

(3)基于深度学习的实体抽取方法。基于深度学习的命名实体识别方法是利用神经网络模型来实现实体抽取的技术。这种方法相比传统的机器学习方法,能够更好地利用文本中的上下文信息,提高实体抽取的准确性。以下介绍基于深度学习的命名实体方法的基本原理,并举一个例子来说明。

基于深度学习的命名实体方法通常使用循环神经网络(RNN)或者其变种,如长短时记忆网络(LSTM)或门控循环单元(GRU),来对文本进行建模。这些神经网络模型能够捕捉文本中的上下文信息,并学习到更丰富的特征表示。在命名实体识别中,输入文本被表示为一个序列,每个单词被映射为一个向量。这些向量作为输入被送入神经网络模型中进行处理。通过多个隐藏层的计算,神经网络模型可以学习到每个单词在序列中的上下文信息,并预测出每个单词对应的实体标签。例如,假设要对以下句子进行命名实体识别:"Apple Inc. is planning to open a new store in New York City."。可以将每个单词表示为向量,并输入到神经网络模型中。模型将学习到每个单词的上下文信息,并预测出每个单词对应的实体标签。在这个例子中,模型应该能够正确地识别出"Apple Inc."作为一个组织名,"New York City"作为一个地名。

基于深度学习的命名实体方法的优点是:能够自动学习特征表示,不需要手动定义和维护规则;能够更好地利用文本中的上下文信息,提高实体抽取的准确性；具有较好的适应性，能够处理不同领域和语言的文本数据。然而，基于深度学习的方法也存在一些挑战，如需要大量的标注数据进行模型训练，对计算资源要求较高等。但随着深度学习技术的不断发展，这些问题正在逐渐得到解决。总之，基于深度学习的命名实体方法通过利用神经网络模型来对文本进行建模，能够更好地利用上下文信息，提高实体抽取的准确性。这种方法在自然语言处理领域取得了很好的效果，并且具有广泛的应用前景。

6.3.4.2 关系抽取

关系抽取是从一段文本中提取出发生在两个实体之间语义关系的任务。通过关注两个实体间的语义关系，最后得到一个"主体－关系－客体"的三元组，其中"主体"和"客体"都是实体在关系中的角色，在三元组中则指代在这一关系中对应角色的实体。关系抽取的方法可以分为基于模板的、机器学习的以及深度学习的关系抽取法。

（1）基于模板的关系抽取法。基于模板的关系抽取法依赖于领域知识进行模板编写，从文本中匹配具有特定关系的实体。比如，当想抽取"产品与企业"之间的关系时，可以找出一些包含这类关系的例句。"MacBook 是由苹果公司开发和制造的一款笔记本电脑。""Galaxy S21 是由三星电子公司设计和生产的一款智能手机。""PlayStation 5 是由索尼互动娱乐公司推出和销售的一款游戏主机。"这些例句中，产品名称（MacBook、Galaxy S21、PlayStation 5）是由所属企业的名称（苹果公司、三星电子公司、索尼互动娱乐公司）开发、制造、设计和生产的。这些例句表明了产品与所属企业之间的关系。因此，可以用类似"［X］是由［Y］公司"这样的模板来抽取"产品 X－归属－企业 Y"这样的关系。

（2）基于机器学习的关系抽取方法。基于机器学习的关系抽取是指利用机器学习技术从文本中自动提取出实体之间的关系，通常使用有监督学习方法，即需要准备标注好了的训练数据集，其中包含文本样例和对应的实体关系标签。之后，将文本表示为机器学习算法可以处理的特征表示，然后使用训练数据集来训练一个关系分类器，例如支持向量机（SVM）、随机森林（Random Forest）或深度学习模型（如循环神经网络或卷积神经网络）。最后，使用训练好的模型来对新的文本进行关系抽取。

如果采用机器学习方法，特征的设计与定义对关系抽取的结果影响很大。例如，若要抽取语句"Galaxy S21 是由三星电子公司设计和生产的一款智能手机"中产品"Galaxy S21"和"三星电子公司"之间的关系，可以将"Galaxy S21"和"三星电子公司"两个实体作为特征输入预测模型，即将"Galaxy S21"作为一个特征，将"三星电子公司"作为另一个特征。还可以将整个语句分词，并将分词后的单词作为特征。这样可以捕捉到语句中的上下文信息。如将句子"Galaxy S21 是由三星电子公司设计和生产的一款智能手机"分词后得到的特征可以是："Galaxy"、"S21"、"是"、"由"、"三星电子公司"、"设计"、"和"、"生产"、"的"、"一款"、"智能手机"。若要进一步提高预测精度，还可以结合语法信息，如引入依存句法分析中的依存关系作为特征。上例中，"Galaxy S21"为主语，"三星电子公司"为宾语，通过分析句子结构，得到两个实体对象之间的语法依存关系，一并纳入关系抽取模型。特征设计在关系抽取中至关重要，若选择出贴切特征，可显著提高关系抽取的准确性和效果。

（3）基于深度学习的关系抽取法。用深度学习算法抽取实体关系的基本原理是通过神经网络模型学习输入文本中的实体及其关系的表示，即运用深度学习模型自动从训练数据中学习实体特征的表示以及关系模式，用来实现关系抽取。基于深度学习的关系抽取方法主要包括流水线方法和联合抽取方法。

流水线方法是将实体抽取和关系抽取两个任务分开处理，即先抽取实体对象，再进行关系的识别，这使得关系的抽取依赖于实体抽取效果，若实体抽取存在偏误，直接影响后续的关系抽取。

另一种联合抽取方法是将实体抽取和关系抽取结合，两者在模型中共同优化。具体而言，联合抽取法将实体和关系抽取任务作为一个联合的序列标注问题。通过使用序列标注模型为输入文本标注，标注结果既包括实体边界，也包括实体间的关系。假设抽取任务是从"Galaxy S21 是由三星电子公司设计和生产的一款智能手机"中识别产品和企业实体，并提炼出企业与产品之间的"生产"关系。首先，对中文语句要进行分词并标注词性。然后，使用一个循环神经网络（如 LSTM）对输入的词项序列进行编码，得到每个词项的上下文表示，采用循环神经网络的编码捕捉句子中的词项之间长距离的依赖关系，即相距较远的词项之间的语义关联。在获得整个语句序列的编码表示后，大部分基于深度学习框架的模型会在网络的最后一层添加条件随机场（CRF）模型，实现对每个词项的标注。例如，对于上例，可以获得如下标注结果：

［"Galaxy S21"，"B‑Product"］［"三星电子公司"，"B‑Company"］［"设计"，"O"］［"和"，"O"］［"生产"，"O"］［"的"，"O"］［"一款"，"O"］［"智能手机"，"O"］［"Galaxy S21"，"Product_of"，0］［"三星电子公司"，"Product_of"，1］

其中，"B‑Product"表示"Galaxy S21"是一个产品实体，"B‑Company"表示"三星电子公司"是一个公司实体。"O"表示其他类型的标签，即非实体。产品与企业的关系的标注为［"Galaxy S21"，"Product_of"，0］和［"三星电子公司"，"Product_of"，1］，表明＜Galaxy S21，Product_of，三星电子公司＞，即 Galaxy S21 是三星电子公司的产品。联合抽取同时抽取出句子中的实体和实体间的关系，算法因有效利用了语句的上下文信息，能够获得更高的预测精度。

6.3.5 信息抽取过程

以基于规则的信息抽取为例，抽取过程主要包括六个步骤，即抽取目标定义、语料收集、规则定义、规则验证、规则应用和结果整合。在抽取目标定义阶段，需要明确希望从文本中提取何种信息。例如，可能致力于从新闻报道中获取事件、地点、人物等信息，或者从电子病历中获取治疗方案、病灶、身体反应和药物等信息。

在规则定义后，需要使用目标语料对各个规则进行验证，确认规则是否能正确识别出目标信息。若规则无法正确识别，则需对规则进行修改，或者采集更多语料进行优化。随后，在规则通过验证后，将其加入规则库，并在新的文本中应用这些规则以识别和提取目标信息。将各个规则的结果整合，生成最终的抽取结果，存入数据库，便完成全过程，从非结构化的文本中提取出有意义的信息片段，同时明确每个信息片段的含义，并建立信息片段之间的关系，形成结构化的数据（图 6‑45）。

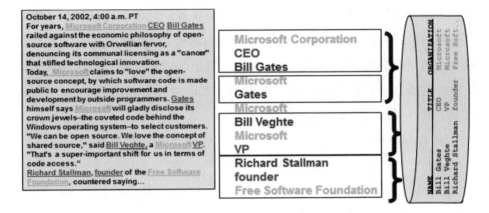

实体信息

机构 Organization：Microsoft Corporation，Free Software Foundation，Microsoft

人物 Person：Bill Gates，Gates，Richard Stallman

谓称 Title：CEO，VP，founder

实体和实体属性信息（Person Title Organization），以三元组形式描述了从文档中抽取的人物信息

（Bill Gates，CEO，Microsoft Corporation）

（Bill Veghte，VP，Microsoft）

（Richard Stallman，founder，Free Software Foundation）

图6-45　基于规则的信息抽取（抽取案例）

然而需要注意的是，规则抽取的效果受限于规则的质量和数量。如果规则定义不够全面或准确，那么可能会存在遗漏或错误抽取的情况。因此，常常需要将规则抽取与其他方法（如机器学习）结合使用，以提升抽取得准确率和覆盖率。

6.3.6　信息抽取应用实例

6.3.6.1　垂直搜索引擎：信息的整合

垂直搜索引擎专注于特定领域或主题的搜索。它与通用搜索引擎（如百度、Google、Bing）有所不同，因为它针对特定领域或主题进行精准、专业的搜索。例如，就职领域的垂直搜索引擎收集网络上各类型的职位信息，然后进行分类、抽取和整合，以创建它自己的索引库。这样，求职者能够得到更精准的搜索结果。

举例来说，通过通用搜索引擎 Google 查找"烘焙师工作（baker job opening）"这一关键词展示了通用搜索引擎可能存在的问题——难以准确满足需要（图 6-46）。搜索结果中包括一个名叫 Martin Baker 的人，以及康奈尔大学的基因研究职位广告，这两者都与求职者的需求相去甚远。

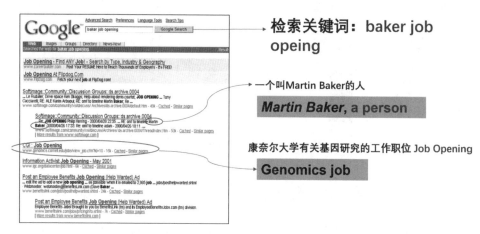

图 6-46　用通用搜索引擎检索职位

而一个名为 https://www.monster.com/jobs 的求职搜索引擎，能够更好地满足求职者的信息需求（图 6-47）。该网站收集并整合了所有与寻找工作有关的信息，为求职者提供精准的信息服务。在构建其后台索引库的过程中，垂直搜索引擎进行了大量的信息采集和抽取（图 6-48），并将原始信息转化为结构化数据，存放在后台数据库中，为精准检索提供支持。

图 6-47　求职搜索引擎

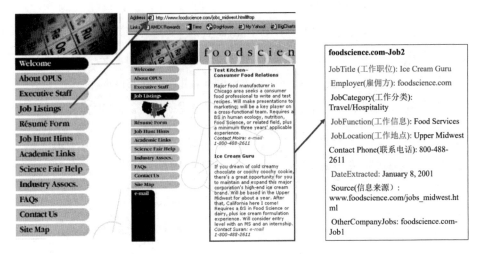

图 6-48　从网页中抽取招聘信息

6.3.6.2　古文献中的信息抽取[①]

传统的中医知识以古籍文言文的形式记录下来，这给学习和理解带来一定的难度。但是，利用信息抽取技术对中医古籍文言文进行处理，可以降低学习成本，推广中医领域的相关知识，从而进一步促进临床诊疗和应用。中医古籍中蕴含丰富的理论知识和临床经验，利用信息抽取技术，可以大规模、准确、自动化地获取所需信息。例如，中医领域的研究人员可以利用这种技术识别文本中的中药名词和方剂名词，从而提高中医药知识库的检索速度和准确性。

中医术语的自动识别，是指从中医文献中识别出症状、病名、脉象、方剂、中药材、功效等术语，以结构化的形式存入关系数据库中，供进一步查询或分析使用。《中华药典》中有一段关于"生化汤"的描述，对其进行实体抽取，可得到分别属于"方剂""中药材"和"功效"这三类中的 7 个实体，如图 6-49 所示。

借助关系抽取技术，还可以中医古籍从中挖掘出大量中医药知识。仍

---

① 韩旭、孙亚伟、于宁，等：《面向中医古籍的文言文信息抽取技术研究》，http://k.sina.com.cn/article_2280366510_87eba1ae00101aic1.html，访问日期：2023 年 7 月 17 日。

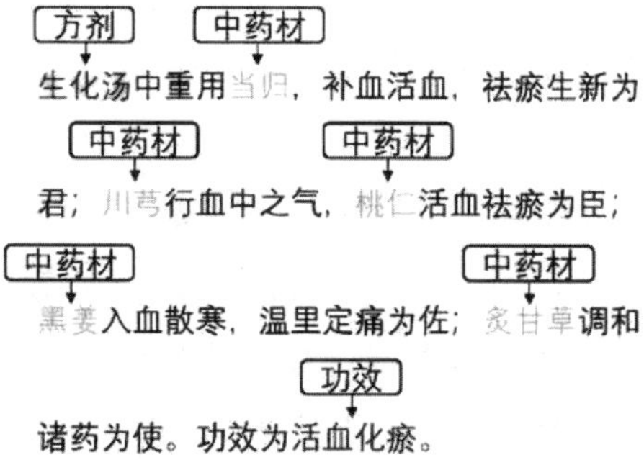

方剂
中药材
生化汤中重用当归，补血活血，祛瘀生新为
中药材
中药材
君；川芎行血中之气，桃仁活血祛瘀为臣；
中药材
中药材
黑姜入血散寒，温里定痛为佐；炙甘草调和
功效
诸药为使。功效为活血化瘀。

图6-49　从中医古籍文本中抽取实体信息

以《中华药典》中对“生化汤”的描述为例。根据医典，在生化汤这一方剂中，当归为君，川芎、桃仁为臣，黑姜为佐，炙甘草为使。那么可以得到的关系有“生化汤-君-当归”“生化汤-臣-川芎”“生化汤-臣-桃仁”“生化汤-佐-黑姜”和“生化汤-使-炙甘草”；同时知道生化汤的功效为活血化瘀，那么又可以得到中医方剂的功效“生化汤-功效-活血化瘀”。关系抽取后得到的实体关系，如图6-50所示。

当归
君
川芎
臣
桃仁
臣
生化汤
功效
活血化瘀
炙甘草
使
黑姜
佐

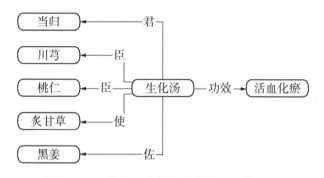

图6-50　从中医古籍文本中抽取实体关系

中医古籍的信息抽取是文本信息抽取领域的一个重要分支。虽然中医古籍信息抽取技术的发展依赖于文本信息抽取技术的进步，但由于中医古籍文本的独特性，开展此项工作需要进行大量的针对性研究。

6.3.6.3　学术检索系统

学术检索系统用于对学术文献进行索引和搜索，提供了精确的文献检索功能。通常，这种系统会建立一个包含学术文献元数据的索引库，包括标题、作者、摘要、关键词等。通过输入关键词、作者、标题等信息，用户可以进行检索，并获取相关的学术文献。当结合信息抽取技术，这种检索系统可以实现更精确和高效的学术文献检索。

ArnetMiner 是一个广受学术界认可的学术搜索系统。这个全功能的学术文献检索和学术资源发现服务由中国科学院计算技术研究所的研究团队开发，现已成为学术界和研究人员的常用工具。它拥有一个内容丰富的学术文献数据库，覆盖诸多学科领域，包括计算机科学、人工智能、数据科学和生物医学等。ArnetMiner 包括以下主要功能。

（1）学术文献检索。用户可以通过搜索关键词、作者、会议、期刊等，获取相关的学术论文和研究成果，如图 6-51 所示。

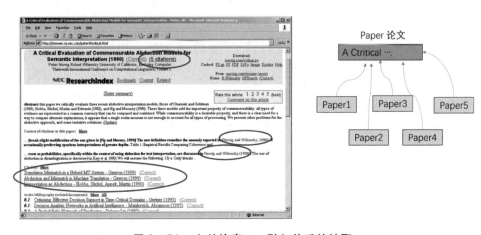

图 6-51　文献检索——引入关系的抽取

（2）学术知识图谱。利用自然语言处理和机器学习技术，ArnetMiner 自动抽取和分析学术文献中的信息，构建了一个大规模的学术知识图谱。用户可以依此浏览学术领域的知识结构，并探索学术研究的前沿趋势。

（3）专家搜索。ArnetMiner 提供了一个专家搜索功能，用户可以通过输入关键词或领域，找到在该领域有影响力的专家和研究人员（图 6-52）。

应用信息抽取技术，ArnetMiner 自动地从大规模的学术文献中提取出有用的结构化信息，ArnetMiner 系统的背后是对大量文献信息的采集、提取和整合，由此生成的这个大规模的学术资源体系，为用户提供精准而全方位的学术资源服务。

第6章 数据挖掘

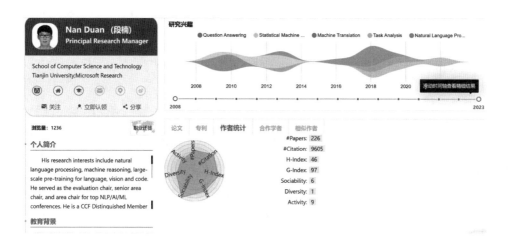

图 6-52 专家信息检索

第 7 章 数据可视化

有句话说得好——"一图胜千言",放到数据领域就是说,对于复杂难懂且体量庞大的数据而言,图表的信息量要大得多,这也是我们为什么要谈数据可视化。2013 年麦肯锡咨询报告指出:"可视化技术已经成为处理数据的关键技术。数据可视化与信息图形、信息可视化、科学可视化以及统计图形密切相关。"当前,在研究、教学和开发领域,数据可视化乃是一个极为活跃而又关键的方面。

7.1 数据可视化基本概念

7.1.1 数据可视化的定义及内涵

7.1.1.1 数据可视化的定义

什么是数据可视化?数据可视化是关于数据视觉表现形式的科学技术研究,是利用计算机图形学和图像处理技术,将数据转换成图形或图像在屏幕上显示出来,并进行交互处理的理论、方法和技术。它是一种数据展示的科学技术,利用图形、计算机视觉和用户界面来表达、建模和制作动画,从而可视化并解释数据。

通过"可视化"的方式,复杂的数据通过图形化的手段进行有效表达,准确高效、简洁全面地传递某种信息,甚至帮助我们发现某种规律和特征,挖掘数据背后的价值。数据可视化由以下四部分组成。

(1) 数据空间(data space)。指由 n 维属性和 m 个元素组成的数据集所构成的多维信息空间。

(2) 数据开发(data develop)。指利用一定的算法和工具对数据进行定量的推演和计算。

(3) 数据分析(data analysis)。指对多维数据进行切片、块、旋转等动作剖析数据,从而能从多角度、多侧面上观察数据。

(4) 数据可视化(data visualize)。指将大型数据集中的数据以图形图像形式表示,并利用数据分析和开发工具发现其中未知信息的处理过程。

数据可视化主要旨在借助于图形化手段,清晰有效地传达与沟通信息。但是,这并不意味着数据可视化就一定因为要实现其功能用途而令人感到枯燥乏味,或者是为了看上去绚丽多彩而显得极端复杂。为了有效地传达思想观念,美学形式与功能需要齐头并进,通过直观地传达关键的方面与特征,从而实现对于相当稀疏而又复杂的数据集的深入洞察。然而,设计人员往往并不能很好地把握设计与功能之间的平衡,从而创造出华而不实的数据可视化形式,无法达到其主要目的,也就是传达与沟通信息。

7.1.1.2 数据可视化的意义

数据可视化包括信息图形、知识、科学、数据等的可视化表现形式,以及视觉可视化设计。地图、表格、图形,甚至包括文本在内,都是信息的表现形式,无论是动态或是静态,都可以让我们从中了解到想知道的内容,发现各式各样的关系,达到最终解决问题的目的。数据可视化就是将数据转换成图或表等,以一种更直观的方式展现和呈现数据。数据可视化的意义在于运用形象化的方式将不易被理解的抽象信息直观地表现和传达出来,从而洞悉蕴含在数据中的现象和规律,可用于发现、决策、解释、分析、探索和学习。简而言之,数据可视化就是通过可视表达增强人们完成任务的效率。

7.1.1.3 数据可视化的作用

数据可视化将技术与艺术相结合,借助图形化的手段,一方面数据赋予了可视化价值,另一方面可视化也增加了数据的灵性,两者相辅相成。数据可视化的作用,主要体现在以下几个方面。

(1) 信息记录的有效载体。通过可视化可以很好地记录信息,数据可视化不但可以提供信息,还可以凭借其强大的呈现方式增强信息的影响力,从而更好地吸引人们的注意力,这是传统的呈现方式难以实现的。如图7-1所示,右图中的月面图出自伽利略自己的著作《星空使者》,它们详细描述了他对月球的一些重大发现。1609 年 11 月伽利略用自制望远镜观察月亮，看到月面覆盖着山和平原，为此他绘制了第一幅月面图。这一发现确定了地球表面和月球表面有结构上的相似之处。

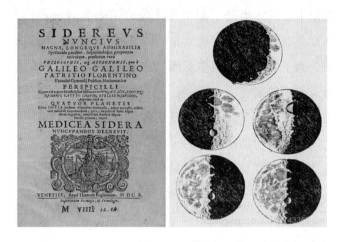

图 7-1　伽利略用可视化方式绘制月面

（2）信息推理与分析。通过数据可视化，可更好地进行信息推理与分析，如勾股定理现约有 500 种证明方法，是数学定理中证明方法最多的定理之一。勾股定理是人类早期发现并证明的重要数学定理之一，用代数思想解决几何问题最重要的工具之一，也是数形结合的纽带之一。约公元 263 年，三国时代魏国的数学家刘徽为古籍《九章算术》作注释时，用"出入相补法"证明了勾股定理（图 7-2）。

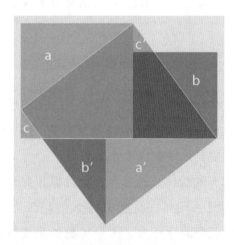

图 7-2　刘徽通过图形证明"勾股定理"

（3）信息传播与协同。数据可视化可用于信息的传播与协同操作，如蛋白质折叠问题被列为"21世纪的生物物理学"的重要课题。不同蛋白质折叠方式不一样，代表了不同特性，这个特性可用于药物研发和疾病治疗。但是这种折叠的空间很大，用大数据超级计算机很耗时。而且折叠的有效性不单单是依据不同的结构穷举，很多时候需要从美学的角度进行折叠，有这样专门的医学研究机构进行蛋白质折叠，让互联网用户参与到蛋白质药物折叠设计当中。

7.1.1.4 数据可视化的流程

欧洲学者 Daniel Keim 等人提出可视化分析学标准流程，起点是输入数据，终点是提炼出的知识（图7-3）。同样，从数据到知识，知识到数据，数据再到知识是一个循环过程。从数据到知识有两个途径：交互的可视化方法和自动的数据挖掘方法。这两个途径的中间结果分别是对数据的交互可视化结果和从数据中提炼的数据模型。用户既可以对可视化结果进行交互的修正，也可以调节参数以修正模型。从数据中洞悉知识的过程主要依赖两条主线的互动与协作。可归结为，Danel Keim 提出的可视分析学标准流程为：①对数据进行数据清洗、数据规范、数据归类等预处理和变

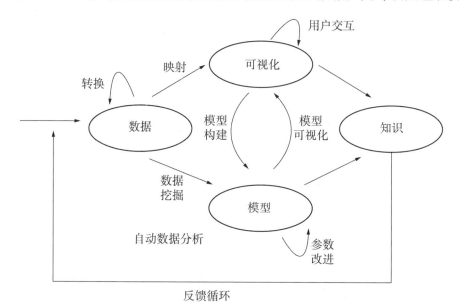

图7-3 欧洲学者 Daniel Keim 等人提出的可视化分析学标准流程

换，导出统一的表达。②选择自动分析或可视化分析。自动分析通过数据挖掘方法从原始数据中生成数据模型；交互可视分析通过可视化界面为分析人员在自动分析方法基础上修改参数或选择分析算法提供便利，并可增强模型评估的效率。可视化分析学流程的基本特征可归纳为：允许用户自主地组合自动分析和交互可视分析方法。数据可视化分析流程中的核心要素包括四个方面。

（1）数据表示与转换。数据可视化的基础是数据表示与变换。为了允许有效的可视化、分析和记录，输入数据必须从原始状态到一种便于计算机处理的结构化数据表示形式。

（2）数据的可视化呈现。将数据以一种直观、容易理解和操纵的方式呈现给用户，需要将数据转换为可视化表示并呈现给用户。数据可视化向用户传播了信息，而同一个数据集可能对应多种视觉呈现形式，即视觉编码。数据可视化的核心内容是从巨大的呈现多样性空间中选择最合适的编码形式。

（3）用户交互。交互是通过可视化的手段辅助分析决策的直接推动力。

（4）分析推理。分析推理技术，是用户获取深度洞悉的方法，能够直接支持情景评估、计划、决策。在有效的分析时间内，可视分析必然提高人类判断的质量。

7.1.1.5 数据可视化的原因

数据可视化的原因有以下三点。

（1）我们处于信息过载的时代，人们接收信息的速度已经小于信息产生的速度，尤其是文本信息。当大段的文字摆在面前，已经很少有耐心去认真把它读完，经常是先找文中的图片来看。一方面说明人们对图形的接受程度比枯燥的文字要高很多，另一方面说明人们急需一种更高效的信息接收方式，可视化正是行之有效的方法。

（2）可视化数据是与他人交流数据的最快方式。数据可视化最重要的好处是它能够帮助人们更快地掌握数据。我们可以把一大堆数据浓缩到一张图表里，人们也能更快地抓住关键点。如果用书面形式，可能需要几小时来分析所有的数据和建立数据的联系。

（3）通过信息可视化，可以将隐藏的知识、模式、趋势呈现出来。同时，就现在的习惯来说，统计表格和作图往往是同时出现的。

下面通过一个例子来说明数据可视化的重要性。大约 1973 年的时候，大部分的统计学家认为用统计值来描述数据才是准确的（比如均数、标准差、相关系数等），而图片是粗略、不准确的。1973 年，统计学家弗朗西斯·安斯库姆（Francis Anscombe），在《美国统计学家》（*The American Statistician*）杂志上发了一篇论文 " Graphs in Statistical Analysis"（《统计分析中的图形》），证明统计数值有时具有欺骗性。在拿到一组数据后，首先作图，发现离群值或者异常值对一些统计值（均值、方差）的影响太大了。《自然》杂志公布这些数据并绘制了图表（图 7-4），这四组数据拥有完全相同的均值、标准差、方差、相关系数，但是在可视化时却发现这四组数据的分布完全不同。

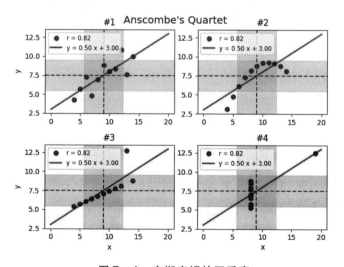

安斯库姆.四重奏 Anscombe's Quartet

第1组		第2组		第3组		第4组	
X1	Y1	X2	Y2	X3	Y3	X4	Y4
10	8.04	10	9.14	10	7.46	8	6.58
8	6.95	8	8.14	8	6.77	8	5.76
13	7.58	13	8.74	13	12.74	8	7.71
9	8.81	9	8.77	9	7.11	8	8.84
11	8.33	11	9.26	11	7.81	8	8.47
14	9.96	14	8.1	14	8.84	8	7.04
6	7.24	6	6.13	6	6.08	8	5.25
4	4.26	4	3.1	4	5.39	19	12.5
12	10.84	12	9.13	12	8.15	8	5.56
7	4.82	7	7.26	7	6.42	8	7.91
5	5.68	5	4.74	5	5.73	8	6.89

图 7-4　安斯库姆的四重奏

7.1.2 格式塔原则

格式塔,是德文"Gestalt"的音译,由三位德国心理学家威特海默、考夫卡和科勒所创立。旨在解释人类的某些行为是如何产生的,也解释了我们人类的视觉经验如何与大脑的反应产生联系。将格式塔应用至可视化设计中,往往会取得意想不到的效果。下面解析一下格式塔的具体原则。

7.1.2.1 接近性原则:物体互相靠近看起来属于一组

人们对知觉场中客体的知觉,是根据它们各部分彼此接近或邻近的程度而组合在一起的。两个元素越是接近,组合在一起的可能性就越大,说明它们之间关系更强。在这里我们用两种方式排列盒子,同样数量的方块,我们会觉得左边扎堆的一组,而另一边则是分散的三组;即便改变了左边方块组颜色,因为挨得近的关系,人们还是会认为这是同一组,最多是组内发生了变化,可见距离分布在排版中对于元素展示和信息罗列的重要性。如图7-5所示,人们更倾向于将左侧方块看成整理,右侧的则分为三组。

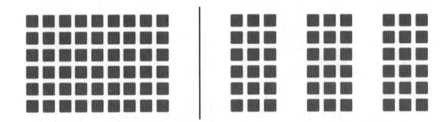

图7-5 接近性原则

7.1.2.2 相似性原则:如果物体看起来相似容易被认为是一组

人们在感知时,会对那些相似的项目,只要不被接近因素干扰,会倾向把它们联合在一起。换言之,相似的部分在知觉中会形成若干组。人们会把那些明显具有共同特性(如形状、大小、共同运动、方向、颜色等)的事物当成一个整体。与不具有相似视觉特征的元素相比,具有相似视觉特征的元素被认为更加相关。

以图7-6为例,当看到这三组图片时,我们会自然因为相同的属性——颜色、大小和形状对其进行视觉分组。

颜色　　　　　　　　大小　　　　　　　　形状

图7-6　相似性原则

7.1.2.3　连续性原则:人类倾向看到连续的物体

我们的视觉倾向于感知连续的形式而不是离散的碎片,这就是连续性原则。如图7-7所示,左侧为IBM的logo,是典型的连续性设计案例,虽然所有的线条都是分离的,但我们的视觉依然会把它解析成连续的线条并组合成简单的字母。右侧为可口可乐的横幅广告,虽然拆分成三块完全独立的广告牌,但我们的连续性感知依然会把它们连接起来,共同构建起可口可乐的典型曲线标识。在互联网产品中,断点字体和图标的设计,都是利用了连续原则,打破常规,让人们忽略特意设计的断点,连接成线而不影响视觉认知。

图7-7　连续性原则

7.1.2.4　封闭性原则:人类倾向看到整个物体,即使它们不完整

我们的视觉系统会自动尝试将敞开的图形关闭起来,从而将其感知为

完整的物体而不是分散的碎片，这就是封闭性原则。简单来说，就是人类视觉倾向于看到整个物体，即使它们是不完整的。这是人脑最常见的运作方式。当我们看到造型结构复杂的视觉元素时，大脑就会从已有的图库中自动搜索类似的图案，然后相匹配，所以我们会将复杂的造型识别得更简单，即"用简单代替复杂"！

如图7-8所示，第一个是比较常见的形状闭合，即我们会自行脑补一个白色的闭合三角形，想象它遮挡在一个三角形和三个圆形上，而不是将其分解为三个相互分离的吃豆人和箭头，因为前者构成的整体更为简单。设计中通过不完整的图形，让浏览者去闭合，可以吸引用户的兴趣和关注。最著名的应用便是苹果公司的logo，咬掉的缺口唤起人们的好奇、疑问，给人巨大的想象空间。

形状闭合

图7-8 封闭性原则

7.1.2.5 对称性原则：人类试图将复杂的场景解析为简单对称的形状组合

在观察事物过程中，人们第一印象更倾向于简单而且对称的图形，这就是格式塔的简化对称性原则。具有对称、规则、平滑的简单图形特征的各部分趋于组成整体。对称的元素往往被认为是归属在一起的，而不管它们之间的距离，都给我们一种牢固和有序的感觉。人们倾向于沿着一个点或一个轴识别一个物体，使其对称。如果两个对象彼此对称，则通常将它们视为一个整体对象（进行比较分析）。

在这幅纽约自行车博览会的海报中（图7-9），设计理念的目标将一个圆作为主要的焦点。为了创造这个圆圈，设计师将其中的一半描绘成一个自行车轮子，另一半描绘成井盖。虽然在纹理和颜色上有所不同，但在观众眼中，它们就是一个对称的图形。

图 7-9 对称性原则

7.1.2.6 主体/背景原则：当物体重叠时人们倾向做出主体和背景的区分

当小图形重叠大图形之上，我们的视觉会倾向于将小图形归为主体，大色块为背景，这就是格式塔中的主体与背景原则。当主体与背景重叠时，人的视觉更加倾向于将小的物体视为主体，大的物体视为背景，所以我们可以通过大小与图的关系，将我们希望传递的不同层次的信息进行展示。图 7-10 中，左图中间蓝色小方块为主体，背后白色方块为背景；右图则完全相反，中间白色小方块为主体，背后蓝色方块为背景。

图 7-10 主体/背景原则

7.1.2.7 命运共同体原则（共方向原则）：人们倾向于把看起来一起运动的物体看成一组

如果一个对象中的一部分都向共同的方向去运动，那这些共同移动的部分就易被感知为一个整体。我们的眼睛将被吸引到一起移动的人物上，这个原则对于2D和3D动画尤其重要。一起运动的物体会被感知为属于同一组或是彼此相关这样的一种视觉现象，这就是格式塔中的共同命运原则。无论元素之间的距离有多远，或者它们看起来有多不同，如果它们一起运动或变化，它们都被认为是相关的。

在图7-11片中，由于每只鸟在同一个方向上移动，所以我们的头脑将它们视为一个群组的一部分。由这些小鸟的群体组成的大鸟，抓走了一条捕获的鱼。

图7-11 共方向原则

7.1.3 可视化通道

通道，即一个可以理解可视化对象的维度。数据可视化为了达到增强人脑认知的目的，会利用不同的视觉通道对冰冷的数据进行视觉编码。可视化为人类大脑提供宽泛的通道选择，可以将数据对象属性编码到不同的可视化通道。不同的可视化通道可以处理不同的对象信息。

人类对视觉通道的识别有两种基本的感知模式，也就是所说的视觉通道的类型。第一种感知模式得到的信息是关于对象本身的特征和位置等，对应视觉通道的定性性质和分类性质；第二种感知模式得到的信息是对象某一属性在数值上的大小，对应视觉通道的定量性质或者定序性质。因此我们将视觉通道分为两大类：①定性（分类）的视觉通道，如形状、颜色的色调、空间位置；②定量（连续、有序）的视觉通道，如直线的长度、区域的面积、空间的体积、斜度、角度、颜色的饱和度和亮度等。然而两种分类不是绝对的，例如位置信息，既可以区分不同的分类，又可以分辨连续数据的差异。可视化编码由标记和视觉通道组成。标记通常是一些抽象的几何图形元素，如点、线、面、体。视觉通道为标记提供视觉特征，包括位置、大小、形状、颜色、运动方向、色调、亮度等。

7.1.3.1 可视化通道的类型

可视化通道分以下类型。

（1）空间（space）。空间是放置可视化元素的容器，有一维、二维、三维空间等。例如，一维空间的温度计、电度表，二维空间的电视、手机、电脑，三维空间的位置、投影、VR、AR 等例子。

（2）标记（tagging）。标记映射数据的几何单元，如点、线、面、椭圆、立方体等。

（3）位置（location）。标记可视化元素的空间位置。平面位置在所有的视觉通道中比较特殊，一方面平面上相互接近的对象会被分成一类，所以位置可以用来表示不同的分类；另一方面平面使用坐标来标定对象的属性大小时，位置可以代表对象的属性值大小，即平面位置可以映射定序或者定量的数据，如坐标轴位置。

平面位置又可以被分为水平和垂直两个方向的位置，它们的差异性比较小，但是受到重力场的影响，人们更容易分辨出高度，而不是宽度，所以垂直方向的差异能被人们更快意识到。

（4）颜色（color）。颜色分为明度、饱和度、色调、透明度四个视觉通道。明度（brightness）指的是颜色中混合了多少白色或黑色，感知系统不擅长识别明度。饱和度（saturation）指色彩的鲜艳程度，也称色彩的纯度。饱和度取决于该色中含色成分和消色成分（灰色）的比例。色调

（tone）亦称色相或色系，分为红橙黄绿青蓝紫等色系。透明度（transparency）：表现出相互遮挡的元素各自的重要性。

（5）动画（animation）。动画包括了可视化元素的运动方向、速度、闪烁频率等。计算机动画指的是由计算机生成的连续播放的静态图像所形成的动态效果的图画作品。利用人的视觉残留现象等，产生视觉动感。视觉通道主要是运动的方向（编码定性的数据属性）、运动的速度（编码定量的数据属性）、闪烁的频率等（编码定量的数据属性）。动画的优点和缺点都是完全吸引了人的注意力，我们无法忽视动画效果，所以观察其中的非动画部分就非常困难。

（6）纹理（texture）。纹理是利用点、线等区分相似形状、颜色的可视化元素。纹理可以看作是对象表面或者内部的装饰，所以可以将纹理映射到线、平面、曲面、三维体的表面中，以分类不同的事物。图案也被称为纹理，大致可以被分为自然纹理、人工纹理。自然纹理是自然世界中存在的有规则模式的图案，比如树木的年轮；人工纹理是指人工实现的规则图案，比如中学课本上求阴影部分的面积示意图。由于纹理可以看作是对象表面或者内部的装饰，所以可以将纹理映射到线、平面、曲面、三维体的表面中，以分类不同的事物。

（7）形状（shape）。形状是对现实对象的抽象化描述，所代表的含义很广，一般理解为对象的轮廓，或者对事物外形的抽象，用来定性描述一个东西，比如圆形、正方形，更复杂一点是几种图形的组合。

（8）方向（direction）。方向，即标记可视化元素的向量信息，如风向、水流方向等。方向可用来分类，也可以用来排序，这取决于可视化时采用哪种象限。在二维可视化的世界里，象限可以有三种用法（图7-12）：在一个象限内表示数据的顺序；在两个象限内表现数据的发散性；在四个象限内可以对数据进行分类。

图7-12　不同象限的方向内涵

7.1.3.2 可视化通道表现力判断标准

进行可视化编码时我们需要考虑不同视觉通道的表现力和有效性，主要体现在下面几个方面。

（1）精确性。用于衡量人类感知系统对于可视化的判断结果和原始数据的吻合程度。

（2）可辨认性。用于区分具有不同取值范围的视觉通道的两种或多种取值状态。

（3）可分离性。在同一个可视化结果中，多个视觉通道的存在可能会相互影响到用户对其的正确感知，影响信息获取。

（4）视觉突出。也就是在很短时间内（200～250 ms），人们可以仅仅依赖感知的前向注意力来直接发觉某一对象的不同。

研究表明（图7-13），在分类的表征上位置分类表现力最强，比如前面讲的聚类；然后是色调、形状和图案。在分组的表征上，包含、连接的表现力要强于相似（如颜色）、接近。在对数值的表征上，视觉通道表现力排序依次为长度、角度、面积、亮度/饱和度、纹理密度。

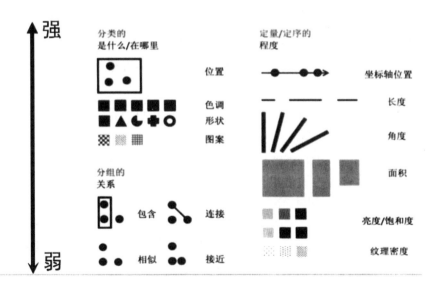

图7-13 不同可视化通道表现力对比

在实际应用时，视觉通道的表现力会受到其他因素的影响，如取值的范围和数量。所以，对于一个优秀的可视化设计师来说，要以数据特征为基础，选用表现力强的视觉通道，当数据复杂度增加时，也要考虑视觉通道间相互影响的问题。在视觉知觉领域，格式塔理论应用最为广泛。

本小节着重描述了数据可视化的概念、意义和作用。数据可视化主要旨在借助于图形化手段，清晰有效地传达与沟通信息。通过"可视化"的方式，我们看不懂的数据通过图形化的手段进行有效的表达，准确高效、简洁全面地传递某种信息，甚至帮助我们发现某种规律和特征，挖掘数据背后的价值。

格式塔原则旨在解释人类的某些行为是如何产生的，也解释了我们人类的视觉经验如何与大脑的反应产生联系。

视觉通道是可视化中的重要概念。可视化编码由标记和视觉通道组成。标记通常是一些抽象的几何图形元素，如点、线、面、体。视觉通道为标记提供视觉特征，包括位置、大小、形状、颜色、运动方向、色调、亮度等。

7.2 数据可视化应用实例

数据可视化借助于图形化手段，清晰有效地传达与沟通信息，使用户能够快速地识别模式，交互式可视化能够让决策者对细节有更深层的了解。数据可视化与信息图形、信息可视化、科学可视化和统计图形密切相关，数据可视化实现了成熟的科学可视化领域和信息可视化领域的统一。数据可视化在各行各业得到了大力应用，本节我们将通过一些具体的示例来领略数据可视化的魅力。

7.2.1 信息科学中的应用

图 7-14 显示了一个新兴的技术或者数据分析模型随时间的演变规律，呈现了这个模型结合创新理论的演变规律，在某个领域随时间的发展变化，技术应用在不同的行业随时间线如何发展，在不同行业领域的分布状态。通过可视化方式展示出来，我们能够通过非文字描述的方式更好地看到技术从产生到发展的过程。通过可视化能非常直观地把握技术核心特点、演化规律、创新传播的规律。

图 7-14 通过可视化呈现计算机科学的演变

再如图 7-15 所示的 Aminer 系统，对学者及其各项指标、学者信息、研究领域进行了可视化的研究，是目前国内访问量最靠前的学者信息检索系统。图中右边部分的关系图展示的是该学者的学术合作关系，关系图是展现事物相关性和关联性的图表，比如社交关系链、品牌传播或者某种信息的流动。中间的河流图表明了学者群体的研究兴趣随时间的变化情况。在河流图中，不同类别的数据用不同颜色的面积区域来显示，每个填充区域从左到右按照时间顺序流动，每个数据集对应的数值则是通过"河流"在某个时间点的宽度展示。通过这样的操作，每个类别的数据数值变化就会形成一条条粗细不一的河流，并汇集在一起形成更大的河流。

图 7-15 Aminer 中对学者信息的可视化呈现

7.2.2 文学中的应用

数据可视化在文学领域的应用也相当广泛,这里以唐诗宋词作品的可视化为例。新华网数据新闻联合浙江大学可视化小组研究团队,以《全宋词》为样本,挖掘描绘出两宋319年间,那些闪光词句背后众多优秀词人眼中的大千世界。该项目历时半年,分析词作近21000首、词人近1330家、词牌近1300个,挖掘数据维度涵盖词作者、词作所属词牌名、意象及其所承载的情绪。

图7-16为"唐代女诗人全景图",将唐朝划分为初唐、盛唐、中唐、晚唐四个阶段。此处同样采用了点阵的表现方式,但用朱砂色的花朵代替了"点",不同形状的花朵代表着女性诗人的不同身份,她们有的是宫廷诗人,如上官婉儿,有的是士大夫妻女,有的则是民间女子。而作品存留数量最多的几人,则以盛开的荷花标记。

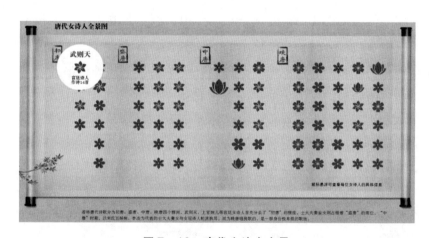

图7-16 唐代女诗人全景

图7-17是"唐代女诗人社交图",选取了最具代表的几位女性诗人,将她们的社交关系以圆与线的方式表现出来,线的粗细则代表社交关系的深浅。通过这张图可以发现,薛涛与李冶两位著名的女诗人都与刘禹锡有过诗作唱和,隐匿在典籍中错综复杂的关系网络具象为简单明了的社交图。

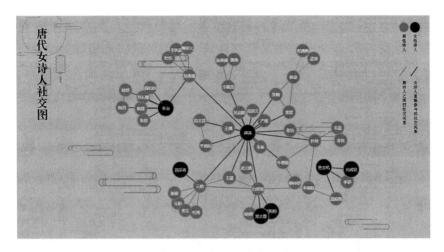

图 7-17 唐代女诗人社交圈

7.2.3 军事领域的应用

1869年，法国工程师查尔斯·约瑟夫·米纳德（Charles Joseph Minard）绘制了1812年拿破仑征俄图（Map of Napolean's Russian Campaign of 1812），描述了拿破仑在1812—1813年进攻俄国时所遭受的灾难性损失，（图7-18）。此图将法军东征俄国的过程，精确而巧妙地通过数据可视化的方式展现出来，让人直观感受到拿破仑40万大军如何在长途跋涉和严寒之中逐步溃散。该图被爱德华·塔夫特（Edward Tufte）誉为是迄今为止最好的统计图表。线条宽度代表拿破仑的军队人数变化，黄色为进军路

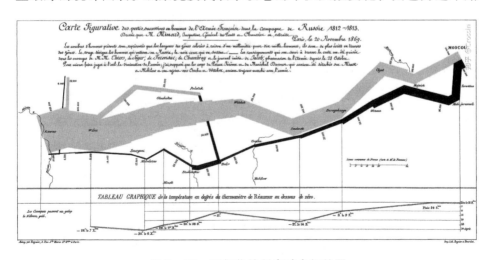

图 7-18 可视化绘制拿破仑征俄图

线,黑色为撤退路线。各地理位置连线反映时空关系(从立陶宛到莫斯科军队位移经纬度)。文字标明了行军途经的特定地点、河流以及具体人数。底部温度折线从右到左反映了撤退途中的温度变化。

7.2.4 社会科学领域的应用

富有创造力的人生来就精力充沛吗?莫扎特一生创作了50多首交响曲,达尔文花了20多年才完成《物种起源》,建筑大师柯布西耶一生设计作品过百……同样是一天24小时,大师们创造了奇迹,我们却连觉都睡不够。不禁让人好奇,这些大师是如何安排自己的时间的呢?

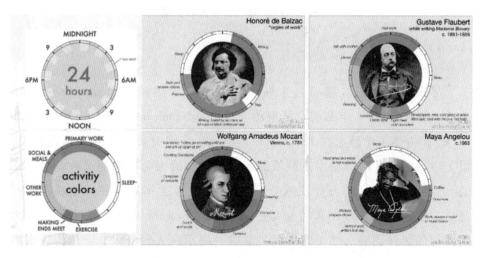

图7-19 创作者的日常时间车轮

作家梅森·柯里(Mason Currey)经过调查后,出版了一部名为 *Daily Rituals*(《创造者的日常》)的书籍,深度透视分析大师们的日常生活与时间分配(图7-19)。表中一刻度为一小时,由凌晨0点至午夜24点为一周期。绿色标记为主要工作时间,白色为小憩或睡觉时间,橘色为吃饭、社交等休息时间,天蓝色代表锻炼时间,灰色代表维持生计的工作时间,浅绿色则为其他工作时间。例如作家中巴尔扎克是个不折不扣的工作狂,一天中有13.5个小时用来写作。大概因为这样日夜颠倒的高强度工作量,他一天至少要喝50杯黑咖啡。再如音乐神童莫扎特则是一个社交达人,每天需要花一个小时打扮,一天中不是在和贵族打交道,就是在举办演奏会,居然还有两个小时用来向爱人康侍坦丝(Constanze)求爱……

7.2.5 智慧图书馆中的应用

智慧图书馆是把智能技术运用到图书馆建设中而形成的一种智能化建筑，是智能建筑与高度自动化管理的数字图书馆的有机结合和创新。智慧图书馆中也大量使用了数据可视化技术，如图 7-20 显示了重庆智慧图书馆大数据平台。该平台基于云计算、大数据技术、整合现有的数据资源，可实时展示馆内情况，例如馆内动态、馆藏总量、借阅排行等，帮助用户以更简单的方式直观地了解图书馆情况，可以了解每天实时到馆人数、每个区域人流数、图书借阅情况、最佳图书推荐等。

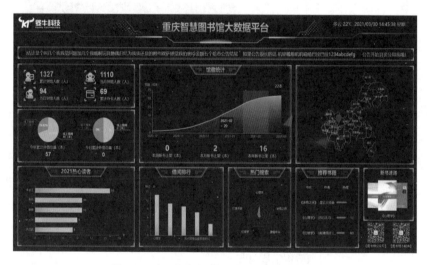

图 7-20 重庆智慧图书馆大数据平台

7.2.6 健康穿戴中的应用

可穿戴医疗设备可以通过传感器反映人体的生理数据到人们的移动设备上，为用户提供数据，让用户能够实时监测到自己的身体健康状况。图 7-21 展示了设备的心率血氧功能、移动步数统计功能等。通过实时监测血液中的循环变化，传感器连续发出光，接收端接收到光反射信号，再通过算法处理，可获得相对精确的心率曲线。

大多数智能手环都有加速传感器，可以记录人的动作，只要是贴身携带的设备，都能通过传感器加算法精确地感知用户的动作；心率血氧传感

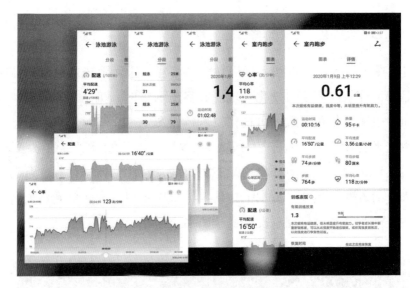

图 7-21 穿戴设备中的可视化分析

器同样可以帮助监测睡眠质量。当这些动作和心率血氧数据被确认后,智能手环就可以通过蓝牙将数据发送到手机,再通过用户提供的个人资料,通过对各种数据进行分析,最终给用户一个相对准确的监测数据,用户可以根据这些数据制订相应的对策。

此外,数据可视化在商业领域、政府数字化治理领域、智慧城市领域,以及艺术领域都有广泛的应用。可以说,如今已离不开数据可视化。

7.3 数据可视化基础

本小节将会介绍数据可视化的数据基础、数据的质量及数据处理分析的流程,详细说明 Excel 中 14 种标准图表类型、子图表类型、图表的应用范围及局限性等。

7.3.1 数据的基础、质量

7.3.1.1 数据基础

表 7-1 为四种常见的数据类型,当我们谈论四种不同类型的数据时,我们实际上指的是不同级别的测量。测量水平(或尺度)表明变量被记录的精确程度;测量级别决定了您可以分析数据的方式和程度。测量的四个

级别是定类、定序、定距和定比数据,其中定类数据是最不复杂和精确的测量,而定比数据是最复杂的测量。

表7-1 四种数据类型定义

数据类型	定义
定类数据	一种定性数据,它将变量分组。您可以将这些类别视为名词或标签;它们纯粹是描述性的,它们没有任何数量或数值,并且各种类别不能放入任何有意义的顺序或层次结构中
定序数据	一种将变量分组为描述性类别的定性(非数字)数据。序数数据的一个显著特征是它使用的类别是按某种层次尺度排序的,例如从高到低
定距数据	一种定量(数值)数据。它将变量分组并始终使用某种有序的比例。此外,区间值始终使用相等的距离度量进行排序和分隔
定比数据	定量(数字)数据的一种形式。它以连续的尺度测量变量,相邻值之间的距离相等。虽然它与定距数据共享这些特征,但定比数据的一个显著特性是它具有"真正的零",永远不会有负值

(1)定类数据(nominal data)。定类数据也称为名义数据,是一种定性数据,是对事物的类别或属性的测度,按事物的某种属性进行分类。属于数据的最低级,不可排序、不可计算,只是一种标志。如性别(男、女)、发色(金色、灰色、棕色、黑色等)、国籍(肯尼亚、英国、中国等)、关系状况(已婚、同居、单身等)、首选的公共交通方式(公共汽车、火车、电车等)、血型(A型、B型、O型等)、性格类型(内向、外向、中间型)、就业状况(就业、失业、退休等)。

定类数据实际上是关于描述特征的,定类数据将变量通过描述性的名词和标签进行分组,这些名词或标签即类别,不具有任何数量或数值,这些类别不能放入任何有意义的顺序或层次结构中。因而名义变量可以用数字和单词来表示,但"数字标签"没有任何数字含义。例如,假设收集有关人们头发颜色的数据,可以使用编号系统来表示不同的头发颜色:1代表棕色头发,2代表金色头发,3代表黑色头发,4代表赤褐色头发,5代表灰色头发,等等。尽管使用数字来标记每个类别,这些数字并不代表任何类型的价值或等级(例如,由数字 5 表示的白发不是"大于"或"优于"由数字 1 表示的棕色头发,反之亦然)。因此,定类数据是最简单、最不精确的测量水平。

定类数据的关键特征:①定类数据(名义数据)是分类的,类别是互斥的;类别之间没有重叠。②定类数据根据纯粹描述性的标签进行分类——它们不提供任何定量或数值。③定类数据不能放入任何有意义的顺序或层次结构中——没有一个类别比另一个类别更大或"更有价值"。

那么,如何收集定类数据?定类数据通常通过调查收集。可以使用封闭式问题,把名义变量分为两个或几个类别,例如,问题"你最喜欢的公共交通方式是什么?"可能的答案:公共汽车、电车、火车;问题"您是否已超过 30 岁?"可能的答案:是、不是。

如果变量有很多不同的可能类别,可以使用开放式问题,要求受访者写下他们的答案。例如,"你的母语是什么?"或"你最喜欢的音乐类型是什么?"

(2)定序数据(ordinal data)。定序数据或序数数据,是对事物之间等级或顺序差别的一种测度,可排序不可运算。属于数据的中间级。示例:定序数据有哪些例子:经济状况(贫穷、中等收入、富人)、非平均分配范围内的收入水平($10K~$20K、$20K~$35K、$35K~$100K)、课程成绩(A+、A-、B+、B-、C)、教育程度(小学、高中、大学、硕士研究生、博士研究生)、李克特量表(非常满意、满意、中性、不满意、非常不满意)、军衔(上校、准将、少将、中将)、年龄(儿童、青少年、青年、中年、退休人员)。定序数据是一种基于其特征测量和排序,数据不精确但仍然有用的方法。

定序数据的关键特征:①定序数据是分类数据(非数字),但可以使用数字作为标签。②定序数据总是被放置在某种层次结构或顺序中。③虽然定序数据总是被排序,但值没有均匀分布。

定序数据和定类数据有什么区别?虽然定类数据和定序数据都是非数字测量类型,但定类数据没有顺序。例如,定类数据可以衡量变量"婚姻状况",可能的结果是"单身""已婚""同居""离婚"等。但是,这些类别中没有一个比任何其他类别"更少"或"更多"。另一个例子可能是眼睛的颜色。而定序数据始终具有固有的顺序。如果定序数据集缺乏顺序,我们可以知道正在处理名义数据。同样地,我们如何使用定序数据?定序数据通常用于收集人口统计信息,在金融、营销和保险等行业尤其普遍,政府也会使用定序,例如人口普查。定序数据在进行客户满意度(在任何行业)调查时通常很常见。

(3)定距数据(interval data)。定距数据或区间数据,将变量分组并始终使用某种有序的比例。示例:华氏或摄氏温度(-20、-10、0、+10、+20等)、一天中的时间(下午1点、下午2点、下午3点、下午4点等)、智商分数(100、110、120、130、140等)、pH(2、4、6、8、10等)、信用等级(20、40、60、80、100)、日期(1740、1840、1940、2040、2140等),定距数据都是关于在等距尺度上测量变量,其中零点是具体数值。

在摄氏或华氏温度刻度中,温度计上的每个刻度都直接跟在前一个刻度之后,并且每个刻度之间的距离相同。这种类型的连续数据很有用,因为可以执行某些数学方程式,如使用减法和加法来确定变量之间的差异。这使得定距数据比低于它的度量水平更精确,即非数字类型的定类或定序数据。定距数据的另一个显著特征是它缺少"真零"。简而言之,这意味着在区间尺度上的测量为零并不表示缺少某些东西。默认情况下,这表明间隔刻度上的零只是另一个变量。例如,零摄氏度是一种温度度量,可以在有意义的负值之前。

定距数据的关键特征:①间隔数据是使用显示顺序、方向和一致的值差异的连续间隔来测量的。②区间尺度上的值之间的差异始终是均匀分布的。③定距数据集没有"真零",即它们可能包含负值,可以相减和相加,但是当相乘或相除时不会提供有意义的见解,对我们可以执行的分析类型有重要影响。④使用定距数据,可以计算出以下汇总统计:频率分布,众数、中位数和均值,以及数据集的范围、标准差和方差。

定距数据最常用于统计研究、评分考试、测量智商、应用信用评级、对人群进行科学研究或执行概率测量等领域。

(4)定比数据(ratio data)。定比数据也叫比率数据,定比数据的一个显著特性是它具有"真正的零",永远不会有负值。示例:开尔文温度(0、+10、+20、+30、+40 等)、高度(5 英尺 8 英寸、5 英尺 9 英寸、5 英尺 10 英寸、5 英尺 11 英寸、6 英尺 0 英寸等)、商品价格(0 美元、5 美元、10 美元、15 美元、20 美元、30 美元等)、年龄(0~100+)、距离(0 英里/千米+),定比数据都是关于在等距尺度上测量连续变量。

定比数据的主要特征是:①使用显示顺序、方向和精确值差异的连续等距标度来测量定比数据。②定比数据有一个"真正的零",即零表示没有变量,数据不包含负值。③因为定比数据没有负值,所以可以进行加减乘除(与以上其他三种数据不同)。④定比数据可用于计算包括频率分布在内的度量,众数、中位数和均值、范围、标准差、方差和变异系数。

定比数据和定距数据都是数值数据的类型。关键区别在于定比数据具有真正的零,而定距数据则没有。因此,如果数据是数字类型,不包含负数,并且零的度量相当于缺少所选变量,那么数据属于定比数据。这种差异并非微不足道,通过合并负数,定距数据阻止执行关键的数学函数,即乘法和除法。为了说明,如果我们测量距离(定比数据),那么我们可以说 40 英里是 20 英里的两倍。但是,如果我们以摄氏度(定距数据)测量温度,我们不能说 40 ℃ 是 20 ℃ 的两倍,因为零的测量值(而不是没有温度)只是另一个具有固有值的测量值,这就限制了定距数据的有用性。

7.3.1.2 数据质量

数据质量的评判标准可从以下几点考虑。

(1)真实性/有效性。数据必须真实准确地反映客观的实体存在或真实的业务,真实可靠的原始统计数据是企业统计工作的灵魂,是一切管理工作的基础,是经营者进行正确经营决策必不可少的第一手资料。

(2)准确性。准确性适用于度量哪些数据和信息是不正确的,或者数据是超期的。准确性也叫可靠性,不可靠的数据可能会导致严重的问题,会造成有缺陷的方法和糟糕的决策。数据是否存在错误或异常。

(3)完整性。数据完整性问题包含数据条目不完整、数据属性不完整等,以及数据是否缺失。

（4）一致性。多源数据的数据模型不一致，如命名不一致，数据编码不一致，含义不一致，生命周期不一致，数据是否一致、是否兼容，等等。

（5）及时性/时效性。数据的及时性是指能否在需要的时候获到数据。数据的及时性与企业的数据处理速度及效率有直接的关系，是影响业务处理和管理效率的关键指标，反映了数据是否及时更新。

（6）可信性。用户信赖的数据数量，数据越多、可信度越高。

7.3.2　数据处理与分析流程

当我们处理数据时，数据很少是干净的，而且经常会遇到数据质量问题。如图7－22，典型的数据数量问题包括：数据缺失值，完整性较差；数据噪音较多，存在错误和异常值；数据一致性低，具有逻辑错误。

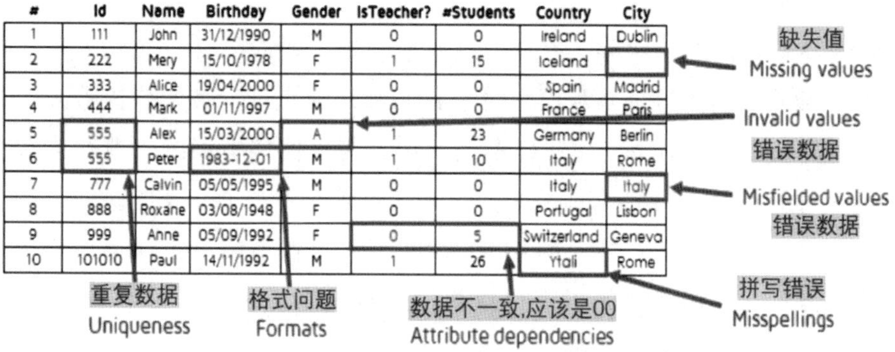

#	Id	Name	Birthday	Gender	IsTeacher?	#Students	Country	City
1	111	John	31/12/1990	M	0	0	Ireland	Dublin
2	222	Mery	15/10/1978	F	1	15	Iceland	
3	333	Alice	19/04/2000	F	0	0	Spain	Madrid
4	444	Mark	01/11/1997	M	0	0	France	Paris
5	555	Alex	15/03/2000	A	1	23	Germany	Berlin
6	555	Peter	1983-12-01	M	1	10	Italy	Rome
7	777	Calvin	05/05/1995	M	0	0	Italy	Italy
8	888	Roxane	03/08/1948	F	0	0	Portugal	Lisbon
9	999	Anne	05/09/1992	F	0	5	Switzerland	Geneva
10	101010	Paul	14/11/1992	M	1	26	Ytali	Rome

图7－22　数据处理中的常见数据质量问题

（图片来源：https://blog.csdn.net/weixin_45914452/article/details/103570155）

数据处理与分析的具体流程主要为：数据清理、数据集成、数据分析。

7.3.2.1　数据清理

在数据清洗的过程中，会遇到缺失值和噪音值（异常值）的问题，当然有时候也会把异常值看作缺失值来处理。

（1）缺失值处理方法。一般的缺失值处理方法包括删除、统计值充填（均值、中位数等）、回归方程预测充填等。使用直接删除这种方法简单易行，但缺点是在记录数据较少的情况下，会造成样本量的进一步减少，可能会改变响应变量的原有分布，造成分析结果不准确。

回归方程充填法：选择若干能预测缺失值的自变量，通过建立回归方程估算缺失值。该方法能尽可能地利用原数据集中的信息，但也存在一些不足之处：①虽然这是一个无偏估计，但会忽视随机误差，低估标准差和其他未知性质的测量值。②使用前，必须假设存在缺失值所在的变量与其他变量是存在线性关系的，但现实它们不一定存在这样的线性关系，这可以借助统计工具来辨析，但往往更需要建模人员的实践经验和业务知识来进行分析和判断。如图7-23中红色框选部分为缺失部分，通过构建回归方程（force = 12.246 + 0.238 * temp - 0.262 * duration + 4.419 * paste_qty）来进行预测填充。

（2）噪音值处理方法。对于噪音值的处理方法主要是离散点分析+过滤，主要的应用实例包括：入侵检测系统、信用卡欺诈、传感监测、医学诊断、执法、地球科学等。在所有这些应用中，数据都有一个"正常"的模型，当数据偏离这个正常模型时，我们则认为它是异常，或离群点，称之为Outliers（图7-24）。在样本空间中，与其他样本点的一般行为或特征不一致的点，我们称为离群点。离群点如何产生？①计算的误差或者操作的错误所致，比如：某人的年龄-999岁，这就是明显由误操作所导致的离群点；②数据本身的可变性或弹性所致，比如一个公司中CEO的工资肯定是明显高于其他普通员工的工资，于是CEO成为由于数据本身可变性所导致的离群点。我们需要对离群点进行检测，是因为异常数据预示着"一个人的噪音也许是其他的信号"。换句话说，这些离群点也许正是用户感兴趣的，比如在欺诈检测领域。那些与正常数据行为不一致的离群点，往往预示着欺诈行为，因此成为执法者所关注的。此外，离群点也可能是错误的数据，需要清理的数据。

```
dataset_new:
    Item  temp  duration  paste_qty       force
0     1   120      5          5.6     64.700000
1     2   120      4          4.9     61.000000
2     3   120      5          5.5     63.840546
3     4   122      5          4.5     59.800000
4     5   122      5          4.5     58.300000
5     6   122      4          5.0     62.370000
6     7   124      3          3.8     57.600000
7     8   124      3          5.8     66.700000
8     9   124      3          5.5     65.320000
9    10   126      4          5.8     67.600000
10   11   126      5          4.0     58.000000
11   12   126      5          4.5     60.851897
12   13   128      3          5.1     66.300000
13   14   128      3          4.1     60.000000
14   15   128      4          4.1     59.820000
15   16   130      5          5.0     64.014591
16   17   130      5          5.2     66.800000
17   18   130      4          4.2     62.200000
18   19   132      3          4.4     61.700000
19   20   132      4          6.6     70.100000
20   21   132      4          5.8     68.290000
21   22   134      4          4.6     62.800000
22   23   134      3          5.5     67.500000
23   24   134      4          5.0     65.230000
24   25   136      4          6.1     72.200000
25   26   136      4          6.3     71.450707
26   27   136      5          4.5     62.800000
27   28   138      4          5.0     66.100000
28   29   138      4          5.5     68.390000
29   30   138      4          6.7     72.800000
```

图 7-23 回归方程充填法

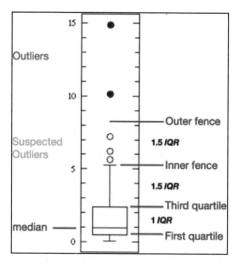

图 7-24 异常点检测法

7.3.2.2 数据集成

数据集成包括属性匹配、冗余去除、数据冲突检测与处理三种。

（1）属性匹配（对齐）。属性匹配问题就是如何使来自多个数据源的现实世界的实体相互匹配，这其中就涉及实体识别问题。例如如何确定一个数据库中的"custom_id"与另一个数据库中的"custome_number"是否表示同一实体。数据库与数据仓库通常包含元数据，这些元数据可以帮助避免在模式集成时发生错误。

（2）冗余去除。冗余问题是数据集成中经常发生的另一个问题。若一个属性可以从其他属性中推演出来，那这个属性就是冗余属性。例如，一个顾客数据表中的平均月收入属性就是冗余属性，显然它可以根据月收入属性计算出来。此外，属性命名的不一致也会导致集成后的数据集出现数据冗余问题。

（3）数据值冲突检测与处理问题。在现实世界实体中，来自不同数据源的属性值或许不同。产生这种问题的原因可能是表示、比例尺度，或编码的差异等。例如，重量属性在一个系统中采用公制，而在另一个系统中却采用英制；价格属性在不同地点采用不同的货币单位。这些语义的差异为数据集成带来许多问题。

7.3.2.3 数据分析

图7-25中列出了数据分析的常用方法与工具。在分析数据时，一般会采用关系/非关系数据库、数据仓库、数据索引等数据管理工具。数据库索引，是数据库管理系统中一个排序的数据结构，以协助快速查询，更新数据库中表的数据。数据分析方法采用统计、探索性分析、数据挖掘等方法。在此，探索性数据分析（exploratory data analysis，简称EDA），是指对已有的数据（特别是调查或观察得来的原始数据）在尽量少的先验假定下进行探索，通过作图、制表、方程拟合、计算特征量等手段探索数据的结构和规律的一种数据分析方法。特别是大数据时代，面对各种杂乱的"脏数据"往往不知所措，不知道从哪里开始，探索性数据分析就非常有效。数据分析工具利用Shell、AWK、Python、Pig、Scala等脚本语言类型

的工具。

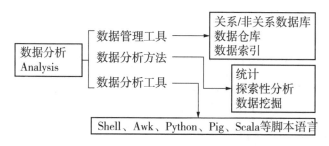

图 7-25 数据分析的方法与工具等

7.3.3 数据可视化图表

7.3.3.1 图表要素

如图 7-26 所示,一般来说,数据可视化的图表有以下几项要素。

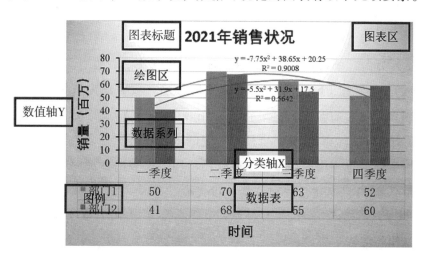

图 7-26 数据可视化中常见图表要素

(1) 图表区。图表区是指图表的全部范围,它就像是一个容器,装载所有图表元素。用户选中图表区时,将在最外层显示整个图表区边框线,边框线上面有 8 个控制点。选中控制点,可以改变图表区的大小,调节图表的长宽比例,此外选中图表区还可以对所有的图表元素统一设置文字字体、大小等格式。

(2) 绘图区。绘图区是指包含数据系列图形的区域,位于图表区的中间,用户选中绘图区时,将会显示绘图区边框,边框线上面也将有用于控制绘图区大小的 8 个控制点。

（3）图标题。标题包括图表标题和坐标轴标题，标题是对图表主题、相关图表元素的文字说明。

（4）数据系列和数据点。数据系列由数据点构成，每个数据点对应于数据源中一个单元格的值，而数据系列对应于数据源中一行或一列数据（多个数据）。此外数据系列中的每个值的图形分布在不同分类项中。

（5）坐标轴（分类轴 X 与数值轴 Y）。坐标轴是绘图区最外侧的直线，常见的坐标轴有水平方向的分类轴，分类轴的分类项可以是来源于数据表的行标题或是列标题，也可以自定义分类项。分类轴提供了不同对象的比较基础。纵向上是数值轴，用作度量图形的值。

（6）图例。图例用于说明图表中每种颜色所代表的数据系列。其本质就是数据表中行标题或列标题。

7.3.3.2 图表类型

该部分会详细讲解 Excel 中标准的数据可视化图表类型。

（1）柱形图（bar chart）。柱形图反映了一段时间内数据的变化，或者不同项目之间的对比，是最常见的图表之一，是 Excel 的默认图表。柱状图适用于对比分类数据，也具有一定的局限，分类过多则无法展示数据特点，适合中小规模的数据集。柱状图适用二维数据集（每个数据点包括两个值 x 和 y），但通常只有一个维度需要比较（y）。柱状图利用柱子的高度（视觉通道为尺寸），反映数据的差异。若肉眼对高度差异很敏感，辨识效果会非常好。

柱状图的子图表类型（图 7-27）：簇状柱形图、堆积柱形图、百分比柱形图、三维簇状柱形图、三维堆积柱形图、三维百分比堆积柱形图。

（2）条形图（bar chart）。条形图也是显示各个项目之间的对比，与柱形图不同的是条形图的分类轴设置在纵轴上，而柱形图则设置在横轴上。条形图的适用场景：类别名称过长，将有大量空白位置标示每个类别的名称。条形图与柱状图相同，分类过多则无法展示数据特点。其实柱形图和条形图的适用场景几乎一样，条形图又称横向柱形图，有时候会直接把条形图规成柱形图的一种，两者较大的一个区别在于：当维度分类较

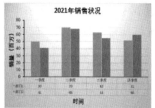
簇状柱形图

堆积柱形图

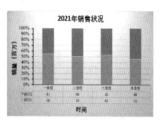
百分比柱形图

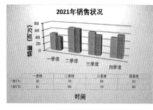
三维簇状柱形图

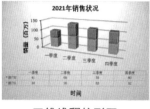
三维堆积柱形图

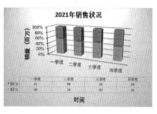
三维百分比堆积柱形图

图7-27　柱形图子图表类型

多,而且维度字段名称又较长时,此时应选择条形图,因为条形图能够横向布局,方便展示较长的维度项名称。

条形图的子图表类型(图7-28):簇状条形图、堆积条形图、百分比堆积条形图、三维簇状条形图、三维堆积条形图、三维百分比堆积条形图。

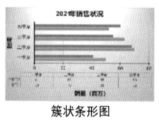
簇状条形图

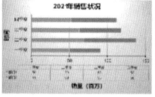
堆积条形图

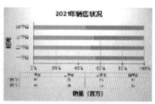
百分比堆积条形图

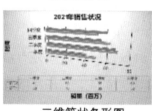
三维簇状条形图

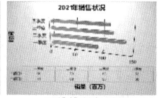
三维堆积条形图

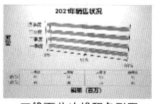
三维百分比堆积条形图

图7-28　条形图子图表类型

(3)直方图(histogram)。直方图又称频率分布图,是一种显示数据分布情况的柱形图,即不同数据出现的频率。通过这些高度不同的柱形,可以直观、快速地观察数据的分散程度和中心趋势,从而分析流程满足客户需求的程度。数值型数据很多或者精度相对高,使得数据集合中重复出现的样本值过少时,就需要对数据分组,用直方图观察不同组数据的频次与频率,即直方图。直方图多用于数值变量的分布描述。

直方图的子图表类型(图7-29):直方图、带分布拟合曲线直方图[拟合分布曲线:寻找最好拟合样本数据分布的概率分布函数(曲线),如正态分布曲线。]

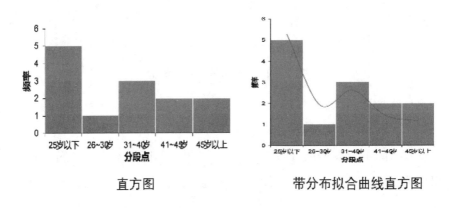

图7-29　直方图子图表型

直方图和柱状图极为相似。实际上,直方图和柱状图无论是在图表意义、适用数据上,还是图表绘制上,都有很大的不同。二者的区别在于:①直方图展示数据的分布,柱状图比较数据的大小。②直方图X轴为定量数据,柱状图X轴为分类数据。③直方图柱子无间隔,柱状图柱子有间隔。④直方图柱子宽度可不一,柱状图柱子宽度须一致。

(4)饼图(pie chart)。饼图显示组成数据系列的项目在项目总和中所占的比例,通常只显示一个数据系列。饼图便于了解数据的结构或分布情况,但分类过多时,则扇形越小,无法展现图表,故不适用于不重复的样本值的个数太多的情况。饼图的视觉通道是尺寸,感知维度是二维的(面积)。人眼对面积是不敏感的,一般情况下,可用柱状图替代饼图。

饼图的子图表类型(图7-30):饼图、三维饼图、复合饼图、分离型复合条饼图、圆环饼图、分离型饼图。

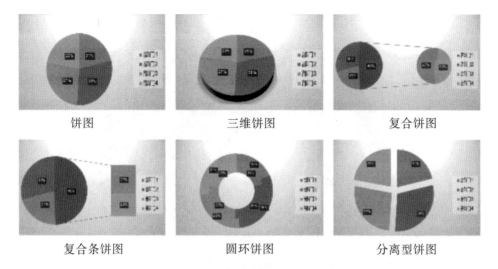

饼图　　　　　　　三维饼图　　　　　　复合饼图

复合条饼图　　　　圆环饼图　　　　　分离型饼图

图 7-30　饼图子图表类型

（5）旭日图（sunburst chart）。旭日图是 Excel 2016 新增的功能，与饼图类似，表达的信息更为丰富。旭日图也称为太阳图，是一种圆环镶接图。旭日图中每个级别的数据通过 1 个圆环表示，离原点越近代表圆环级别越高，最内层的圆表示层次结构的顶级，然后一层一层去看数据的占比情况。越往外，级别越低，且分类越细。因此，它既能像饼图一样表现局部和整体的占比，又能像矩形树图一样表现层级关系。旭日图相当于多个饼图的组合，但饼图只能体现一层数据的比例情况，而旭日图不仅可以体现数据比例，还能体现数据层级之间的关系。旭日图的本质是树状关系，因此也被称为极坐标下的矩形树图。它可以在承载大量数据的同时，清晰的显示数据间的结构关系。但二者也有一定的区别：树状图更适合类别少、层级少的比例数据关系；旭日图更适合层级多的比例数据关系；对于层级较多的数据，旭日图展示更直观。如图 7-31 为某个公司不同季度、不同月份，甚至不同周的销售情况。

（6）折线图（line chart）。折线图按照相同的间隔显示数据的趋势，排列在工作表的列或行中的数据可以绘制到折线图中。折线图可以显示随时间（根据常用比例设置）而变化的连续数据，因此非常适用于显示在相等时间间隔下数据的趋势。在折线图中，类别数据沿水平轴均匀分布，所有值数据沿垂直轴均匀分布。折线图适用于有序的类别，比如时间；但对

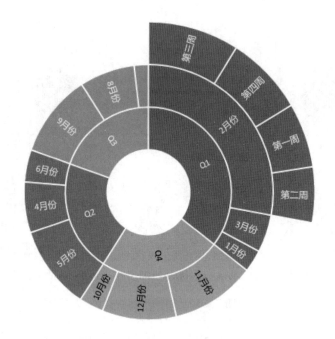

图 7-31 某公司年销售旭日图

于无序的类别均线图便无法展示数据特点。

折线图的子图表类型（图 7-32）：折线图、堆积折线图、百分比堆积折线图、数据点折线图、堆积数据点折线图、三维折线图。其中，堆积折线图和带数据标记的堆积折线图用于显示每一数值所占大小随时间或有序类别而变化的趋势，可能显示数据点以表示单个数据值，也可能不显示这些数据点。如果有很多类别或者数值是近似的，则应该使用无数据点堆积折线图。百分比堆积折线图和带数据标记的百分比堆积折线图用于显示每一数值所占百分比随时间或有序类别而变化的趋势，三维折线图将每一行或列的数据显示为三维标记。三维折线图具有可修改的水平轴、垂直轴和深度轴。

折线图适合二维大数据集，尤其趋势比单个数据点更重要的场合，如时间序列分析。一张折线图中，往往可以比较多个数据集。如两个二维数据集（大气中二氧化碳浓度，地表平均气温）的折线图。

（7）散点图（scatter plot）。散点图一般将两组数据（X, Y）绘制为坐标平面上一个系列。常用于观察两个数值变量 X 和 Y 之间的关系，或者两者数据形成的点在空间的分布。散点图适用于存在大量数据点的情况，

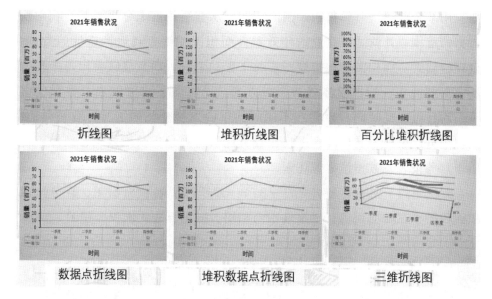

图7-32 折线图子图表类型

结果更精准,比如回归分析,而数据量小的时候会比较混乱。散点图的相似图表是气泡图。用气泡代替散点图的数值点,面积大小代表数值大小。

散点图的子图表类型(图7-33):散点图、平滑线散点图、无数据点平滑线散点图、折线散点图、无数据点折线散点图。

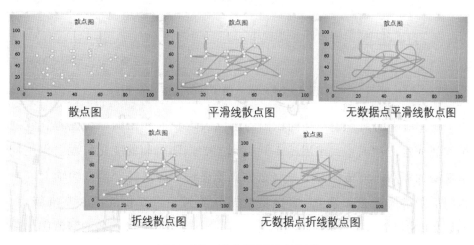

图7-33 散点图子图表类型

(8)面积图(area chart)。面积图显示数值随时间或类别的变化趋势,是一种随时间变化而改变范围的图表,主要强调数量与时间的关系。面积图与折线图、柱形图、散点图一样,都是属于常用的商务图表。面积图例如，用某企业每个月销售额绘制面积图，从整个年度上分析，其面积图所占据的范围累计就是该企业的年效益。面积图能够直观地将累计的数据，呈现给读者。面积图使比折线图看起来更加美观，而且能够突出每个类别所占据的面积，把握整体趋势。一方面，面积图不仅可以表示数量的多少，而且可以反映同一事物在不同时间里的发展变化的情况；另一方面，面积图可以纵向与其他类别进行比较，能够直观地反映出差异，故被广泛用于商务报表、数据汇报等场景。

面积图的子图表类型（图7-34）：面积图、堆积面积图、百分比堆积面积图、三维面积图、三维堆积面积图、三维百分比堆积面积图。

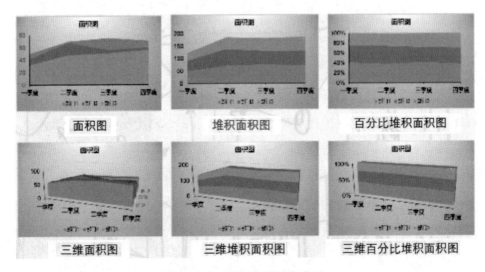

图7-34 面积图子图表类型

前文所提的河流图正是面积图的子图表堆积面积图的一个变种，它通过类似河水流动的形式来展示不同类别的数据随时间的变化情况。但不同于堆积面积图，河流图并不是将数据描绘在一个固定的、笔直的轴上（堆积图的基准线就是 x 轴），而是将数据分散到一个变化的中心基准线上。例如2008年2月，《纽约时报》发布了一个最典型、最著名的河流图的例子《电影的衰退和流动：过去20年的电影票房收入》（图7-35），描述了从1986年1月到2008年2月期间，所有电影的上映时间以及期间的周票房变化。在这个河流图中，流形状的宽度代表了某部电影的周票房，流形状的起始是由电影的上映时间决定的。颜色由电影的总票房决定，票房就是电影的"附加定量",颜色越深代表了电影最终票房越高。

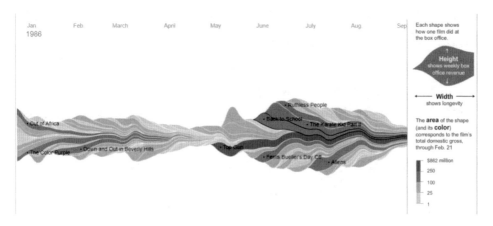

图 7-35 电影票房收入河流

(9) 雷达图 (radar chart)。雷达图显示数值相对于中心点的变化情况,可以了解同类别的不同属性的综合情况,以及比较不同类别的相同属性差异。雷达图适用于多维数据(三维以上),且每个维度的数据是有序的。

雷达图的子图表类型(图7-36):雷达图、数据点雷达图、填充雷达图。

图 7-36 雷达图子图表类型

(10) 树状图 (tree map)。树状图,由马里兰大学教授本·施奈德曼 (Ben Shneiderman) 于 20 世纪 90 年代提出,起初是为了找到一种有效了解磁盘空间使用情况的方法。树状图是用于展现有群组、层次关系的比例数据的一种分析工具,它通过矩形的面积、排列和颜色来显示复杂的数据关系,并具有群组、层级关系展现功能,能够直观体现同级之间的比较。

树状图的功能和饼图类似,用来表示数据的占比。可提供数据的分层视图,可轻松发现模式,例如商店最畅销的项。树分支表示为矩形,每个子分支显示为更小的矩形。树状图按颜色和距离显示类别。通常表示结构关系的图表会采用饼图，绘制饼图的数据控制在 5 个左右，但往往经常出现超过的情况，甚至达到几十或上百，饼图显然不合适。树状图可展示构成项目较多的结构关系以及分类之间的比例大小及层级关系。

不难看出，树状图适合展示父子层级占比的树形数据，但不适合展现不同层级的数据，比如组织架构图，每个分类不适合汇聚来表示占比情况。如图 7-37，从这张图可以很直观地看到中国 Android 智能手机市场各大品牌占有率情况。图中通过颜色区分品牌，通过面积表现各个品牌占有率，一目了然。如果细心的话还能看到每个品牌矩形被分割成了若干小矩形，这些小矩形对应该品牌下各种机型的占比。点击某个品牌区域还可以放大至该品牌的机型细分视图，浏览机型的占比情况。

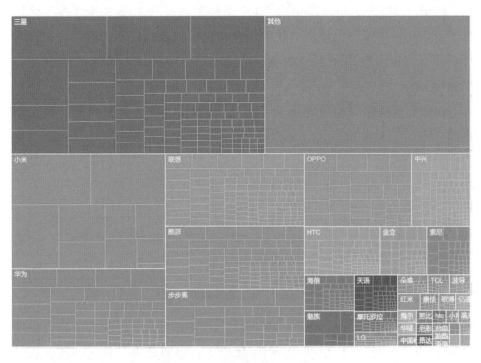

图 7-37　国产手机销量分布

（11）箱型图（box plot）。箱形图又称为盒须图、盒式图或箱线图，因形状如箱子而得名，是一种用作显示一组数据分散情况资料的统计图。它在各种领域经常被使用，常见于品质管理，主要用于反映原始数据分布的特征，还可以进行多组数据分布特征的比较。箱型图在展示一组数据分散情况方面有独到的优势,特别用于对几个样本的比较,而对于大数据量,反映的形状信息会更加模糊。

箱线图的绘制方法是:先找出一组数据的上边缘、下边缘、中位数和两个四分位数;然后,连接两个四分位数画出箱体;再将上边缘和下边缘与箱体相连接,中位数在箱体中间。

箱线图如何来看?如图 7-38 是一个箱形图的案例,让我们首先看箱体:左边线代表下四分位数(第一四分位数,Q1),表示整体数据中有25%的数据少于该值;右边线代表上四分位数(第三四分位数,Q3),表示整体数据中有75%的数据少于该值。箱体中间的线代表中位数,是一组数从小到大排列,居于正中间的单个数或正中间两个数的均值。箱体的长度代表第三四分位数和第一四分位数的差值,也称为四分位间距(interquartile range,IQR)。箱体两端的衍生线最左延伸至 Q1 - 1.5 × IQR(下极限),最右延伸至 Q3 + 1.5 × IQR(上极限)。超出上下极限线的点(或其他标记)表示潜在异常值(Potential outliers)。

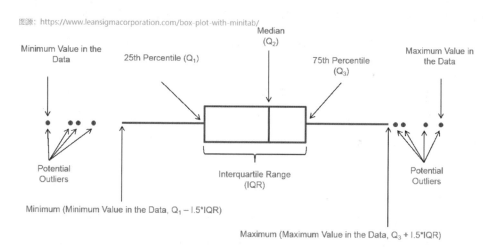

图 7-38 箱线图基本元素

(12)瀑布图(waterfall plot)。瀑布图是由麦肯锡顾问公司所独创的图表类型,因为形似瀑布流水而得名。此种图表采用绝对值与相对值结合的方式,适用于表达数个特定数值之间的数量变化关系以及数据的累计变化过程,如果各类别数据差别太大则难以比较。瀑布图具有自上而下的流畅效果,也可以称为阶梯图(cascade chart)或桥图(Bridge Chart),在企业经营分析、财务分析中使用较多，用以表示企业成本的构成、变化等情况。如图7-39为某企业成本构成的瀑布图，非常直观地看到成本的变化情况。

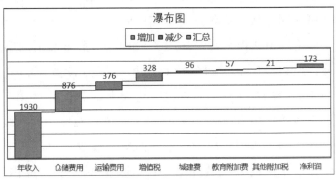

图7-39　某企业成本构成瀑布

瀑布图通过巧妙的设置，使图表中数据的排列形状（称为浮动列）看似瀑布悬空，从而反映数据在不同时期或受不同因素影响的程度及结果，还可以直观反映出数据的增减变化，在工作表中非常实用。在实际的应用场景中，瀑布图常用于经营情况分析，解释从一个数字到另一个数字的变化过程。比如评估公司利润、比较产品收益、突出显示项目的预算变更、分析一段时间内的库存或销售情况、显示一段时间内产品价值变化等。

（13）股价图（stock chart）。在Excel中，内置了几种股价图类型，利用它们来绘制具体的股价图，用来显示股价波动情况的图表。

图7-40为股价图的子图表类型：①盘高-盘低-收盘图。盘高-盘低-收盘图经常用来显示股票价格。它需要按下列顺序排列的三个数值系列：盘高、盘低和收盘。②开盘-盘高-盘低-收盘图。这种类型的图表需要按正确顺序（开盘、盘高、盘低和收盘）排列的四个数值系列。③成交量-盘高-盘低-收盘图。这种类型的图表需要按正确顺序（成交量、盘高、盘低和收盘）排列的四个数值系列。它使用两个数值轴来计算成交量：一个用于计算成交量的列，另一个用于股票价格。④成交量-开盘-盘高-盘低-收盘图。这种类型的图表需要按正确顺序（成交量、开盘、盘高、盘低和收盘）排列的五个数值系列。

（14）曲面图（surface plot）。使用三维曲面图可查看一个响应变量与

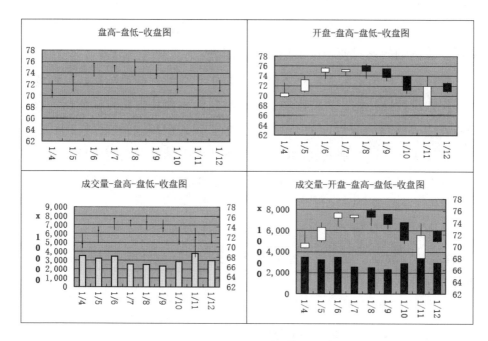

图7-40　股价图子图表类型

两个预测变量之间的相关关系。三维曲面图是三维图形，对探讨所需响应值和操作条件很有用。曲面图类型（图7-41）：三维曲面图、三维线框曲面图、曲面图、曲面图（俯视框架图）。曲面图需要包含X轴和Y轴上的预测变量，代表Z轴上响应值的连续曲面两大元素。

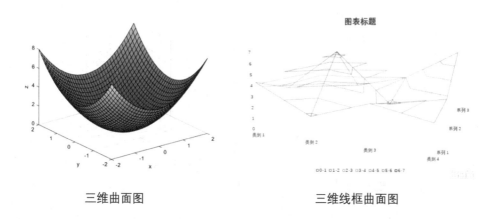

　　　三维曲面图　　　　　　　　三维线框曲面图

图7-41　曲面图

本小节主要阐述了定类数据、定序数据、定距数据、定比数据四个数据类型、有效性、完整性、准确性等数据质量原则，数据处理与分析的流程。同时，介绍了 Excel 的 14 种商务图表，详细论述了各自的适用范围与局限，以图例的形式便于读者理解这些图表。

建议在使用图表时要注意简洁，不要让表现形式喧宾夺主，有时候简单的图表反而能传达出更清晰的信息。具体图表使用方法可以概括为以下几点：用表格表示排名前 N 的数据；用散点图表示两变量联系；用柱状图或条形图表示不同类别的数据对比；用折线图表示时间序列的数据随时间变化趋势；尽量避免三维图表或其他复杂图表，因为这可能让用户难以理解。

除此以外，还有几种比较特殊的多用于专业领域的图表，如热力图（用高亮展示数据，多用于道路交通情况及用户行为分析）、词云图、漏斗图等，在此不做赘述。

7.4 Web 数据可视化

Web 数据可视化在数据可视化的应用中占据重要角色，大量的数据都通过 Web 方式进行可视化，从而实现任意时间、任意地点的便捷访问。Web 数据可视化的优势体现在：①可第一时间快速发布给大量用户浏览、使用；②平台无关性，任何有浏览器的电脑，甚至移动设备都可以访问在网上公开的数据可视化作品；③天然交互性，不同用户可以与可视化作品进行交互，用户间可以协作。

Web 数据可视化的基础主要包括 HTML、CSS、JS、AJAX、JSON、PHP、ECharts 等。

7.4.1 HTML 基础

HTML（Hyper Text Markup Language，超文本标记语言），一种标记语言，定义一套标签/标记用来对浏览器中的内容进行（半）结构化，文件的后缀为 .html。它包括一系列标签，通过这些标签可以将网络上的文档格式统一，使分散的 Internet 资源连接为一个逻辑整体。HTML 文本是由 HTML 命令组成的描述性文本，HTML 命令可以说明文字、图形、动画、声音、表格、链接等。

使用 HTML,将所需要表达的信息按某种规则写成 HTML 文件、通过专用的浏览器来识别,并将这些 HTML 文件"翻译"成可以识别的信息,即我们所见到的网页。HTML 的基本格式,能够识别正确的层级结构。

让我们来看一下 HTML 的元素(图 7-42),它的基本结构主要包括:头部 + 主体。< html > 表示 HTML 文档开始了;到 </html > 结束,从而形成一个 HTML 文档。< head > 和 </head > 标签描述 HTML 文档的相关信息,之间的内容不会在浏览器窗口上显示出来。< body > 和 </body > 标签包含所有要在浏览器窗口上显示的内容,也就是 HTML 文件的主体部分。

在 HTML 的标签、元素、属性的概念与区别方面,开始标签、结束标签与内容相结合,便是一个完整的元素。

图 7-42　HTML 基本结构

7.4.2　CSS 基础

CSS(cascading style sheets,层叠样式表),用来对 HTML 的标签元素进行修饰,是一种用来为结构化文档(如 HTML 文档或 XML 应用)添加样式(字体、间距和颜色等)的计算机语言,CSS 文件扩展名为 .css。

下面介绍一下 CSS 的布局以及样式。可以这样理解:HTML 负责网页的内容,CSS 负责内容的样式,p 表示为 HTML 中的 p 节点设置字号、文字颜色,以及加粗设置(图 7-43)。

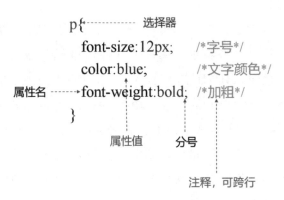

图 7-43　CSS 基本结构组成

7.4.3　JavaScript 基础

JavaScript 是一种给静态 HTML 页面提供动态交互函数的高级脚本语言，已经被广泛用于 Web 应用开发，常用来为网页添加各式各样的动态功能，为用户提供更流畅美观的浏览效果。通常 JavaScript 脚本是通过嵌入在 HTML 中来实现自身的功能的。

JavaScript 具有一些特性：①是一种解释性脚本语言（代码不进行预编译）。②主要用来向 HTML（标准通用标记语言下的一个应用）页面添加交互行为。③可以直接嵌入 HTML 页面，但写成单独的 js 文件有利于结构和行为的分离。④跨平台特性，在绝大多数浏览器的支持下，可以在多种平台下运行（如 Windows、Linux、Mac、Android、iOS 等）。⑤JavaScript 脚本语言同其他语言一样，有它自身的基本数据类型、表达式和算术运算符、程序的基本程序框架等。

AJAX（Asynchronous JavaScript and XML，异步的 JavaScript 和 XML），能够和后端服务器进行数据交换，对页面数据进行局部更新使用，并进行前后端数据交换。AJAX 不是新的编程语言，而是一种使用现有标准的新方法。其最大的优点是在不重新加载整个页面的情况下，可以与服务器交换数据并更新部分网页内容。AJAX 不需要任何浏览器插件，但需要用户允许 JavaScript 在浏览器上执行。JavaScript 是一种语言，AJAX 是封装的 JavaScript，底层也是 JavaScript 代码，二者只是在语法上有些差异。JavaScript 是一种在客户端执行的脚本语言，AJAX 是基于 JavaScript 的一种技术，它主要用途是提供异步刷新（只刷新页面的一部分，而不是整个页面都刷新）。

7.4.4　JSON 基础

JSON（JavaScript Object Notation，JavaScript 对象标识），是目前可视化工具广泛采用的数据交换格式。JSON 采用完全独立于编程语言的文本格式来存储和表示数据，具有众多优点：采用完全独立于编程语言的文本格式来存储和表示数据；简洁和清晰的层次结构使 JSON 成为理想的数据交换语言；易于阅读和编写，也易于机器解析和生成，有效提升网络传输效率。

简洁和清晰的层次结构使 JSON 成为理想的数据交换语言。易于阅读和编写，也易于机器解析和生成，有效提升网络传输效率。

7.4.5　PHP 基础

PHP（Hypertext Preprocessor，超文本预处理器），服务器端动态的结构化交互脚本语言，当前被广泛用于轻量级的网络开发中。PHP 是服务器端脚本语言，负责与前端数据对接及后端业务逻辑处理，是目前 BAT 等互联网企业主流使用的脚本语言。

PHP 的主要功能：生成动态页面内容，创建、打开、读取、写入、关闭服务器上的文，收集表单、页面发送的 AJAX 数据并作处理，发送和接收 cookies，添加、删除、修改数据库中的数据，限制用户访问网站上的一些页面以及加密数据。

7.4.6　ECharts 基础

ECharts 是一款基于 JavaScript 的数据可视化图表库，提供直观、生动、可交互、可个性化定制的数据可视化图表。ECharts 最初由百度团队开源，并于 2018 年初捐赠给 Apache 基金会，成为 ASF 孵化级项目。ECharts 是一个纯 JavaScript 图表库，底层依赖于轻量级的 Canvas 类库 ZRender，基于 BSD 开源协议，是一款非常优秀的可视化前端框架。总的来看，ECharts 是一个基于 JavaScript 的包，可以部署在 PC 端和移动端，兼容大部分主流浏览器（IE、chrome、firefox、Safari 等），主要有以下优点。

（1）丰富的可视化类型。ECharts 提供了常规的折线图、柱状图、散点图、饼图、K 线图，用于统计的盒形图，用于地理数据可视化的地图、热力图、线图，用于关系数据可视化的关系图、treemap、旭日图，多维数据可视化的平行坐标，还有用于的漏斗图、仪表盘，支持图与图之间的混搭。

（2）多种数据格式无需转换直接使用。ECharts 内置的 dataset 属性（4.0+）支持直接传入包括二维表，key-value 等多种格式的数据源，通过简单的设置 encode 属性就可以完成从数据到图形的映射，这种方式更符合可视化的直觉，省去了大部分场景下数据转换的步骤，而且多个组件能够共享一份数据而不用克隆。

（3）千万数据级的前端展现。通过增量渲染技术，配合各种细致的优化，ECharts 能够展现千万级的数据量，并且在这个数据量级依然能够进行流畅的缩放平移等交互。

（4）动态数据。ECharts 由数据驱动，数据改变驱动图表展现的改变。因此动态数据实现变得异常简单。只需要获取数据，填入数据，ECharts 会找到两组数据之间的差异然后通过合适的动画去表现数据的变化。配合 timeline 组件能够在更高的时间维度上表现数据信息。timeline 组件，提供了在多个 ECharts option 间进行切换、播放等操作的功能。ECharts 的基本框架结构如图 7-44 所示，底层基础库基于 Canvas 运行，组件库包含了坐标轴、标题、图例、工具箱、时间轴等部分。图的类型有柱状图、折线图、散点图、雷达图、和弦图等，接口则是方便用户进行图类调用。

目前，ECharts 中支持数十种类型的 Web 数据可视化方式，有折线图、柱状图、饼图、散点图、热力图、桑基图等，以及三维图形，具体类型如图 7-45 所示。

Web 可视化由于其便利性、交互性、直观性备受关注。本章主要介绍了 Web 可视化中的常用的基础知识，包括 HTML、CSS、JavaScript、AJAX、JSON、PHP；并介绍了开源可视化图标库 ECharts 的基础知识及其特点，具体的使用可以参考 Echarts 的官网介绍（https://echarts.apache.org）。

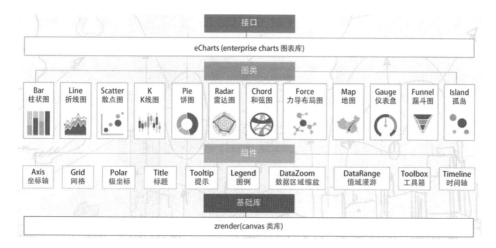

图 7-44　ECharts 基本框架结构

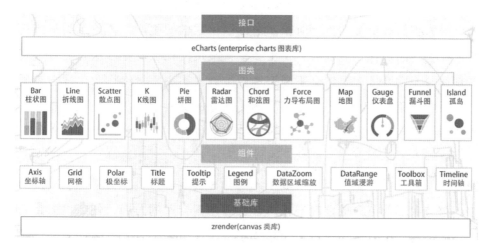

图 7-45　ECharts 中常用可视化类型

第 8 章　数智技术

8.1　数智技术的基本特征与创新应用

8.1.1　数字经济的时代背景与创新价值

8.1.1.1　工业革命

工业革命是指18世纪60年代起在世界范围内的一系列生产与科技革命，是人类发展史上的重要阶段。它创造了巨大的生产力，使人类从传统农业社会转向现代工业社会，发生了翻天覆地的社会变化。从人类社会发展规律看，主要生产要素会不断聚集到少数人手中，最终将激化社会矛盾进而引发战争，而技术进步是解决这一问题的有效手段。人类通过技术进步化解了生产要素过度集中的矛盾，避免了战争，故称之为"工业革命"。

第一次工业革命后，采煤、钢铁、石油等基础工业蓬勃发展，但很快便形成了托拉斯组织，资本攫取了大部分社会财富，生产资料再次高度集中。第二次工业革命推动电气化的普及和化工行业的发展，创造出大量新的工业部门。第三次工业革命信息技术进步大幅提升了金融业的效率，延缓了社会矛盾的激化，第三产业蓬勃发展吸纳了失业的产业工人。但2008年国际金融危机爆发，发达国家资本过度集中的矛盾日趋尖锐并外溢影响了国际政治形势的稳定，人类迫切需要一场新的工业革命——第四次工业革命。

人工智能是在大量数据的基础上进行机器学习，在特定领域不断逼近甚至超越人类的能力，替代人工完成复杂任务。联合国将其与蒸汽机、电力、计算机一样视为一项通用技术，世界经济论坛则将人工智能定义为第四次工业革命的基石。近年来，随着数字经济快速发展，数据存储和计算成本不断降低，人工智能已在智能推荐、语音识别和机器视觉等领域得以商用，从而拉开了第四次工业革命的序幕。第四次工业革命涉及人工智

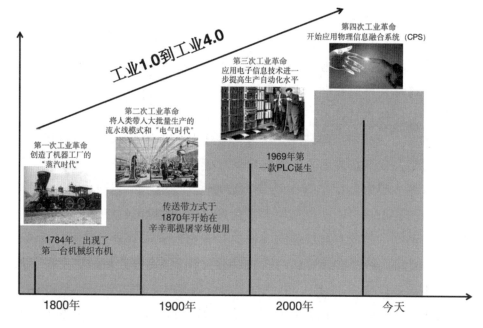

图 8-1 工业革命历程

能、清洁能源、物联网、区块链、生命科学、生物技术、量子物理、新能源、新材料、虚拟现实等一系列创新技术的技术革命，它将对社会和经济产生深远的影响。

工业 3.0 主要是将生产数字化、模拟化，以集成芯片代替人的手工操作，实现自动化和信息化。工业 4.0 则是通过智能网络，使得产品与生产设备之间、不同的生产设备之间以及数字世界和物理世界之间能够互联，使得机器、工作部件、系统以及人类会通过网络持续地保持数字信息的交流，实现智能化和物联网。总的来说，尽管工业 3.0 和工业 4.0 都是以信息技术为基础，但区别在于工业 4.0 更强调智能化、物联网、网络物理系统等技术的应用，使得生产过程更加柔性化、个性化、互联互通。

8.1.1.2 数字经济

随着经济全球化持续发展，以及信息技术的不断成熟，数字化生产力已逐渐转变为各个国家在国际竞争中的核心优势。同时，数字经济也逐渐成为了国民经济体系中的重要组成部分。2023 年，中国信息通信技术研究院发布《中国数字经济发展白皮书》①，其指出了"2022年中国数字经济规模达到50.2万亿元，占GDP的41.5%，同比名义增长10.3%"，标志着数字经济产业已成为中国经济稳定增长的重要引擎，发展数字经济是把握新一轮科技革命和产业变革新机遇的战略选择。

数字经济的本质上仍具有较高的技术属性，其发展依托于物联网、5G、大数据、人工智能等新一代智慧信息技术。随着云计算、大数据、人工智能等新一代信息技术的不断突破和广泛应用，有一个迹象已经显现：数字经济已成为第四次工业革命最重要的特征。国家"十四五"规划与2035年远景目标②中提出"加快数字化发展"，把我国数字经济建设推向了全新的高度。目前，数字经济是新时代我国经济新动能的主要出力点，2022年3月的《政府工作报告》③进一步强调，"促进数字经济发展，加强数字中国建设整体布局"。

当前数字经济在国民经济中的地位持续提升，融合发展趋势更加深入，显著改善了人们的生产生活方式。特别是在2019年新冠肺炎疫情全球大流行期间，数字技术以前所未有的力量催生了远程医疗、在线教育、协同办公、跨境电商等新业态、新模式，成为世界经济增长的潜力所在，以人工智能等数字技术为代表的新技术有效缓解了新冠疫情带来的冲击。

8.1.1.3 智慧城市

随着创新与数字化逐渐成为新的增长极，在城市化不断扩展下，城市经济快速增长，但也带来了一系列"城市病"，如环境污染、资源短缺、交通拥堵等。针对平衡发展经济、社会与技术的终极目标，世界各国政府积极寻求创新解决方案，出台"智慧城市"政策，大力推动信息技术基础

---

① 中国信息通信研究院：《中国数字经济发展研究报告（2023年）》，http://www.caict.ac.cn/kxyj/qwfb/bps/202304/t20230427_419051.htm，访问日期：2023年8月9日。

② 中华人民共和国中央人民政府：《中华人民共和国国民经济和社会发展第十四个五年规划和2035年远景目标纲要》，https://www.gov.cn/xinwen/2021-03/13/content_5592681.htm，访问日期：2023年8月28日。

③ 参见国发〔2022〕9号 国务院关于落实《政府工作报告》重点工作分工的意见，https://www.gov.cn/gongbao/content/2022/content_5683841.htm，访问日期：2023年8月28日。

设施的布局和创新的城市规划。

"智慧城市"源于 IBM 在 2008 年提出的智慧地球概念。安东尼（Anthong M. Townsend）[①]认为智慧城市的目标是利用大数据、云计算、物联网、移动应用等新一代信息通信技术，在城市物理空间中对关键信息达到实时感知、动态监测、深度分析、全面整合和优化配置的目标。金泰勋（Kim Tai-hoon）等人指出在物联网的技术支持下，智能城市需要具备三个特征：仪器、互联和智能。[②]只有这样，才能将所有这些智能功能融入物联网发展的高级阶段，形成一个智能城市。

自 2008 年以来，美国已将智慧城市作为其国家发展战略的重要组成部分，并致力于引领全球的智慧城市发展。我国党的二十大报告明确提出"打造宜居、韧性、智慧城市"[③]，2022 年 1 月发布的"十四五"数字经济发展规划提出"因地制宜构建数字孪生城市"[④]。自 2017 年以来，我国已有 700 多个城市启动了智慧城市发展计划，数以千计的智慧城市试点项目正在全国范围内如火如荼地开展，投资规模达数百亿元。

总的来说，智慧城市就是运用信息和通信技术手段感测、分析、整合城市运行核心系统的各项关键信息，从而对包括民生、环保、公共安全、城市服务、工商业活动在内的各种需求做出智能响应。其实质是利用先进的信息技术，实现城市智慧式管理和运行，进而为城市中的人创造更美好的生活，促进城市的和谐、可持续成长。

8.1.2　数智技术的创新特征与相互联系

数智技术是指利用数据和智能技术，实现对物理世界、业务流程和信

---

① Anthong M. Townsend, Smart cities: big data, civic hackers, and the quest for a new utopia, New York: W. W. Norton and Company, 2013.

② Tai-hoon kim, Carlos Ramos, Sabah Mohammed. "Smart City and IoT", Future Generation Computer Systems, 2017 (76): 159 – 162.

③ 共产党员网：《习近平代表第十九届中央委员会向党的二十大作报告》，https://www.12371.cn/2022/10/16/ARTI1665901576200482.shtml，最后访问日期：2023 年 7 月 17 日。

④ 中华人民共和国国家发展和改革委员会：《"十四五"数字经济发展规划》，https://www.ndrc.gov.cn/fggz/fzzlgh/gjjzxgh/202203/t20220325_1320207.html，访问日期：2023 年 8 月 20 日。

息数据的高效管理和创新应用的技术。数智技术的相互联系是指数智技术之间通过基础技术（物联网、传感器）和前沿技术（5G、大数据、人工智能）形成协同创新和协同发展的关系。

8.1.2.1 物联网

物联网被称为继计算机、互联网之后世界信息产业的第三次浪潮。物联网，英文名为 Internet of Things，即"物相连的互联网"，是数智技术的基础。当把射频识别、红外感应器、全球定位系统等信息传感设备安装到现实中的各种物体上，所有资料都可以形成数据并上传至网络时，真实的物体就被赋予了"智能"，物与物、人与物之间就可以实现"沟通"和"对话"，物联网也就随之形成。因此，物联网是指通过各种信息传感器、射频识别技术、全球定位系统等，实现对物体或过程的智能化感知、识别和管理的技术。

物联网是互联网基础上的延伸和扩展的网络，将各种信息传感设备与网络结合起来而形成的一个巨大网络，实现任何时间、任何地点，人、机、物的互联互通。从实现形式上看，物联网是基于互联网、传统电信网等的信息载体，主要通过各种信息传感器、全球定义技术等各种装置与技术，实时对采集对象的信息进行采集，并通过各类可能的网络接入，实现物与物、物与人的泛在连接，实现对物品和过程的智能化感知、识别和管理。如果说互联网技术让这个世界变成了一个"村"，物联网技术就让这个"村"变成了一个"人"，它有了自己的智慧。互联网解决的是传统领域流通环节信息不对称的问题，针对的是虚拟空间；而面向实体世界时，真正能改造实体世界的核心则是物联网。

2009年8月，"感知中国"被提出，物联网被正式列为我国国家五大新兴战略性产业之一。2016年12月，国务院发布《"十三五"国家信息化规划》①，其中有20处提到"物联网"，明确提出推进物联网感知设施

---

① 《国务院〈"十三五"国家信息化规划〉》https://www.gov.cn/xinwen/2016-12/27/content_5153558.htm，访问日期：2023年8月28日。

规划布局，发展物联网开环应用。2017年3月，《政府工作报告》①，指出要加快大数据、云计算、物联网应用，以新技术新业态新模式，推动传统产业生产、管理和营销模式变革。近年来，我国物联网领域也具备了一定的技术、产业和应用基础，无锡、重庆、杭州、福建等国家级物联网产业基地建设初见成效，北京、上海、深圳、成都等地物联网产业园区建设蓬勃发展。

8.1.2.2 传感器

物联网依靠在物体中安置各式各样的无线传感器来实现感知与信息传递，包括工业设备、汽车、房屋、门、窗、土壤，甚至动物及人的身体等。因此，传感器是物联网的基石。传感器（transducer/sensor）是能感受到被测量的信息，并能将感受到的信息，按一定规律变换成为电信号或其他所需形式的信息输出，以满足信息的传输、处理、存储、显示、记录和控制等要求的检测装置。

传感器具有微型化、数字化、智能化、多功能化、系统化、网络化等特点，它是实现自动检测和自动控制的首要环节。其与物联网可被应用于工业、农业、城市、楼宇等多个领域与场景，是人工智能搭建与实现的基础。

（1）居家感知。智能家居会利用传感器采集家庭环境、人员行为、设备状态等信息，并通过互联网或无线通信技术，实现对家庭设备的远程控制、监测和管理的技术。传感器在智能家居的应用可以提高家庭的安全性、舒适性、便利性和节能性。传感器支撑了整个智能家居控制系统的脉络，相当于整个系统的神经末梢，对信息的传递、命令的智能化都有重要意义。传感器在智能家居系统中起到了检测及控制中枢的作用，提高家居感知的自动化水平，如温湿度传感器（监测室内外的温度和湿度）、烟雾传感器（检测室内是否有烟雾产生，及时发出报警或通知消防部门）、人体红外传感器（检测人体的位置和动作，自动开关灯光、窗帘、电视等设

---

① 《政府工作报告（全文）》https://www.gov.cn/premier/2017-03/16/content_5177940.htm，访问日期：2023年8月28日。

备)、声音传感器(识别用户的语音指令)。

(2)城市感知。城市管理者可以利用传感器采集城市环境、交通、公共服务等信息,并通过互联网或无线通信技术,实现对城市的智能化管理和优化的技术。传感器在城市里的应用可以提高城市的安全性、效率、便利性和可持续性。如空气质量传感器可以监测城市的空气质量指数;交通流量传感器可以监测城市的道路拥堵状况;垃圾桶传感器可以监测城市的垃圾清理状况,并根据垃圾桶的满载程度,安排垃圾车的行驶路线和时间。

(3)人体感知。可穿戴设备是利用传感器采集人体的生理、心理、行为等信息,并通过互联网或无线通信技术,实现对人体的健康监测、疾病诊断、医疗治疗等的技术。传感器应用于健康设备可以提高人体的健康水平、生活质量和安全保障。如血压传感器可以监测人体的血压水平;心率传感器可以监测人体的心率水平,并根据心率数据,提供相应的预警和建议;血糖传感器可以监测人体的血糖水平;脑电图传感器可以监测人体的脑电波活动。

8.1.2.3 第五代移动通信技术(5G)

第五代移动通信技术(简称"5G")是具有高速率、低时延和大连接特点的新一代宽带移动通信技术,是实现人机物互联的网络基础设施。继4G之后的新一代无线网络技术,5G更大的意义在于它的三个典型应用场景:eMBB(增强型移动宽带)、mMTC(海量机器类通信)、uRLLC(超可靠低时延通信),这将使得高实时性的应用成为可能,如远程手术和无人驾驶等。5G更多应用于城市及工业层面的技术方案。"感知层"与"平台层"及"应用层"之间,需要"网络层"的连接,而网络层的速率与延时会严重影响实时数据传递与分析。在工业环境中,0.1秒的延误都有可能引发重大工业事故,因此,5G的高速率、低时延和大连接等特点是实现城市与工业数字化升级的基础。

5G技术在各个领域都有广阔的应用前景。在教育领域,5G可以实现远程教学,提供更多元化的教学资源。在医疗领域,5G可以实现远程手术和远程诊断,让医疗资源更加公平和高效。在工业领域,5G可以实现智能制造和智能物流,提高生产效率。在农业领域,5G可以实现智能农业,提高农作物产量和质量。这些都是5G技术在应用前景方面的部分体现。

作为全球最大的移动通信市场,中国在发展5G方面具备明显的优势。首先,中国已经在全国范围内建设了超过273万座以上的5G基站①,这是世界上最大规模的5G基站建设。其次,中国在5G技术上已经取得了领先地位,华为等中国企业在5G技术的研发上处于世界领先地位。这些优势使得中国能够在全球范围内引领5G技术的发展。

中国在5G发展方面有着独特的优势和地位。首先,中国是全球最大的5G市场,拥有巨大的用户基数和市场需求。其次,中国在5G技术领域具备全产业链的优势,从芯片和设备制造到应用和服务都有完善的产业体系。此外,中国的运营商和企业也在全球范围内积极推动5G的部署和商业化,为5G的发展做出了重要贡献。

8.1.2.4 大数据及人工智能

传感器、无线网络及物联网在"工业3.0"时代已达到一定规模,大数据及人工智能才是实现第三次工业革命的核心驱动要素。如果将智能设备、传感器、物联网、5G等视为数字时代下的"身体器官"与"神经脉络",那基于大数据所创建的机器分析与人工智能应用则是数字经济里的"中枢大脑"。对于任何一个应用领域,如果仅仅注重"身体器官"与"神经脉络"的搭建,但忽视了"中枢大脑"的开发与锻炼,也就是未能做到"硬"与"软"的融合,容易培养出"笨小孩"。

(1)大数据。大数据是一种规模大到在获取、存储、管理、分析方面大大超出了传统数据库软件工具能力范围的数据集合。其具有四个方面的典型特征,包括规模(volume)、多样(variety)、速度(velocity)和价值(value),即"4V"。①规模。数据量大是大数据的基本属性。在物联网环境中,运用各类装置与技术,例如传感器、全球定位系统、射频识别技术

---

① https://baijiahao.baidu.com/s?id=1769305488300871133&wfr=spider&for=pc,访问日期:2023年8月28日。

等,对于同一事物所描述的数据量呈量级增加,说明数据的描述能力不断增强,数据越来越接近真实的世界。数据量开始爆发性增长,达到 TB 甚至 PB 级别。②多样。数据源决定了大数据形式的多样性。以往的数据一般是事先定义好的结构化数据,而大数据大体上可以分成结构化数据、非结构化的数据、半结构化数据三类。结构化数的特点是数据间因果关系强,比如息管理系统数据、医疗系统数据等;非结构化的数据的特点是数据间没有因果关系,比如音频、图片、视频等;半结构化数据的特点是数据间的因果关系弱,比如网页数据、邮件记录等。③速度。大数据对处理数据的快速响应,是大数据区别于传统海量数据处理的重要特性之一。大数据的交换与传播是通过互联网、云计算等方式实现的,比传统媒介的信息交换和传播速度更快捷。且由于其储存方式,大数据能够实现实时分析而非批量式分析。④价值。价值性是大数据的核心特点。现实中大量数据是无效或者低价值的,大数据最大的价值在于通过从大量不相关的各种类型的数据中,挖掘出对未来趋势与模式预测分析有价值的数据。

大数据一般包含海量的、多源异构的结构化与非结构化数据的数据,因此不是仅仅数量大就可以称为大数据。数字经济时代,大数据的应用领域非常广泛,几乎已经涵盖全社会各个行业,包括但不限于金融、零售、电信、政府、政务、教育、交通、医疗、各类制造(汽车、航空、电子设备、化工、家电制造等等)行业。

(2)人工智能。人工智能的起源可以追溯到 20 世纪 40 年代。1942年,美国科幻作家艾萨克·阿西莫夫(Isaac Asimov)在短篇小说《环舞》提出了"机器人三定律",目的是让人类避免被自己创造出来的东西伤害①。这部作品也启发了几代机器人、人工智能及计算机科学领域的科学家。2016 年,Google DeepMind 开发的程序 AlphaGo 在围棋竞赛中击败世界冠军李世石引起轩然大波,让人工智能再次走进人们的视野,该事件也极大地激发了人们思考科技对于改变人类命运的特殊意义。各国政府高度重视人工智能,陆续出台人工智能发展战略,抢占人工智能的制高点。

---

① Isaac Asimov, Runaround. Astounding Science Fiction, New York: Street and Smith, 1942, 29 (1): 94 - 103.

人工智能运用机器学习、深度学习、人工神经网络等技术，将大数据进行分析与处理，可进一步建立具备"独立思考"能力的人工智能大脑，实现人机一体化；其本质是基于计算机技术、拥有极高数据处理能力与运算能力、能模拟人脑进行思考与学习的超级大脑。人工智能大脑可应用于精准营销、工业制造、交通运输、金融服务、医疗健康、城市治理等不同场景。

大数据与人工智能是密不可分的，拥有高质量的大数据，是开展机器学习、构建人工智能大脑的基础。大数据的发展离不开人工智能；没有人工智能的加持，大数据就无法拥有智能。而人工智能的发展又离不开数据的支持，它需要海量数据作为思考决策的基础。人工智能的关键技术和应用中，大数据具有必然性作用，同时大数据处理技术的发展受到人工智能技术的影响[①]。

大数据是人工智能的基石。拥有高质量的大数据，是开展机器学习、构建人工智能的基础。大数据技术的发展大大提升了计算机对海量数据的处理能力，加快变革人工智能相关技术，尤其是在多个领域中广泛有效地应用语音识别、计算机视觉、自然语言处理等深度学习技术。大数据技术发展带来的必然性影响是深刻变革人工智能技术及其应用的广度与的核心推动力。同时，人工智能促进大数据的发展。运用机器学习、深度学习、人工神经网络等技术，将大数据进行分析与处理，可进一步建立具备"独立思考"能力的人工智能大脑，实现人机一体化。大数据技术主要针对大规模无规则数据的处理，包括数据的采集、存储、管理以及挖掘使用，这些处理技术的发展愈发依赖于人工智能技术的参与。在一定程度上，大数据的一些关键技术也属于人工智能的范畴。因此，人工智能也促进了大数据相关技术的发展。

8.1.2.5 移动终端App

移动终端App是指可以在移动终端设备上运行的应用程序，可以提供

---

① 赵方宇：《浅析大数据与人工智能的关系》，载《数字通信世界》，2018年第7期，第129–135页。

各种功能和服务，如通信、社交、娱乐、教育、商务等。实践证明，在多种智慧技术应用场景下，移动终端App是连接个人用户与物联网基础设施、大数据存储与分析中心、服务供应商的唯一桥梁。

8.1.2.6 万物互联的时代

时代飞速发展，科技日新月异，云计算、物联网、移动互联网、大数据、人工智能、区块链、边缘计算、5G等新生事物接踵而至。在物联网的帮助下，人类的生活和生产方式发生了巨大的改变。如果把物联网剖析开来，其实就是这三个部分：感、联、知。这三部分组合在一起能充分感知各种信息，并且进行广泛连接，最后通过强大的计算能力获得结果、或执行复杂的功能。传感器可以感知用户与数据，互联网和移动终端可以连接用户和基础设施，大数据可以获得计算结果。

如果说工业化/信息化是一个火车头带动整列火车（时速=160 km），那么信息化/数字化是每节车厢协同发力，高速前行（时速≈350 km），数字化/智能化是由大数据与AI全面赋能的真空闭环数据通道（时速≈965 km）。数智技术可以让城市与企业实现从绿皮火车到高铁再到超级高铁式的颠覆性飞跃！

数智技术无疑给社会和个人都带来翻天覆地的变化，我们已步入了全方位数字经济时代。

《产业数字人才研究与发展报告（2023）》[①] 显示，随着各产业数字化转型进入更深的阶段，相关行业对数字化人才的需求与日俱增，人才短缺已经成为制约数字经济发展的重要因素。据估算，当前数字化综合人才总体缺口2500万～3000万，且缺口仍在持续放大。在数字化转型的背景下，各行各业对我们的个人能力提出了新要求。信息素养与创新思维将会是未来职场的重要能力。

[①] 人瑞人才、德勤中国：《产业数字人才研究与发展报告（2023）》，社会科学文献出版社2023年版。

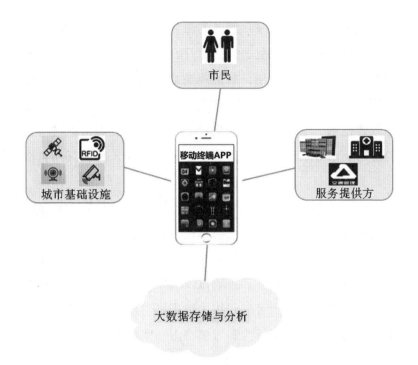

图 8-2 移动终端网络

8.2 数智技术赋能交通与医疗创新

8.2.1 数智技术在不同领域的创新应用及影响

智慧交通是现代一系列最先进的信息通信技术与交通运输领域深度渗透融合的产物,是智慧城市的核心组成部分之一[①]。其利用现代电子信息技术和管理手段,提高交通系统的感知、互联、分析、预测和控制能力,实现交通安全、高效、便捷和环保的目标。智慧交通包括智慧交管、智慧交运、车路协同等方面,涉及多种技术和应用,如物联网、云计算、人工智能、自动驾驶等。经过多年发展,"互联网+出行"模式的智慧交通已经越来越具体化地呈现在人们的日常生活中,对全社会的生产生活带来了巨大的改变,如高德地图、百度地图。

智慧医疗是指利用物联网、云计算、人工智能等技术,实现医疗信息

---

① 黄萃、彭国超:《智慧治理》,清华大学出版社 2017 年版。

的互联、共享和分析,提高医疗服务的质量和效率,满足人民群众的健康需求。智慧医疗包括智慧医院、智慧诊疗、智慧药品、智慧健康管理等方面,涉及多种医疗装备和应用,如远程医疗、移动医疗、智能影像、智能手术等。其中,AI智能问诊利用人工智能、自然语言处理、知识图谱、机器学习等数智技术,通过对用户的症状、体征、病史等信息进行分析,给出可能的诊断、治疗建议或转诊指导的服务,给病人提供高质量医疗健康信息。

数智技术与商业的融合发挥了前所未有的经济效益。大数据精准营销,可以理解为大数据技术、理念与思维方式与精准营销相融合,建立一套精准、可量化、规模化的消费者沟通服务体系的新型营销理念,利用大数据技术来分析消费者的特征、行为以及需求,从而有针对性地投放广告和推荐产品。如商家或平台可以利用大数据的算法推断用户可能喜欢的商品,精准分析消费者的消费行为和习惯特点,实现精准推送。

表8-1 智慧城市前沿科技应用

智慧城市应用领域	前沿应用例子
智能交通	智慧停车、智慧出行App(高德/百度地图)、智慧公交车、共享自行车、车联网、智能交通灯、无人驾驶汽车等
智慧教育	智慧校园、云上课堂、智慧图书馆等
智慧能源	智能电表、智慧电网、家庭能耗实时监控系统等
智慧楼宇	智能家居、智慧安防、智能门禁、智慧社区管理系统等
智慧医疗	移动医疗、智慧医院、智能问诊、智能监护系统、可穿戴式智慧医疗设备
智慧废品管理	智能垃圾桶、智慧垃圾分类系统等
智慧食物管理	智慧农业、智慧畜牧业、智慧食品溯源系统等
智能制造	智慧物流、智慧生产监控、智慧营销、智能售后、灯塔工厂等

8.2.1 城市交通问题及智能交通创新应用

随着城市化进程的加快,人们日常的出行需求也日益环保化、个性化、多元化,如何解决交通堵塞、停车困难、事故频发等交通问题,成为智慧城市建设的一个重要课题。2023年2月28日，国家统计局发布《中华人民共和国2022年国民经济和社会发展统计公报》初步核算①，2022年末全国民用汽车保有量31903万（包括三轮汽车和低速货车719万辆），比上年末增加1752万，其中私人汽车保有量27873万，增加1627万；民用轿车保有量17740万辆，增加1003万，其中私人轿车保有量16685万，增加954万。汽车业的高速发展，为人们出行带来便利的同时，也引起了一系列问题，如交通拥堵、尾气排放、经济损失、噪声污染、事故频发等。

作为一个流动的废气排放源，随着汽车保有量的增加和使用范围的扩大，汽车尾气污染也成为环境污染的一部分。交通拥堵问题在各大城市、核心商业区及高峰时段也尤为突出。随着汽车保有量的增加，城市交通高峰期的拥堵有越演越烈之势，尤其是在城市市区交通要道的上下班高峰期、周末假期及旅游旺季。环境污染和交通拥堵对社会活动、经济发展及城市环境造成负面效应。

智慧交通是现代一系列最先进的信息通信技术与交通运输深度融合的领域，也是智慧城市的核心组成部分②。智慧交通是应用信号灯局域联网控制、视频联网监控等技术，基于管理层面的思维和市民的需求，构建全场景识别的管理平台，以便辅助管理者制定控制调度决策③。智慧交通把各种传感器安装在地面、桥梁、车辆、停车位、车站等基础设施中，运用无线技术把各式传感器连接起来，形成物联网，再通过信息通信、大数据等技术对传感器交通数据进行分析和预测，最后将实时数据、分析和预测通过智慧App、计算机、车载系统等传递给市民。智慧交通使得管理者的管理能力得到提升，市民的交通出行效率得到提高。为了缓解城市发展带来的交通压力，我国很多互联网公司和城市已经将数智技术应用于我国城市智能交通系统中实现智慧交通，如交通引导系统、无人驾驶、智能交通

---

① 国家统计局：《中华人民共和国2022年国民经济和社会发展统计公报》，https://www.gov.cn/xinwen/2023-02/28/content_5743623.htm，访问日期：2023年8月29日。

② 黄萃、彭国超：《智慧治理》，清华大学出版社2017年版。

③ 荒岛：《5G时代的智慧道路交通》，同济大学出版社2020年版。

管理系统等方面。

8.2.1.1 交通引导（诱导）系统

交通引导（诱导）系统是基于网络、通信、通迅、传感器、GPS、电子计算机等新技术，根据出行者的起点和终点以及实时交通信息，为出行者设计并提供最优或最合适的路径建议。[①] 其特点是将人、车、路、时间综合考虑，通过诱导道路系统告知出行者的出行路径选择，从而改善路面情况，提前预防交通拥堵，实现车流量与人流量在路网各个路段与各个时间段的合理分配。目前，我国许多城市已经应用了交通面控系统，在部分关键交叉口分布设置传感器、摄像机、检测器采集元数据（如交通流量、车道占有率等数据），再结合交通信息中心的动态预测数据与实时交通元数据，对路网中各个交叉口的交通流量和各路段运行时间进行预测，最后根据出行人输入的起点和终点，在车载系统中动态计算最优路径，并在电子地图上显示，从而引导出行人的车辆绕过拥堵路段。

8.2.1.2 无人驾驶技术

无人驾驶技术目前使用车载传感器（如雷达、GPS、磁罗盘、超声传感器等设备）来感知车辆周遭事物与环境，控制车辆的转向和速度，根据实时路况进行动态路径规划，实现车辆自动、安全、平稳行驶。该技术主要依赖定位导航系统、环境感知系统、决策规划系统和运动控制系统实现[②]。

定位与导航技术是实现自动驾驶路径规划与控制的基础。目前定位与导航技术有以下四种：①卫星定位技术。该技术是目前最为成熟的定位导航技术。以 GPS 为例，通常车载 GPS 接收机只要接收到四颗及以上卫星的信号就能为自动驾驶提供厘米级别的定位服务，即全天候、实时、连续提供高精度的三维位置、三维速度和时间信息。②惯性导航技术。它是一种

---

① 施裕琴：《智慧城市建设中智能交通系统关键技术概述》，载《物联网技术》，2017 年第 2 期，第 54 - 55 页。

② Roj Madhavan, Elena Messina. Intelligent vehicle systems: a 4D/RCS approach, New York: Nova Science Publishers, 2006.

依赖于自身的惯性敏感元件测量并完全自主式的导航系统。① ③航位推算技术。该技术通常利用罗盘、速度仪、里程仪以及转速计等观测设备和传感器设备,测量正在行驶的车辆的行驶距离、速度和方位。② ④地图匹配技术。该技术是把车辆的行驶轨迹和电子地图数据库中的道路网进行比较,在地图上找出与行驶轨迹最相近的路线,并将实际定位数据映射到直观的数字地图上。③

环境感知技术是无人驾驶技术中最基础的模块。环境感知技术主要由超声波雷达、毫米波雷达、激光雷达、视觉传感器及其感知算法等设备组成,能够低成本、高效率、准确地识别出车辆周围详细的环境信息(包括道路、车辆、行人、交通标志、交通信号灯等),充当人的眼睛与耳朵,为车辆自动行驶提供决策。

8.2.1.3 AR 导航

AR 导航是一种导航模式,将地图、手机摄像头与 AR 技术深度结合,摄像头会将真实世界中的一切呈现在手机屏幕上,同时卡通人物、指示箭头等虚拟模型会叠加在现有图像上,这个虚拟模型可为行人指引方向。我们将高德地图与行车记录仪连接,通过车内的行车记录仪来当眼睛,实现高清 AR 实景导航;AR 导航借助了智能的图像识别技术以及专业的交通大数据和车道级导航引擎,可直接在拍摄的现实道路画面中,实时呈现直观的 3D 导航指引;辅助用户在复杂路口转向、岔路口、变换车道等多种关键场景下,更快、更准确地做动作决策。尽管技术为人提供越来越多的信息、提醒与警报,但最终还是需要人进行判断与决策。

8.2.1.4 热力图

热力图是一种统计图表,通过获取手机基站来定位该区域的用户数

---

① 迟洪鹏、战凯、郭鑫:《基于多传感器信息融合的地下自主铲运机的定位技术》,载《有色金属》2009 年第 4 期,第 148 – 152 页。

② 李本亮:《GPS 车载导航系统中的航位推算技术》,载《全球定位系统》,2004 年第 1 期,第 1 – 5 页。

③ 孙棣华、张星霞、张志良:《地图匹配技术及其在智能交通系统中的应用》,载《计算机工程与应用》2005 年第 20 期,第 225 – 228 页。

量,对色块着色来显示数据的分布或变化。热力图能显示城市某个地方人员的集中或拥挤程度,颜色越深表示人员越多,颜色越浅表示人员越少。它可以用于展示网页或地图上的用户行为分布,也可以用于刻画数据的整体样貌或随时间的变化。如百度地图中的热力图,其以不同的颜色及亮度动态反映人口活动空间的聚集程度,不仅用于展示网页或地图上的用户行为分布,还可以用于规划设计领域的应用探索。

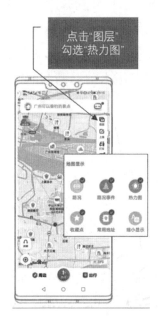
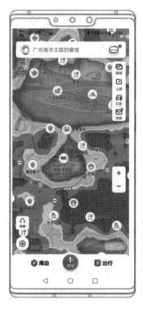
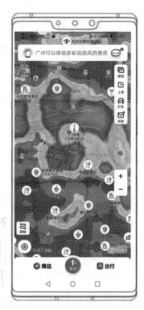

图8-3 热力图

对商业地产行业来说,百度热力图对品牌招商选址、业态规划都是非常重要的。人流量密集,适合去规划更多、更大的门店,吸引进店流量,提升销售额。对工业布局来说,热力图能帮助决策者避开人流密集区域、住宅区等。

对于整个城市来说,当城市空间数据插上"时间"的翅膀,形成城市时空大数据,就可以"起飞了"。同一个地理空间,配合不同的主题(出租车、人口迁移、医疗设施),考究不同的时间段(时/日/周/月年),就会引申出无限的可能,形成丰富多彩的时空数据分析。如北京出租车24小时热力分析图,能让出租车公司清晰了解在不同时间段、不同区域应该投放多少出租车,提高运营管理效率;还能让出租车司机更清晰不同时间段、不同区域的潜在客流量，提前安排，加大接单的可能性。

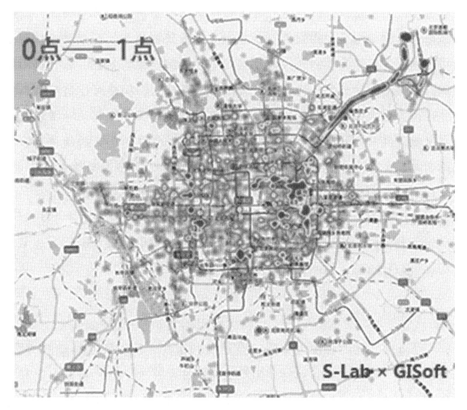

图8-4　北京出租车24小时热力分析

8.2.3　城市医疗问题及智慧医疗创新应用

随着需求的迅猛增长，优质医疗资源越发显得稀缺与珍贵，医疗资源越分布不平衡的现象也越发突出。目前，人口老年化、社会环境变化、慢性疾病负担日益加剧，新冠疫情等对全国人民的健康带来了巨大挑战。据国家卫健委的数据显示[①]，2023年我国医院个数37000个（不包含基层医疗卫生机构），而诊疗人99135万人次。平均一个医院每天诊疗人数高达74.43万。长此以往，医院将变得不堪重负，看病等候、取药排队时间过

---

① 统计信息中心：《2023年1－3月全国医疗服务情况》，http://www.nhc.gov.cn/mohwsbwstjxxzx/s7967/202307/928f131d7c124bbfbe49fab38e8555cb.shtml，访问日期：2023年8月29日。

长，也容易引发居民不满。

随着人工智能、传感器技术等前沿科学技术的快速发展与突破，新技术赋能医疗健康在全球得到广泛关注，并成为研究热点。智慧医疗是智慧城市发展的必然途径。智慧医疗是指以电子健康档案为基础，综合运用物联网、互联网、云计算、大数据、人工智能等技术，构建医疗信息共享的交互平台，实现患者、医疗机构、医务人员和医疗设备等互动，智能匹配医疗生物圈的需求①。智慧医疗是信息技术与生命科学交叉的领域，涉及医疗服务、公共卫生、医疗保障、健康管理、医学影像诊断等多个方面，是对传统医疗的系统化改造。智慧医疗的应用能够整合卫生医疗信息，打破信息孤岛，实现医疗信息共享，优化患者诊疗流程；同时便于公共卫生部门利用其进行预测和趋势分析，预防重大疾病发生，对于突发公共卫生事件做出积极响应，协同各个部门共同应对。

8.2.3.1 移动医疗

一个重中之重的解决方案是：在居民和医院之间，架起智慧的桥梁，即移动医疗。移动医疗是通过使用移动通信技术（如 PDA、移动电话和卫星通信）来提供医疗服务和医疗信息。移动医疗的应用包括在线问诊、远程会诊、社区医疗、健康管理等，其市场在 2020 年受到疫情的催化，用户规模和市场规模都有显著增长。相较于传统的医疗模式，移动医疗模式具有分诊导、医预约挂号、排队叫号、自助缴费、药师门诊、慢性病续药等服务，能方便快捷，可以随时随地获取医疗服务和医疗信息；降低医疗成本和时间成本，可以减少不必要的就诊和检查，节省交通费和排队时间；提高医疗资源的利用率和效率，可以实现远程会诊、远程指导、远程监测等。但"互联网 + 医疗"仍存在一些不容忽视的问题。

（1）数字鸿沟。数字鸿沟是指在全球数字化进程中，不同国家、地区、行业、人群之间由于对信息通信技术的拥有程度、应用程度和创新能力的差别造成的信息落差、知识分隔和贫富分化。数字鸿沟本质是信息富

---

① 项高悦、曾智、沈永健：《我国智慧医疗建设的现状及发展趋势探究》，载《中国全科医学》2016 年第 24 期第 2998 – 3000 页。

有者与信息贫困者之间的鸿沟,其会影响社会的公平、发展和包容。

数字原住民和数字移民就存在极大的数字鸿沟。数字原住民是指在网络时代成长起来的一代人,一出生就面临着一个无所不在的网络世界,对于他们而言,网络就是他们的生活,数字化生存是他们从小就开始的生存方式。与之相对的是数字移民,数字移民是指因为出生较早,在面对数字科技、数字文化时,必须经历并不顺畅且较为艰难的学习过程的人群。在健康医疗领域,两者的信息素养差距使得数字移民群体在网络上缺乏辨别真伪信息能力较弱,更容易被虚假的医疗信息诓骗,从而耽误真实的病情和时间。如何确保老年用户享受同等的、真实的医疗信息是学界和业界共同值得思考的重要问题。

(2)信息质量与信息过载。由于信息技术的飞速发展及广泛应用,使得信息生产、传播、加工、处理等方式都发生了根本性变化,由此造成了信息密集化、多样化、传播高速化的信息环境。虽然互联网为人们提供了快速和便捷的信息渠道和表达观点的平台,但存在不同的主体发布的信息,有些可能是权威的机构或专家,有些可能是普通的网民或自媒体,有些可能是有利益关系的商家或广告商。在网络环境中,发布者众多容易导致信息质量水平参差不齐。信息质量指信息的准确性、完整性、一致性,信息质量的高低可以从信息的准确性、完整性、一致性等不同方面进行评价,因此我们需要时刻注意对网上所获取的信息的质量进行甄别。

此外,信息过载也是一个严重的信息质量和数量造成的用户过载现象。信息过载指信息时代由于信息过多,远超个人的信息需求、信息处理和信息利用能力,以至于受众无法准确挑选与运用有效信息的情况。信息过载会增加信息寻觅成本,用户在海量的信息和数据中找到自己需要且真实的信息资源,获取高质量、有价值的信息成本越来越高,同时也会给他们带来情绪上的负面效应。

8.2.3.2 AI智能问诊

当前国内全科医生稀缺,民众需求又在加速增长。越来越多民众喜欢在网上查找医疗信息,每天在互联网上会有超过六七千万人次去搜医疗健康的问题,而网上医疗信息质量参差不齐,大量的医疗健康问答知识,由网页小编或者职业枪手冒充医学人员来编写，民众容易被不具有权威性的网上医疗消息误导。因此，具有高准确性、及时响应性的 AI 智能问诊应运而生。

国内早期将"AI 智能问诊"这一概念和远程医疗系统的概念混合使用。而"AI 智能问诊"强调利用远程通信技术为服务对象提供服务，其更多是站在技术主义视角对患者治疗过程中联结传感器进行监测、反馈。

在早期发展过程中，基于嵌入式技术和 CDMA、GPRS 等技术融合，移动医疗更大程度上是作为实时多任务操作系统而存在的，这也受限于国内对于技术主义的重视，总体上与网络发展速度一致。随着移动通信、计算机硬件、计算机软件的快速发展，伴随着穿戴式（外置式）医疗设备的增加，医疗信息的采集也逐渐进入人们视野，这一时期智能问诊强调与外部技术合作，利用诸如 SQL、Web Service 等技术实现医疗检测、医疗信息采集等合一，呈现出计算机化的特点，总体上智能问诊的内涵从设备逐渐转向理念，这一理念也不断得到发展，智能问诊本身的远程性也逐步得到重视。

与此同时兴起的是与智能问诊相结合的经济概念，这一阶段是逐步推进智能问诊设备化进程，同时重视经济收益与社会效益结合的时期。在这一发展过程中，国内学者对于智能问诊的看法不过是从技术导向逐步转换为经济导向，通过引入市场力量来推广智能问诊的概念，而忽视了移动医疗本身弥补医疗资源分配不足的作用，仅仅停留在技术层面。随着大数据这一概念的兴起，移动医疗这一说法日渐式微，取而代之的是"AI 智能问诊"，这常常与"掌上医院""智能问诊 App"等概念相捆绑。大数据作为一个市场化的产物，所谓智慧医疗也常常与经济相挂钩，可以说智能问诊 App 是先有概念后有产品的。然而当这一概念逐渐与可穿戴式产品结合后，又逐渐回归到医疗本身，尤其是对于慢性病的关注，当这些 App 逐渐成形，学界对于其核心功能则愈发重视，可以说这一阶段对于智能问诊功能完善是最有效的，同时在发展过程中兼顾了数字伦理等问题，对于法治建设的推进也不可同日而语。

投诸智能问诊领域，国内以左手医生为代表的新应用是未来的机器人全科医生代表。左手医生"熟读"海量权威医学书籍与文献，并能"融会贯通"；能做到望（"观察"患者的面色、表情、X光片等）、闻（"听"患者的说话声音、咳嗽、沙哑、喘气等）、问（与患者"自由对话"）、切（"测量"患者的脉搏、心跳、血压等）；脑中"记住"海量患者的病史与用药史；也能精确为个人病患进行诊病、断症、开药。

8.3 数智技术赋能电商及营销创新

8.3.1 时代催生的消费者观念与需求变化

时代的演进对消费者观念和需求产生了深远的影响，塑造了消费者行为和市场趋势。不同的历史时期催生了不同的消费文化和价值观，推动了消费者需求的变化。数智时代的到来，数字化和互联网技术的普及引发了消费者观念和需求的巨大变革。

8.3.1.1 个性化和定制化需求

数智时代，消费者对个性化的渴望变得日益强烈。借助互联网技术和数据分析的力量，企业可以更加深入地洞察每个消费者的喜好、偏好和购买历史。消费者开始寻求独一无二的、个性化的产品和服务，只要能满足自身独特的需求，他们甘愿支付更高的价格。这种个性化的趋势不仅是消费者的期望，也为企业提供了创新和发展的契机。

通过综合利用互联网技术，企业能够洞悉消费者的购物习惯、喜好和行为。企业可以利用这些数据精准地预测消费者的需求，并为他们提供个性化的产品和服务。以此为基础，企业可以创造独特的购物体验，从而赢得消费者的信任和忠诚。数智时代的个性化需求趋势将深刻地改变消费者与企业的互动方式。通过互联网技术和数据分析，企业可以更好地满足消费者的独特需求，提供定制化的解决方案，从而创造更加吸引人的购物体验。这个趋势对于企业来说不仅是应对竞争的方式，更是实现创新和长期发展的关键。

8.3.1.2 跨界消费和全球化市场

数智时代的兴起彻底改变了过去的消费模式，它打破了地理界限，让全球各地的商品和信息紧密相连。在这个新的时代，消费者不再被局限在狭小的本地市场，而是可以自由地跨越国界，尽情地探索全球范围内的产品和服务。这一变革为跨境电商、海淘等消费现象的普及提供了坚实的基础，也为消费者带来了前所未有的选择和便利。

跨境电商成为数智时代的代表之一，它使得消费者能够在互联网上与全球各地的商家直接互动，无论是购买服装、电子产品还是食品，都变得轻松而便捷。从以前需要费时费力的海外购物，变成了只需要在家中点击几下鼠标，就能将国外的商品送到门口。这种便捷性不仅满足了消费者对于多样化产品的需求，还为企业创造了更广阔的市场，促进了全球经济的互利共赢。海淘现象也在数智时代蓬勃发展，越来越多的消费者选择通过国际电商平台购买海外商品。消费者不再受制于本地市场的供应和选择，他们可以自由地搜索并购买来自世界各地的独特商品。这不仅丰富了消费者的购物体验，还在一定程度上促进了不同国家之间的文化交流和经济合作。

在这个全球化的时代，消费者可以在互联网上自由地发现、比较和选择各种商品和服务。然而，这也为企业带来了新的挑战。面对来自全球的竞争，企业需要更加注重品质和创新，以吸引消费者的注意力和忠诚度。同时，消费者也要更加谨慎地选择，以确保自己购买的产品是符合期望和需求的。

8.3.1.3 社交媒体的影响

在数智时代，社交媒体已经崭露头角，成为消费者观念的重要驱动力之一。这种媒介为消费者创造了一个全新的互动平台，影响着他们的购物决策、品牌偏好以及消费体验。在这个数字化的社交环境中，消费者不仅是观众，更是参与者和影响者。

通过社交媒体，消费者能够迅速获得灵感，从各种来源获取产品和服务的信息。他们可以通过浏览图片、阅读评论、观看视频等方式，获取有关商品的详细信息，从而更加了解其特点和适用性。这为消费者提供了更多的决策依据，使他们能够做出更明智的购买选择。此外，社交媒体也为消费者提供了分享购物心得的平台。消费者可以在各种社交网络上分享他们的购物体验、产品评价和使用心得。这种信息共享不仅有助于消费者彼此之间的交流，还为其他潜在消费者提供了有价值的意见和建议，帮助他们做出更加明智的购买决策。

重要的是，社交媒体不仅仅是消费者之间的互动，还涵盖了品牌的参与。品牌在社交媒体上的存在和活跃度变得至关重要，消费者在社交媒体上的互动与品牌可以建立更紧密的联系。品牌可以通过发布有趣的内容、与消费者互动、回应问题等方式，在社交媒体上树立起积极的形象。此外，消费者对于产品和品牌的认知也往往受到社交媒体上的评价和推荐的影响，这就意味着品牌需要积极管理和塑造其在社交媒体上的声誉。

8.3.1.4 科技驱动的消费体验

在这个数智时代，技术创新已经彻底改变了消费者的消费体验，为他们带来了更为丰富和多样的选择。特别是虚拟现实（VR）、增强现实（AR）等技术的出现，让消费者在以前难以想象的虚拟环境中尝试商品，从而全新地感受购物的乐趣。与此同时，智能设备和智能家居等科技的普及，也为消费者提供了更加便捷和个性化的生活方式。

虚拟现实和增强现实技术的引入为购物体验注入了全新的活力。消费者可以通过 VR 试穿衣物，无需实际穿上，即可在虚拟镜像中看到效果。类似地，他们可以在 AR 应用的帮助下，在家中预览家具的放置效果。这些技术不仅提供了更便利的购物方式，还能够减少购物的不确定性，让消费者更加有信心地做出购买决策。

智能设备和智能家居技术则为消费者的生活带来了全新的便利。从智能手机到智能手表，消费者可以通过这些设备随时随地获取信息、进行购物以及与品牌互动。智能家居系统则能够让消费者通过手机控制家中的电器和设备，实现更加智能化和个性化的生活方式。

在这个时代，消费者不再满足于简单的购买产品，他们更加注重与产品的互动和体验。消费者追求与产品的情感共鸣，希望通过与产品的互动来获得愉悦和满足。这也促使企业不仅仅关注产品的功能和外观，还需要将消费者的体验融入产品设计中，创造更具吸引力的消费体验。

8.3.1.5 环保意识

在这个信息高度流通的时代,消费者对环保问题的关注度不断提升。通过社交媒体、新闻报道以及科普文章,消费者获得了更多有关环境污染、气候变化和资源浪费的信息,这些信息深刻地影响了他们的消费态度。消费者逐渐认识到个人的消费选择可能会对地球产生深远的影响,从而使得他们更加积极地采取环保行动。

消费者不再只关注产品本身的性能和价格,他们开始将环保因素视为购买决策的重要考量因素之一。他们愿意支持那些在生产过程中采用环保材料、节能技术和可持续经营模式的企业。因此,企业必须在产品设计、生产流程和供应链管理中考虑环保问题,以满足消费者对环保友好产品的需求。

在市场竞争愈发激烈的情况下,拥有环保认知的消费者往往更加忠诚于那些积极参与环保行动的品牌。企业积极采取环保措施不仅有助于塑造积极的品牌形象,还能够吸引更多环保意识的消费者成为品牌的支持者。这种积极的反馈循环在一定程度上会促进更多企业采取环保措施,进一步推动了可持续发展的进程。

8.3.1.6 后疫情时代的变化

疫情的冲击在推动数字产业化和产业互联网发展方面产生了显著的加速效应。随着人们的生活和工作方式发生转变,数字技术迅速应用于多个领域,从而引发了深刻的产业变革。

在这个背景下,数字产业化迈入了新的阶段,多个行业加快数字化转型的步伐。企业不得不采取更加创新和灵活的方法,以适应疫情后带来的新挑战。从在线教育到远程办公,从电子商务到健康医疗,各行各业都在加速数字化的脚步中不断进步。这种趋势不仅仅是在疫情期间采取的临时的应对措施,更是对未来数字化发展的深刻洞察。

在数字产业化的背景下,产业互联网的发展也迅速扩展。企业之间、产业链上下游的协同合作和数据共享变得更加紧密,从而提升了整个产业的效率和创新能力。这种互联网在产业层面的深度渗透,不仅推动了产业优化，还激发了新的商业模式和市场机会。

与此同时，移动支付和远程身份识别技术也取得了显著的进展。移动支付在疫情期间得到广泛应用，为消费者提供了更安全、便捷的支付方式。远程身份识别技术的成熟则使得远程办公、远程医疗等应用更加普及，消除了地域限制，增加了交互的灵活性。

在疫情时期，移动线上服务已经成为企业业务延续的不可或缺的关键因素。这一趋势不仅对业务的生存和发展产生了深远影响，还迫使各类企业必须全面加速数字化创新与转型，以确保能够在新的商业环境中脱颖而出。

移动线上服务在疫情期间得到广泛应用，它不仅为企业提供了应对社交距离和封锁措施的有效方式，还为消费者提供了安全、便捷的购物、咨询和交流渠道。这种趋势在疫情过后并没有减弱，相反地，消费者对于在线体验的需求仍然持续增长。因此，移动线上服务已经成为企业持续经营和与消费者保持联系的关键途径。这种情况促使各类企业全面加快数字化创新与转型的步伐。从传统零售到金融、教育、医疗等各个领域，企业都在积极探索如何更好地运用数字技术来满足消费者需求。在这个过程中，"以客户为中心"的理念变得更加重要。企业需要更深入地理解消费者的期望，将数字化创新与消费者需求紧密结合，打造出更符合消费者期待的个性化、便捷的服务。

此外，数字化创新和转型不仅仅是为了满足当前的需求，更是为了应对未来可能出现的变化。通过建立数字化的商业模式和渠道，企业能够更好地适应市场变化，更加灵活地应对不确定性。这种转型不仅能够提高企业的竞争力，还能够增强企业的韧性，使其能够更好地应对各种挑战和机遇。

8.3.2 数智技术与精准营销

精准营销是一种基于数据驱动的营销策略，旨在通过深入了解消费者的特点、行为和需求，以及利用先进的技术和分析方法，为每个个体用户提供个性化、有针对性的营销内容和推荐，从而提高转化率、忠诚度和市场竞争力。这种策略强调精确地匹配营销信息和产品，以满足消费者的个人需求，创造更好的用户体验。

随着数智技术的广泛应用，企业不再被束缚于模糊的市场轮廓，而是能够依靠精细而准确的数据分析，将消费者进行多个层面的深入细分。这一关键步骤对于精准营销的成功起到了决定性的作用。透过对消费者深入的细分，企业能够实现更为准确的目标受众定位，进而能够将营销策略更加巧妙地呈现给不同的细分市场。

通过将消费者视为多维度的个体，企业可以更全面地了解他们的需求、兴趣和偏好。这不仅有助于量身定制针对性强的宣传活动，还可以确保每一次营销接触都更具吸引力和相关性。以此为基础，企业能够创造出针对每个特定受众量身打造的独特购物体验，进而加深与消费者之间的情感联系。这种个性化的互动不仅仅是商品和服务的销售，更是品牌与消费者之间互动的载体，从而增强了消费者的忠诚度和对品牌的认同感。

这种由数智技术支持的精准营销方法也有助于最大限度地优化资源分配和预算利用。通过更准确地了解哪些市场细分具有更大的潜在收益，企业可以针对性地投资，并在市场中取得更好的竞争地位。这也意味着在面对不断变化的市场环境时，企业能够更迅速地作出调整，以适应新的趋势和挑战。

然而，数智技术并不仅仅满足于为过去和现在提供深刻的洞察，它在业务决策的范畴中更是扮演了一位精准的预测者。借助历史数据的详尽分析，结合领先的预测模型，企业得以以更高的准确度预测未来市场趋势、消费者行为以及需求变迁。这样的先见之明，为企业赋予了更主动和远瞻性的决策能力。透过数智技术，企业能够捕捉到潜在的市场机会，并在市场变化发生之前便做好准备。通过对大数据的挖掘，企业可以发现趋势、模式和线索，从而预测市场的未来方向。这种能力不仅仅让企业能够在竞争中保持领先地位，更能够及时调整产品开发、市场推广和供应链策略，以应对市场的变化。同时，数智技术还能够识别出潜在的风险和威胁，帮助企业在风暴来临之前采取适当的防范措施。这意味着企业能够更好地规避可能影响业务的负面因素，从而减少损失并保护自身利益。这种前瞻性的风险管理有助于企业在不确定的市场环境中保持稳健的运营。

电商平台作为精准营销最具代表性的应用场景，充分发挥大数据和机器学习技术的威力，对消费者的购买历史、浏览行为、兴趣爱好等多维信息进行深度分析，从而为每位用户量身打造独一无二的个性化产品推荐体验。这种精密而高效的推荐系统，以消费者为核心，为用户展现恰到好处的产品选择，不仅实现了满足消费者需求的个性化定制，更在增进用户与平台之间的关系上取得了显著成果。通过从大数据中捕捉消费者的购物行为、点击历史和购买偏好，机器学习算法能够揭示出潜在的购买模式和趋势。平台可以根据这些洞察，精确地预测消费者可能感兴趣的产品，进而提供切合实际的个性化推荐。当用户感受到平台能够真正了解其偏好，并为其提供有价值的建议时，其在平台上的停留时间自然会得到延长。这种定制化的推荐系统不仅仅停留在为用户展示符合其兴趣的产品，更在于赋予用户对购物体验的主导权。通过这种方式，电商平台促使用户更频繁地与推荐内容互动，探索更多潜在产品，从而提高了他们的购买转化率。这种互动过程也为平台创造了更多的销售机会，并且为用户带来了购物的乐趣和满足感。

用户画像，也被称为用户信息标签，是一种基于用户的多维数据，包括社会属性、生活习惯、消费行为等信息，经过深入分析和抽象而生成的精炼化的用户模型。这种模型旨在通过整合和理解大量数据，为每个用户创造一个有代表性的虚拟形象，以揭示其背后的偏好、行为趋势和需求。在构建用户画像时，多种数据源被整合，例如用户在电商平台上的购买记录、浏览历史，社交媒体上的互动信息，地理位置数据等。这些数据被分析、加工和筛选，从而识别出与用户相关的特定特征。这些特征可以包括年龄、性别、地理位置、职业、兴趣爱好、消费习惯等，形成一个全面而准确的用户描述。用户画像不仅仅停留在单一数据点的表面，它通过多维度的分析将这些数据点联系起来，为每个用户构建一个更全面、更深入的特征描述。例如，它可以揭示用户购买偏好与其社交互动之间的关联，或者将用户的地理位置与其在线浏览行为进行比较，从而更好地洞察用户的生活方式和消费模式。这种用户画像模型不仅为企业了解消费者提供了更好的方式，还为精准营销、个性化推荐和定制化服务提供了强有力的支持。通过利用用户画像，企业可以更有针对性地设计广告、优惠券和推荐内容，从而更好地满足用户需求，提高购买转化率，并增强用户对品牌的忠诚度。

然而，电商平台在收集、处理和利用用户数据的过程中也存在一些潜在的个人隐私隐患。如：①数据泄露风险。电商平台收集了大量的用户数据，包括个人信息、购买记录、浏览行为等。如果这些数据未受到足够的保护，就有可能发生数据泄露，导致用户的敏感信息暴露给未经授权的第三方。②退货和退款隐私问题。用户在电商平台上购物后可能需要进行退货和退款操作，这涉及用户的交易信息和付款细节。如果这些信息不得体地被处理，可能导致用户的隐私泄露。③地理位置数据暴露。某些电商平台可能会要求获取用户的地理位置信息，以提供更精准的服务。然而，未经充分保护的地理位置数据可能泄露用户的行踪和居住地信息，导致安全风险。④第三方数据分享。一些电商平台可能与第三方合作共享用户数据，而用户可能并不知情或同意。这种情况可能会导致用户的数据被传播到未知的地方，增加了隐私泄露的风险。⑤安全漏洞。电商平台存在可能的安全漏洞，黑客可能通过攻击平台获取用户的数据。这些数据可能包括用户的个人信息、账户密码等敏感信息。

8.3.3 数智技术与定制营销

定制营销，也称为个性化营销，是一种针对个别消费者或消费者群体的营销策略。通过收集关于消费者的数据和信息，企业可以根据他们的兴趣、偏好、行为等因素，定制个性化的营销内容和推广活动，从而提高营销效果和用户满意度。

数智技术的威力不容小觑，它是一把解锁消费者内心世界的神奇钥匙，让企业能够深入挖掘消费者洞察的巨大潜力。通过运用这些前沿的技术，企业得以汇集和挖掘无边的消费者数据，其中蕴含着宝贵的信息资源，如购买历史、浏览行为、社交媒体活动等多维度数据。这些数据并非简单的数字堆积，它们宛如一幅精美的画卷，展现了消费者的喜好、心理状态以及行为轨迹。透过对数据的深入分析，企业能够逐步揭示消费者的偏好模式、购买决策的驱动因素、产品使用的习惯等重要线索。这种深入了解不仅有助于捕捉消费者内在的需求，还能够精准地勾勒出独特的消费者画像。企业可以了解到不同消费者群体的特点，为他们提供量身定制的产品和服务，精准地满足他们的欲望。通过对消费者的情感、态度和行为的准确洞察，企业可以制定更具针对性的市场营销策略，确保每一次互动都更为贴近消费者心声。通过对消费者数据的精细分析，企业能够在竞争激烈的市场中脱颖而出，并在持续的互动中建立稳固的品牌地位。这种技术驱动的个性化营销不仅将企业推向前沿，更为消费者带来了更加丰富、个性化的消费体验。

8.4 数智时代的行业转型创新与人才需求

8.4.1 数字经济下的企业数字化转型与创新

数字经济的蓬勃发展，不仅仅是单纯地推动了数字产业化的进程，更是在深刻影响着各行各业的产业数字化转型。这一变革涵盖了从传统产业到新兴行业的方方面面，为各个领域带来了全新的机遇和挑战。

随着数字经济的兴起，企业正面临着在数字化环境中重新定义其业务流程、模式和价值链的任务。这不仅仅是将传统的经营活动数字化，更是对业务本身进行重新构想，以更好地满足现代消费者的需求。数字经济的推动使企业面对创新的压力，必须探索更高效、更智能、更灵活的方法来生产、营销和交付产品和服务。与此同时，数字经济也极大地促进了产业的数字化转型。不同领域的企业正在积极采用数字技术，从生产到供应链、从销售到客户关系管理，实现数字化的全面覆盖。例如，制造业通过工业互联网实现智能制造，农业借助物联网实现精细化管理，金融业利用区块链提升交易效率，医疗健康领域引入健康监测传感器等。

产业数字化不仅仅是技术的应用，更是一种全面的变革，涉及组织架构、流程再设计、人才培养等多个方面。企业需要重新思考运营模式，建立数字化基础设施，培养数字化人才，以适应数字经济时代的变化。这也为企业带来了机会，使其能够更加敏捷地应对市场变化，更好地满足消费者需求，提高竞争力。在数字经济的时代，企业数字化转型和创新已成为保持竞争力和适应市场变化的关键。企业数字化转型是商业机构为了构建数字化企业而采取的一系列技术能力建设、业务科技融合、体制机制转型等创新与发展举措的过程。这一转型旨在通过数智技术的驱动，实现企业管理水平的全面升级与优化。在这一过程中，企业借助先进的数字技术，将传统业务与科技紧密结合，以提升效率、创造价值并适应不断变化的商业环境。

数字化转型是一个深入且持续的策略性举措，涵盖了多个方面，包括但不限于信息技术基础设施的建设、数据的全面采集与分析、人工智能、物联网等技术的应用，以及组织结构与流程的重新设计。通过实现这些转型，企业能够更好地洞察市场趋势、预测客户需求，从而更灵活地调整业务战略。此外，数字化转型还意味着企业在文化、价值观和领导力方面的变革。企业需要打破传统的层级结构，鼓励创新思维和跨部门协作，以适应快速变化的市场环境。领导者在这一过程中扮演着关键角色，需要引导组织适应新的商业范式，并鼓励员工不断学习与发展。

在当今商业环境中，企业数字化转型与大数据应用密不可分。大数据以及智能技术正逐渐成为各类企业以及业务流程中不可或缺的关键要素，为企业的发展和竞争力注入了新的活力。随着信息技术的迅速发展，企业可以收集、存储和处理前所未有的大规模数据。这些数据不仅来自企业内部的各种系统和流程，还包括来自外部的市场趋势、社交媒体、客户反馈等多个来源。通过分析这些海量数据，企业能够深入了解客户需求、行为模式以及市场动态，从而更精准地制定战略、推出产品，并进行精细化的市场定位。大数据的应用不仅局限于市场营销领域，它还渗透到供应链管理、生产优化、人力资源等多个业务环节。企业可以利用大数据分析来优化库存管理、预测供应链风险、提高生产效率，并通过智能技术实现自动化和智能化的生产过程。随着人工智能、机器学习和自然语言处理等智能技术的不断发展，企业可以更好地从大数据中提取洞察，并自动化地做出决策。智能技术能够识别模式、发现隐藏在数据中的关联性，从而帮助企业预测趋势、识别机会。

8.4.2 数字经济下的企业数字化转型实践

案例：欧派的数字化转型

当前，数字化浪潮正在席卷各行各业，以移动互联网掀起的新一轮数字化革命，正在以不同的方式来重塑每个产业，各行业都在加速实施数字化战略来迎接如期而至的数字经济大潮。

欧派在2015年推行了一个被称为"欧派制造2025"的战略，通过主要运用五大系统，包括MTDS终端设计营销服务管理系统等，借助互联网、大数据和人工智能等技术的加持，实现从销售到研发、生产制造再到物流运输等各个环节的数字化整合，最终实现了从"人控制机器"到"机器控制机器"的重大转变。

欧派，作为家居界数字化发展的驱动者与实践者，采用了"消费者为本，以数字化作为支持"的运营精神，形成了从用户设计、订单、制造、后勤、装配、售后等各环节的无缝链接，构建了一套联系消费者和欧派总部的数字信息系统，以消减由信息失衡所诱发的误解和偏见，提升服务质量和效益，同时走在数字经济发展的前沿。在研发、制造或售卖环节，整个产业链均有效地提升了效率、降低了成本。至于营销部分，通过私密流量池建立与用户的关系，增强了品牌的受众基底，最大限度地发掘客户的价值，并解决了"流量获取、客户管理、客户流亡"等关键问题，实现了销售和服务的共赢及品牌的正向发展，推动了数字化市场的革新。

在2021年度，欧派家居通过增强其非凡的数字化闭环能力，引领了一场关于维度提升的斗争，成功地成立了一种大规模的特异的定制家居智能制造基础设施和工业互联网平台。欧派通过数据智能中心，顺利实现了定制产品从设计到售后的全流程信息管理，其全链条数字化的解决方案——包括"智能设计，一键渲染，一键报价，一键下单"，率先破解了行业的痛点，最终营造了"一键报价、快速下单、按时交付"的超前消费体验。

在欧派家居集团的数智中心，数字化、智能化是这里的主角，来自全国各地的订单信息都在这个"智慧大脑"汇总。经过"智慧大脑"的处理，那些带有产品定制需求的复杂订单信息，都能在24小时内有序地发送至公司的生产基地以进行制作。此外，从仓储、物流，到最后的产品交付，所有生产流程的信息都将实时反馈至总部。

通过数字化转型，欧派家居的橱柜、家具系列产品年产量从2015年的100多万套飙升至目前的500多万套。销售额也从50多亿激增至200多亿，实现了近四倍的增长。

随着订单的大幅度增长和市场接受度的不断提高，欧派的数字化赋能起到了关键的作用。这种变化反映在数据成绩上。现在，数字化已经转变了欧派家居产业的发展模式，使得它能够有效地满足消费者的整体设计需求。此外，通过数字化技术，所有的生产制造数据都可实现联网共享，从而改变了整个产业发展的链条，推动了企业的数字化转型。

案例：银行业的数字化转型

过去几十年间，从 Bank 1.0 到 Bank 4.0，我国银行业一直走在数字化的道路上。在 Bank 1.0 时代，银行的业务运作都依赖于实体分行，而且需要大量的人力介入，对于无法设立实体分行的地方提供服务相对较难。然而随着 Bank 2.0 的出现，借助 ATM 等信息科技工具，使得银行服务能够覆盖更广的范围，甚至在实体分行关门时也能继续提供服务。进入 Bank 3.0 阶段，移动互联网的普及，让消费者处于一个信息高度互联的世界中，通过智能手机可以实时并在任何位置获取各种金融服务，如支付、贷款、理财以及账户管理等。2010 年以后，我们走进了 Bank 4.0 时代，人工智能、云计算、大数据、区块链、物联网等数字化技术在金融行业得到了深度发展，银行业务完全摆脱了依赖实体分行和其扩展渠道，直接将服务融入到了线上和线下的生活场景中，这就是我们现在居住的数字化时代。

银行的数字化变革并非只是以往信息化的进阶版本。信息化主要着眼于对银行内部工作流程的改革，期望破除陈旧的业务模式，将各项业务处理自动化，从而提升服务效率并减低服务成本。而数字化变革更多地是着重于对整个银行系统的重构，构建新的商业模式和技术基础平台，对经营策略、产品服务模式以及组织协调体系进行优化，通过利用数字化技术融合各类不同的场景入口，创造让客户能够直接体验的产品。

银行数字化转型降低了获客成本、营销成本和运营成本。一方面，大数据、物联网等技术使商业银行能迅速了解客户需求，降低信息搜集成本，实现精准获客；另一方面，线上服务使银行的服务范围扩大，无需建立线下网点便能接触更多的长尾客户，最终使获客成本降低。银行依靠其积累的海量数据，绘制客户画像，为客户定制个性化服务，实现精准营销，最终用较低的成本提高了营销转化率。以中国邮政储蓄银行为例，邮储银行于 2022 年完成了全行系统数据的整合，累计上线 18 类 1600 余个零售客户标签，部署分析模型和策略规则 8000 多个，极大提升了客户识别、集约运营、风险防控等领域的效能，使得其消费信贷客群的响应转化率提高了 10 倍，人工营销成本降低了 50%。银行线上场景的普及和标准化使客户能更便捷有序地开展各类业务，极大缩短了业务交易时间，提高了运营效率，减少了线下网点和人力成本的支出。

8.4.3 数智时代的人才新需求

随着科技的飞速发展，我们正逐步步入数智时代，这是一个数字化、智能化的新时代，对人才提出了前所未有的要求。在这个充满挑战和机遇的时代，各行各业都需要具备新型数字技能和跨领域知识的人才，以适应不断变化的商业和社会环境。

数智时代的人才不再局限于某一个领域，而是需要具备跨领域的知识和思维能力。技术与商业、科学与人文之间的交叉将创造出更多的机遇。同时，终身学习也变得尤为重要，因为技术的发展速度远超过了传统教育体系的更新周期。持续学习和自我提升成为人才保持竞争力的不二法门。在数智时代，创新能力是人才必备的素质。人才需要具备敢于尝试、不断创新的精神，以适应快速变化的市场需求。

数智时代带来了前所未有的人才需求，每一个领域都在寻求能够适应科技浪潮的人才。拥抱新技术、不断学习、培养综合能力和创新思维，将是成功应对数字时代挑战的关键。在这个时代，人才不仅是企业的核心资产，也是社会进步的重要推动力。